Ingke
Brodersen

Lebewohl, Martha

Die Geschichten der jüdischen
Bewohner meines Hauses

kanon verlag

Für Siegfried Kurt Jacob (1884–1954), einst Eigentümer des Hauses, in dem ich heute wohne. Er hatte den Mut und den Eigensinn, sich dem Schicksal zu verweigern, das die Nationalsozialisten ihm aufzwingen wollten.

Der Verlag dankt der Inge Deutschkron Stiftung für die freundliche Unterstützung dieses Projekts.

ISBN 978-3-98568-074-0

1. Auflage 2023
© Kanon Verlag Berlin GmbH, 2023
Umschlaggestaltung: Anke Fesel / bobsairport
Herstellung: Daniel Klotz / Die Lettertypen
Satz: Marco Stölk
Druck und Bindung: Pustet, Regensburg
Printed in Germany

www.kanon-verlag.de

Ingke Brodersen
Lebewohl, Martha

Inhalt

Vierundzwanzig   13

Die jüdischen Bewohner des Hauses   18

Zehnter August 1942   20
    Die Lücke im Stuck   20
    Ihre Namen   22
    Rusts Kautsch   23
    Die »Mauer des Gedenkens«   25
    Marthas Stein   26

Der Himmel blieb stumm: Martha Cohen   29
    Die Frau im schwarzen Kleid   30
    Der jüdische Gelehrte   31
    Geld, Schreibmaschine, Emanzipation   34
    Das Testament   35
    Vier Frauen und ein Flügel   37
    Marthas Vermögenserklärung   39
    Deutsche Bank und der Oberfinanzpräsident   41

Spurensuche   43
    Die Unbekannten   44
    Die doppelte Edith   46
    Vom anderen Leben   48
    Aktenlektüre   51

Eine blieb zurück: Clara Marcus   57
    Das rettende Affidavit   58
    Bürokratische Schikanen   60

Ein Haus in Berlin 62
   Das Bayerische Viertel 62
   Begegnung im Grundbuchamt 64

Die Letzte: Bertha Sternson 67
   Die Männer flüchten 68
   Shanghai, Stadt der Extreme 69
   Sidneys Rente 72
   14. Dezember 1942 74

Der Architekt des Führers 76
   Der rote Einband 76
   Mietverhältnisse mit Juden 78
   »Weltstadt« Berlin 80
   »Entjuden« 81
   Räumen, umsiedeln, abreißen 83
   Speer unterm Weihnachtsbaum 85

Das »Judenhaus« 88
   Der Sternträger 88
   »Schachteln« 91
   Zwangswohngemeinschaften 93
   Sara, Israel und der Beerdigungskommissar 95
   Mutter und Tochter 96
   Die »arischen« Hausbewohner 97

Die Tore schließen sich 101
   Wer flieht, wird heimatlos 102
   Safed und seine mörderischen Nachbarn 104
   Winston Churchill und die »enemy aliens« 106
   Abschied für immer 108
   Vom Leben in der Erinnerung 110
   Wer nicht flieht, wird ermordet 112

Inhalt

Der Krieg gegen das Buch ... 114
    Die Papier-Brigade ... 115
    Sarajewos Ruine ... 116
    Mutabor: eine andere werden ... 117
    Das Wort: eine Waffe ... 120

Flucht nach Italien ... 122
    Die getrennten Brüder ... 123
    »Polen-Aktion« ... 126
    Abgeschoben ... 128
    Verhaftet in Mailand ... 130
    Mussolinis Judengesetze ... 131
    Antrag auf Entschädigung ... 133
    Rosenkrieg ... 134

Ins Warschauer Getto ... 137
    Vermögenserklärung und »Abtransport« ... 138
    »Umsiedlung« nach Treblinka ... 139
    Im Tower ... 140
    Herbert Marcuse und die »Feindabwehr« ... 143

Die Schwestern ... 146
    Tod im Grunewald ... 146
    Deutsch-argentinische Beziehungen ... 148
    Buenos Aires oder Auschwitz ... 149
    Gefangenennummer 95448 ... 150
    Kampf um ein Todesdatum ... 152

Gefangen im »Deutschtum« ... 155
    Ausreiseverbot ... 156
    Trennung und Trauma ... 157
    Vom Leben im »Dazwischen« ... 160

Entwurzelt	162
Senat, zwölf Jahre	164

In letzter Minute 167
   Am Genfer See 168
   Fake-Visum 169
   Comandante Che 170
   Auf Kuba 171
   Illimani 172
   »Most loyal enemy alien« 174

Im »Paradiesgetto« 176
   27. August 1942 176
   Oskars Tod 179
   Die Reichsvereinigung 180
   Heimeinkaufsverträge 183

Zum Sterben nach Sobibór 184
   Himmlers Schmach 184

Bettys blaues Sofa 187
   Zwei Töchter und die Hoffnung auf Zukunft 187
   Ausgeplündert 189
   Bettys Schwester 191

»Entjudungsgewinne« 193
   Nach der »Evakuierung« 193
   Die Profiteure 195
   »Judenhäuser« zum Schnäppchenpreis 198

»Station Z«: Max Markus 200

»I desire the passport for the purpose of protection« 203
Vom Gefängnis ins Lager 204
»Schikanen-Promenade« 205
Iwan mit der Mundharmonika 206
Großrazzia 208
Ausgeliefert 210

Das »Wiener Modell« 211
Die einzige Tochter 211
Ein Zug fährt durch die Nacht 212

Etwas Besseres als den Tod 214
Verhaftung 214
Edith und die britische Dienstbotenkrise 215
Hanns-Stephan und der Kindertransport 218
Untertauchen 219
Bratkartoffeln im Versteck 220
Jüdische Greifer 222
Jacobs Kampf um Entschädigung 223

Rosenbaums Vermächtnis 229

Wiedergutmachung 232
Walter Janka und die »Gruppe Mexiko« 233
Entschädigungsverfahren 234
Die Balken von Ravensbrück 236

Verschwunden 239

Meine Schützlinge 242
    Verstreut in alle Welt 244
    Zonen-Pakete und Baracken 245
    Kopfbilder 247

Familiengeschichten 250
    Heldenglanz 251
    Geschäftsbilanz 253

Lebewohl, Martha 255

Dank 258
Quellen 260
Antisemitische Verordnungen 270
In memoriam 276
Personenregister 284

Vierundzwanzig

Dieses Buch erzählt von vierundzwanzig Verschwundenen. Sie wurden 1942 deportiert aus dem Haus, in dem ich wohne. Ich erfuhr von ihnen erst Jahre nach meinem Einzug. Sie befanden sich auf einer Liste mit Namen von mehr als 6000 verschwundenen Jüdinnen und Juden aus Berlin-Schöneberg, die ermordet worden waren. Darunter die Vierundzwanzig.

Ich wohne dort, in Schöneberg, im Bayerischen Viertel, wo um die Wende zum 20. Jahrhundert ein urbanes Quartier erbaut worden war. In seinen Jugendstilhäusern entstanden großbürgerliche Wohnungen mit Bad und Zentralheizung, besonders begehrt bei den assimilierten Juden, die es ökonomisch zu etwas gebracht hatten. So wie der Rechtsanwalt Siegfried Kurt Jacob, der das Haus in der Berchtesgadener Straße 37 kaufte, wenige Jahre bevor die Nationalsozialisten die Macht übernahmen. Seine Wohnungen vermietete er an Juden und Nichtjuden. Das Judentum spielte für ihn, wie für die meisten jüdischen Bewohner dieses Viertels, keine verpflichtende Rolle mehr. Sie selbst sahen sich als deutsche Bürger, so wie andere auch, viele als Patrioten. Die Nationalsozialisten änderten das: Dass Jacob Jude war, wurde zu seinem »rassischen« Merkmal, seinem Identitätskern erklärt und begründete den Verlust der deutschen Staatsbürgerschaft – mit allen daraus abgeleiteten Konsequenzen.

Von dem, was in Jacobs Haus passiert war, wusste ich nichts, als ich in eine Wohnung im vierten Stock zog. Einige Jahre später wurden Tafeln an den Straßenlaternen des Bayerischen Viertels aufgehängt, ein Bildmotiv auf der einen, eine der vielen antijüdischen Verordnungen der Nationalsozialisten auf der Rückseite. Eine Chronik der täglichen und immer straffer angezogenen »Einschnürungen« (Victor Klemperer), mit denen den jüdischen

Vierundzwanzig

Bürgern in Deutschland schon vor ihrer Deportation Schritt für Schritt das Leben genommen wurde.

Vor unserem Haus hängt eine dieser Tafeln: »26.3.1942 Kennzeichnungszwang für jüdische Wohnungen durch den Judenstern«. Auch an unserer Wohnungstür wird der schwarze Stern auf weißem Grund befestigt gewesen sein. Hinter der Tür wohnte Martha Cohen. Im September 1942 wurde sie nach Theresienstadt verschleppt.

Davon erfuhr ich aus dem Katalog »Orte des Erinnerns«, der Straße für Straße, Hausnummer für Hausnummer auflistet, wer aus diesem Viertel »in den Osten« deportiert worden war. Nach Theresienstadt, Auschwitz, Riga, Trawniki, Sobibór, Treblinka, Majdanek, Piaski. So lernte ich die Namen aller vierundzwanzig kennen, die in die »Judenwohnungen« des Hauses Berchtesgadener Straße 37 zwangseingewiesen worden waren. Ihre eigenen Wohnungen hatten sie räumen müssen. Der Generalbauinspektor Albert Speer brauchte Platz für seine geplante Neugestaltung Berlins zur »führenden Weltstadt«. Dafür ließ er abreißen und wegschaffen, was im Wege war. Dazu gehörten auch die Juden.

Davon erzähle ich. Von den Vierundzwanzig, für die das Haus, in dem ich wohne, die letzte Adresse war. Wie sie sozial isoliert, ausgeplündert, stranguliert wurden. Ein legalisierter Mord, »ordnungsgemäß« und vor aller Augen durchgeführt. Ich erzähle von der Verzweiflung jener, die aus dem Deutschen Reich fliehen wollten, aber vor immer mehr verschlossenen Toren standen; von dem »kleinen Tod«, wenn Eltern Abschied von ihren Kindern oder Kinder Abschied von Vater, Mutter und Geschwistern nehmen mussten und sie alle einander nie wiedersahen; von dem finanziellen Raub der Nationalsozialisten, die Geld für die Kriegskasse brauchten – vor 1933 war Siegfried Kurt Jacob ein vermögender Mann gewesen, 1945 mittellos und zudem herzkrank; von dem Jahre dauernden Kampf um Entschädigung für alles, was ihm und anderen geraubt worden war.

Von dem Verschwinden der Vierundzwanzig profitierten ihre nichtjüdischen Nachbarn. Für das Haus in der Berchtesgadener Straße war im Grundbuch schon eine »arische« Interessentin als künftige Eigentümerin vorgemerkt. Vor den Mietern trat sie auch so auf, sie glaubte, sicher sein zu können, dass der eigentliche Eigentümer Siegfried Kurt Jacob nicht wiederkehren würde. Aber er überlebte, so wie einige andere seiner jüdischen Mieter. Nicht alle warteten auf den ihnen von den Nationalsozialisten zugedachten Tod. Sie tauchten unter, oder sie wurden vertrieben in alle Welt, nach Quito, Shanghai, Buenos Aires, Kapstadt, Havanna, ihre neue Bleibe konnten sie sich nicht mehr aussuchen. Von ihrer Flucht, ihrem Leben in der Fremde, von ihrem Heim-Weh – auch davon handelt dieses Buch, es soll nicht nur ein Buch über Tote sein.

Die Liebsten, die Heimat, die eigene Sprache, die Kultur, all das, was vertraut ist, zu verlieren, hinterlässt Wunden. Entwurzelung blockiert die soziale Lebenskraft. Ich erzähle von zerbrochenen Ehen, gewaltsamen Trennungen, von Selbstmorden, Vertrauensverlust und von zerschnittenen Lebensfäden selbst der Entkommenen.

Es sind Geschichten von den jüdischen Bewohnerinnen und Bewohnern dieses einen Hauses in Berlin, aber sie stehen für viele andere, denen Gleiches angetan wurde. Es sind Bruchstücke ihres Lebens, von denen ich schreibe, allzu oft nur aus der Zeit des Schreckens, vom Ende her gesehen. Ein unvollständiges Bild: Ich wollte nicht zulassen, dass die mir Anvertrauten nur als Transportnummer, als Sterbeurkunde, als Opfer, Gedemütigte und Ohnmächtige auftauchten. Deshalb rief ich die Dinge zu Hilfe, die ihnen etwas bedeutet hatten, bevor sie ihnen genommen wurden: Marthas Steinway-Flügel, der die Pianistin bis zuletzt begleitete; Bettys mit Lyoner Seide bezogene Armsessel, ein Geschenk ihres Vaters; Ediths *Singer*-Nähmaschine, die sie mitnehmen wollte nach Großbritannien in ihr neues Leben; und Siegfried Kurt Jacobs Bratkartoffeln, die er sich im Versteck machte – ohne Butter, aber eine Hoffnung gebende

Vierundzwanzig

Reminiszenz an eine bessere Vergangenheit, die ihm half, das einsame Leben eines Untergetauchten weiter durchzustehen.

Begehe ich eine unzulässige Grenzübertretung, wenn ich von »Martha«, »Edith«, »Betty«, »Hermann«, »Kurt« spreche? Wenn ich die jüdischen Bewohner dieses Hauses oft nur mit ihrem Vornamen benenne, als seien sie gute Freunde? Ich könnte auf praktische Gründe verweisen: Es wäre ermüdend gewesen, immer den ganzen Namen in der hier erforderlichen Häufigkeit erwähnt zu finden. Aber das war nicht der einzige, nicht einmal der vorrangige Grund.

Die Verschwundenen sind mir während der Arbeit immer näher gekommen durch das, was ich über sie in Erfahrung brachte. Sie wurden, ob ich es wollte oder nicht, zu ständigen Begleitern, die sich nicht mehr fortschicken ließen. Doch trotz aller Vertrautheit, die dabei entstand, blieb eine Mauer zwischen uns. Eine Mauer des Schreckens. Eines Schreckens, wie ich ihn nie kennengelernt habe. Ich kann mir nicht vorstellen, was sich in ihren Seelen, ihren Herzen, ihren Köpfen abspielte, als aus ihrem Dasein unaufhaltsam ein Alptraum wurde.

Wir wissen inzwischen viel über diese mörderische Zeit, über die Entrechtung der Juden, ihre Knechtung, Ausgrenzung, Verarmung, über die Transporte, die Lager, die Todesmärsche, die Ermordung – über das »Knochengerüst« (Olga Tokarczuk) der nationalsozialistischen Verfolgung. Unverzichtbar dieses Wissen, aber abstrakt und fern bleibt es, solange darauf nicht die unverwechselbare Textur eines bestimmten Lebens gespannt ist, ein Gesicht erkennbar, eine Stimme hörbar wird. Erst dann begreifen wir.

Die Ermordeten selbst, schreibt Primo Levi, italienischer Jude, der Auschwitz überlebte, konnten ihre Geschichten nicht mehr erzählen, von ihnen ist keiner je zurückgekommen, »um über seinen Tod zu berichten«. Es ist an uns, ihre Stimmen zu hören, zu verstehen, sie sprechen zu lassen und so vor dem Vergessen, der Verlorenheit zu bewahren.

Mit der »Inbesitznahme« dieser Wohnung in diesem einstigen »Judenhaus« bin ich in seine Geschichte eingetreten, die mich nicht mehr aus der Verantwortung entließ: Spuren der Verschwundenen aufzufinden und ihre Geschichten zu erzählen, auch wenn mich dabei ängstigt, dass jene, die hier, von diesem Haus auf die Straße des Todes geschickt wurden, nur durch die Worte vorstellbar werden, die ich für sie finde.

Berlin im Februar 2023

Die jüdischen Bewohner des Hauses

Kurt Baron, Handelsvertreter für Textilien

Jakob und Helena Berger, Kaufmann und »Geschäftsfrau«

James Brandus, Rechtsanwalt und Notar, und seine Frau Elsbeth

Hermann Bratt, Pelzhändler, und seine Frau Klara

Martha Cohen, Pianistin

Hertha und Charlotte Glücksmann

Alice Heinrichsdorff

Else und Heymann Herzfeld

Sara Ihlenfeld, Verkäuferin

Siegfried Kurt Jacob, Notar und Rechtsanwalt, Eigentümer des Hauses, seine Frau Edith und der gemeinsame Sohn Hanns-Stephan Günther

Moritz und Martha Kallmann, Kaufmann und »Geschäftsinhaberin«

Hermann Katz, Dentist

Levy Louis David Kayser, Textilfabrikant, und seine Frau Emmy

Hermann Salomon Hirsch Kriss

Max Lewin, Inhaber einer Brauerei, und seine Frau Johanna

Clara Marcus, Korrespondentin

Max Markus

Oskar Mendelsohn, Handelsvertreter

Kurt Rechnitz, Geschäftsführer eines Getreidewarenhandels, und seine Frau Betty

Alfred Rosenbaum, Arzt

Klara Seldis, Rentnerin

Hedwig Steiner, Modistin, Tochter Lilly und Sohn Gerald

Martha Steinitz

Bertha Sternson, »Lageristin«, ihr Mann Simon Siegmund, Geschäftsführer einer Zigarettenfabrik

Paula Pauline Suransky

Ida Wolle, Verkäuferin

Zehnter August 1942

An diesem Tag wurde Clara Marcus aus dem vierten Stock des Vorderhauses der Berchtesgadener Straße 37 in Berlin-Schöneberg zum »Abtransport« nach Theresienstadt geholt. Zwei Wochen später war sie tot. Diese Wohnung, in die die Gestapo eindrang, ist heute mein Zuhause.

Die Lücke im Stuck
Von der Gewalttat an jenem Tag wusste ich nichts, und den Namen von Clara Marcus kannte ich nicht, als ich an einem regnerischen Dezemberabend zum ersten Mal den Hausflur unseres künftigen Zuhauses betrat. Ich hatte höchstens einen flüchtigen Blick für die von einer großbürgerlichen Vergangenheit zeugenden Spiegelwände, die Marmorsäulen, die Jugendstil-Ornamente im Eingangsflur. Ich war erschöpft von einem langen Arbeitstag, müde und hungrig, vor meinem leeren Magen hing meine einjährige Tochter im Tragetuch, die mit mir frühmorgens auf den Flug nach Berlin gegangen war. Dort wartete in Charlottenburg ein neuer Arbeitsplatz auf mich, ich sollte ein nach der Wende gegründetes Unternehmen aufbauen und suchte eine Bleibe für meine Familie und mich.

In den letzten Monaten hatte ich mir schon etliche Mietwohnungen angeschaut, keine schien mir geeignet. Und alle teuer. An diesem Abend hatte mich der hartnäckige Makler Herr K. nach Schöneberg gelockt, ins Bayerische Viertel, dort waren wir mit einer Wohnung im vierten Stock verabredet. Bei meinen ersten Besichtigungen war ich noch die anliegenden Straßen abgelaufen, hatte Lärmpegel, Kita-Nähe, öffentliche Verkehrsanbindung und Einkaufsmöglichkeiten geprüft. Diese Vergewisserung, ob das Umfeld halbwegs tauglich war, hatte ich inzwischen aufgegeben – ich wollte einfach nur noch eine Wohnung mit Heizung und Badewanne.

Der Fahrstuhl hielt direkt neben der Wohnungstür. Ihr abblätterndes Dunkelbraun schien mich wissen lassen zu wollen, dass mich keine ästhetischen Überraschungen hinter der Tür erwarteten. Am liebsten hätte ich gleich abgewunken und wieder kehrtgemacht, aber da hatte Herr K. mit seinem feinen Gespür für die Absprungbereitschaft seiner Kundin schon entschlossen den Klingelknopf gedrückt.

In der Wohnung lebte eine Männer-Wohngemeinschaft, die in der Zeit des Nachwende-Hypes auf dem Berliner Wohnungsmarkt, vermutlich im Schulterschluss mit Eigentümern und Maklern, ein neues Win-win-Geschäftsmodell entdeckt hatte: Als Mieter signalisierte man Bereitschaft zum Auszug – gegen eine beträchtliche und durch nichts gerechtfertigte »Abstandszahlung«, die der Käufer zu leisten hatte. Das ermöglichte dem Makler, eine »bezugsfertige« Wohnung zum Verkauf anzubieten, ein barwerter Vorteil. In mir fand das Modell eine willige, weil wehrlose Kundin. Ich war die monatelang erfolglose Suche längst leid. Außerdem war ich an diesem Abend auch noch spät dran, ich musste mein Flugzeug erreichen. Also sagte ich ja, nachdem ich mit gleichgültigem Blick die abgehängte Decke im Flur registriert und sinniert hatte, ob damit wohl feuchte Stellen oder ein anderer Makel kaschiert werden sollten, bevor ich dann für einige tausend D-Mark Eigentümerin eines rotgestrichenen, sechzig Zentimeter breiten Sperrholzregals wurde.

Darunter bettete ich zwei Wochen später eine Luftmatratze mit Schlafsack für mein Kind und mich. Der Raum war leer, die Wohngemeinschaft inzwischen ausgezogen. Nur das Rot des Regals gab dem Zimmer ein bisschen Rouge. Kurz vor dem Einschlafen fielen die Scheinwerfer eines Autos, das in unsere Straße einbog, auf eine merkwürdige Lücke im Stuck der Zimmerdecke – eine große Ecke der Rosetten-Girlande fehlte. Ein Bombenschaden? Schlampigkeit? Konkurs des Stuckateurs? Bis in die Träume dieser ersten Nacht hinein verfolgte mich der Auftrag, irgendwann nachzuforschen, was es damit auf sich hatte.

Ihre Namen

Von Clara Marcus und den anderen jüdischen Bewohnern unseres Hauses hörte ich erst Jahre später. Der Berliner Finanzbeamte Andreas Wilcke hatte die Namen aus den Akten der nationalsozialistischen Oberfinanzdirektion geborgen, 6069 Jüdinnen und Juden, die aus unserem Quartier deportiert worden waren; ohne Wilcke wären sie spurlos im mörderischen Getriebe des »Dritten Reiches« und der eifrig schreddernden deutschen Nachkriegsgesellschaft untergegangen. Wilcke hielt ihre Namen, zusammen mit ihren Geburts- und Deportationsdaten, handschriftlich auf Karteikarten fest. Oft sind das die einzigen dokumentarischen Zeugnisse, die es von ihnen noch gibt. Sie tapezieren heute die Wände des Willy-Brandt-Saals im Rathaus Schöneberg.

Auf diesen Karteikarten war erst ein Drittel der Juden erfasst, die damals im Bayerischen Viertel beheimatet waren. Hier wohnten überwiegend jene, die es sich leisten konnten – Ärzte, Rechtsanwälte, Künstler, Unternehmer –, unter ihnen viele, die international bekannt wurden. Der Psychoanalytiker Erich Fromm war am Bayerischen Platz zu Hause, dort, wo sich heute die Commerzbank mit neun Stockwerken dem Himmel entgegenreckt, Billy Wilder kurzzeitig am Viktoria-Luise-Platz, die Fotografin Gisèle Freund und Albert Einstein in der Haberlandstraße. Von ihnen las ich, als ich den vom Bezirk und dem Haus der Wannseekonferenz erarbeiteten Katalog »Orte des Erinnerns« in den Händen hielt, in den die Namen von Wilckes Karteikarten Eingang gefunden hatten.

Die Lektüre war ein Augenöffner. Penibel listet der Katalog auf, wer aus welcher Straße, aus welchem Haus zum »Transport« gezerrt worden ist. In unserer Straße aus den Nummern 2, aus dem Nachbarhaus mit der Nummerierung 2/3, aus 3, 4, 7, 13, 24, und die meisten aus den Nummern 35 und 37. So las ich die Namen der Menschen, die aus unserem Haus auf die Todesreise geschickt worden waren: Jacob und Helena Berger ins Warschauer Getto, James und Elsbeth Brandus, Martha Cohen, Oskar Mendelsohn, Alfred Rosenbaum, Paula Pauline Suransky, Ida Wolle, Hermann Katz, Clara Marcus nach Theresienstadt, Bertha Sternson und Hedwig Steiner nach Riga, Betty und Kurt Rechnitz nach Sobibór, Else Herzfeld und Alice Heinrichsdorff nach Auschwitz, Hertha Glücksmann und Sara Ihlenfeld nach Trawniki, Max Markus ins KZ Sachsenhausen. Und das waren noch nicht alle, was ich aber erst später wusste.

Der Schreck des Begreifens saß: Was für ein Haus war das, in das meine Kinder, ihr Vater und ich gezogen waren? Wer waren diese einstigen Bewohner? Woher kamen sie? Was wurde aus ihnen? Wer von ihnen wurde aus unserer Wohnung im vierten Stock geholt? Irritierende Fragen. Ich wurde sie nicht mehr los.

Rusts Kautsch

Wenn ich zur U-Bahn am Bayerischen Platz gehe, komme ich an der Löcknitz-Grundschule vorbei. Hier sind meine Kinder zur Schule gegangen. 1904 war sie eingeweiht worden, zwei Jahre später hatte sie schon mehr als 1000 Schüler, und mitten im Ersten Weltkrieg führte sie gemischte Klassen aus Jungen und Mädchen ein. Das war damals ungewöhnlich.

Vor der Schule steht ein Schild: »Sämtliche Berliner Bezirksämter sind angewiesen, jüdische Lehrkräfte an den städtischen Schulen sofort zu beurlauben. 1.4.1933«. Das Schild gehört zu den achtzig Tafeln, die die Künstler Renata Stih und Frieder Schnock 1993 in den Straßen unseres Viertels an den Laternenmasten installiert haben. Auf jedem Schild findet sich eine der zahlreichen antisemitischen Verordnungen, mit denen die Juden in den Jahren des Nationalsozialismus gedemütigt (»An Juden werden keine

Seife und Rasierseife mehr ausgegeben oder verkauft«), isoliert, entrechtet (»Jüdische Ärzte dürfen nicht mehr praktizieren«), enteignet, ausgehungert wurden (»Die Versorgung von Juden mit Fleisch, Fleischprodukten und anderen zugeteilten Lebensmitteln wird eingestellt«). Die Tafeln führen jedem Vorübergehenden die fortlaufend erlassenen Maßnahmen zur Enteignung des Lebens der Juden vor Augen: Berufsverbote für Rechtsanwälte, Ärzte, Lehrer, Schauspieler und Musiker, Kündigung von Telefonanschlüssen, Badeverbot im Wannsee, Verbot des Verkaufs von Zeitungen und Bücher an Juden, Verbot der Nutzung öffentlicher Verkehrsmittel, Zwangsabgabe des Führerscheins, Promotionsverbot, Abgabe warmer Kleidung.

Ab dem 11. November 1938 wurden jüdische Kinder auf Weisung des Reichserziehungsministers Bernhard Rust von allen öffentlichen Schulen verbannt (»Jüdische Kinder dürfen keine öffentlichen Schulen mehr besuchen«). Es könne »keinem deutschen Lehrer und keiner Lehrerin mehr zugemutet« werden, ihnen Unterricht zu erteilen, behauptete der Minister. Rust, vor seinem Antritt als »Reichsminister für Wissenschaft, Erziehung und Volksbildung« selbst Lehrer für Latein und Deutsch, sah die nationalsozialistische Ausrichtung aller Bildungsinstitutionen als seine Mission. Die gymnasiale Schulzeit wurde verkürzt, der Religionsunterricht abgeschafft, »Vererbungslehre« eingeführt und die Anzahl der Sportstunden erhöht, schließlich sollten die Jungen »schnell wie Windhunde und hart wie Kruppstahl« werden – ein so einprägsamer Slogan, dass ihn Erwachsene in meiner Kindheit noch dermaßen oft zitierten, dass alle Kinder meiner schleswig-holsteinischen Heimatstadt ihn irgendwann auswendig herunterleiern konnten.

Auf Rusts Germanisierungs-Agenda stand zudem eine Rechtschreibreform, aus der englischsprachigen Couch sollte die deutsche »Kautsch« werden – auch dieser Vorschlag stieß noch in der autoritären Nachkriegsgesellschaft bei der älteren Generation auf Zustimmung. Ihr waren alle Insignien der angelsächsischen

Welt – Kaugummi, Jeans, Parka – suspekt. Ebenso alle Anglizismen. Das war die Sprache, der Habitus der einstigen Sieger.

Womöglich verdanke ich es dem bleibenden Einfluss von Rust, dass mir noch in der Oberstufe meines Gymnasiums das Wort »Radio« als Ausdrucksfehler angestrichen wurde. Als ich verständnislos nachfragte, wurde ich belehrt, dass in einem *Deutsch(!)*-Aufsatz nur der »Rundfunkempfänger« auftauchen sollte. Ich hatte es an meiner Schule überwiegend mit Lehrkräften zu tun, die ihr pädagogisches Rüstzeug in der Zeit des »Dritten Reiches« erworben hatten, einige ihrer Glaubenssätze hatten sie aus der »dunklen Zeit« herübergerettet.

Die »Mauer des Gedenkens«

Rusts Schulverbot zwang die damals katholische Löcknitz-Schule, ihre jüdischen Schüler zu entlassen. Nationalsozialistischen Ideologen muss »die Löcknitz« ohnehin ein Dorn im Auge gewesen sein: Geprägt von dem demokratischen Aufwind der Weimarer Republik, galt sie als ausgesprochen modern mit ihren koedukativen Klassen, ihrem obligatorischen Schwimmunterricht und ihren Mädchenclubs »gegen die Gefahren der Großstadt«. Ebendeshalb wurde sie von den liberalen jüdischen Familien als Bildungseinrichtung bevorzugt.

Auf ihrem Schulhof stand eine 1910 eingeweihte Synagoge, die die Reichspogromnacht vom November 1938 fast unbeschädigt überstand, zu dicht war sie umringt von Häusern »arischer« Besitzer. Nur Teile des vorgelagerten Wohnbereichs mit Bibliothek, Schul- und Horträumen brachen ein, für die Beseitigung der Ruinen hatten die Juden aufzukommen.

Als das Bayerische Viertel nach den letzten »Abtransporten« 1943 als »judenfrei« gemeldet wurde, fielen Grundstück und Gebäude an die Gestapo, in den viergeschossigen Wohntrakt zogen Mitglieder des Reichssicherheitshauptamtes ein – vermutlich nach gründlicher

»Entwesung«, das war häufige Praxis bei »frei gewordenen« Judenwohnungen, wie Dokumente zu Rechtsstreitigkeiten über die Kostenübernahme zeigen. Lange konnten die Neumieter sich ihres Wohnortes nicht erfreuen: Im November 1943 fiel eine Brandbombe auf das Haus und zerstörte es – in dem Jahr war der englische Premierminister Winston Churchill zum »moral bombing« übergegangen, um den Widerstand des Deutschen Reiches zu schwächen und die Bevölkerung zur Rebellion gegen die Nazi-Führung zu provozieren. Das ist, wie wir wissen, nicht gelungen.

1995 errichteten Schülerinnen und Schüler der Löcknitz-Grundschule, unter ihnen meine damals sechsjährige Tochter, auf den zugeschütteten Resten der Synagoge eine »Mauer des Gedenkens«, ihre Ziegelsteine beschriftet mit den Namen ermordeter jüdischer Bewohner, die von den Kindern auf dem zentralen Platz von Berlin-Schöneberg laut aufgerufen wurden. Ich erinnere nicht mehr, welchen Namen unsere Tochter wählte, es könnte der von Ida Wolle gewesen sein, die zwei Wochen nach Clara Marcus aus unserem Haus getrieben wurde. Ich erinnere aber deutlich, dass der Kontrast zwischen den so viel Leben ausstrahlenden hellen Kinderstimmen und dem dumpfen Schicksal der Ermordeten mich, die Zuhörerin, fast körperlich schmerzte. Auch anderen wurde auf dieser Veranstaltung bewusst, dass aus unserem Quartier Tausende verschwunden waren, mit denen man einst Tür an Tür gelebt hatte, bis die Nationalsozialisten dieses nachbarschaftlich-soziale Gefüge zerstörten.

Marthas Stein

Jahre später leuchtete mir, als ich aus dem Urlaub heimkam, ein glänzender Stolperstein entgegen, eine elf mal elf Zentimeter große Messingplatte, eingelassen in das Pflaster unseres Aufgangs zur Haustür, man konnte ihn gar nicht übersehen: »Hier wohnte Martha Cohen. JG. 1860. Deportiert 1942. Theresienstadt. Ermordet

12.9.1942«. Martha Cohens Namen kannte ich aus dem Katalog, aber der staubte seit einiger Zeit schon im Regal meiner Bibliothek ein.

Jeden Tag, den ich auf die Straße trat, tänzelte ich nun um Marthas Stein herum, der hier von irgendjemandem irgendwann verlegt worden war; darauf zu treten kam mir wie ein Sakrileg vor, aber die Frage, wer Martha Cohen gewesen war, stellte ich mir immer noch nicht nachdrücklich, und Stolpersteine gab es viele in unserer und den angrenzenden Straßen. Erst als ich bei Recherchen für ein Projekt zur deutsch-jüdischen Geschichte auf Louis Lewandowski stieß, den Komponisten wunderbarer Synagogenmusik und Marthas Vater, erfuhr ich mehr über seine Tochter, auch, dass sie eine ausgezeichnete Pianistin gewesen war.

Am 9. November jeden Jahres stellt jemand eine Grabkerze an Marthas Stolperstein auf. Und nicht nur dort, auch an Stellen, an denen es kein »Judenhaus« mehr gibt, flackern diese roten Lichter zum Gedenken an die Ermordeten. In der benachbarten Speyrer Straße zum Beispiel, wo die in Auschwitz umgebrachte Schriftstellerin Gertrud Kolmar mit ihrem Vater wohnte, stehen an der Stelle ihres einstigen Hauses nur noch vier von Büschen und Sträuchern umsäumte Parkbänke, auf denen sich morgens die Spatzen und abends Jugendliche zum Stelldichein treffen.

Wenn man in der Dämmerung der Novembertage in unsere Straße einbiegt, sieht man den ganzen Bürgersteig von solchen Grabkerzen erleuchtet. Das sieht eindrucksvoll aus, aber eigentlich mag ich die Kerzen nicht, sie kommen mir vor, als wolle man begraben wissen, was in diesen Straßen geschehen ist; sie lassen mich an den berüchtigten »Schlussstrich« denken, den die große Mehrheit der Deutschen nach dem Krieg ziehen wollte. Ihre Abwehr von Schuld und Erinnerungen haben sie in ihren Familienerzählungen anscheinend überzeugend weitergereicht und damit groteske Legenden begünstigt. Fast jeder Fünfte, so eine von der Universität

Bielefeld 2018 publizierte Studie, glaubt, dass Mitglieder seiner Familie damals Verfolgten des NS-Regimes geholfen haben.

Martha Cohen hat niemand geholfen.

*

Meinem zweieinhalbjährigen Enkel Ilias, der jüngst bei uns zu Besuch war, habe ich das einzige leicht unscharfe Bild von Martha Cohen gezeigt, das ich von ihr kenne. Ich habe ihm erzählt, dass diese sehr ernst dreinschauende Frau im schwarzen Kleid lange vor uns in dieser Wohnung gelebt hat und ihr »Klavier« – es schien mir zu kompliziert, ihm zu erklären, was ein Flügel ist – hier im Wohnzimmer stand, vielleicht genau an der Stelle, an der unser Yamaha-Klavier vor sich hindümpelt. Und dass Martha ganz wunderbar darauf spielen konnte.

»Ach ja?«, quittierte Ilias meine Erzählung, ohne das konzentrierte Bauen an seinem Lego-Turm zu unterbrechen. Ach ja?, eine Wendung, die er gern benutzt, um zu signalisieren, dass er das Gehörte höflich-desinteressiert zur Kenntnis genommen hat, von dem er, vermutete ich, in diesem Fall kein Wort verstanden hatte.

Ein Irrtum. Zwei Stunden später legte er zwei Finger an sein linkes Ohr. »Écoute, Yaya, écoute!« Yaya bin ich (griechisch für Großmutter, eigentlich, transkribiert, »giagia« geschrieben), und »ècoute« ist seiner französischsprachigen Heimat geschuldet. Als ich die Ohren spitzte, hörte ich, was er hörte: Die Amerikanerin aus dem Nachbarhaus spielte Klavier. Er rechnete das sicherlich der Frau im schwarzen Kleid zu, von der ich erzählt hatte.

Das nächste Mal werde ich ihm Siegfried Kurt Jacob vorstellen. Ich möchte, dass die beiden sich kennenlernen. Bei Ilias beginnt gerade jene Entwicklungsphase, in der das große Nein vorherrscht – jener entscheidende Einspruch, mit dem Siegfried Kurt Jacob sich dem widersetzte, was die Nationalsozialisten für ihn vorgesehen hatten.

Der Himmel blieb stumm: Martha Cohen

Die Gestapo wird nicht geklingelt haben, als sie Martha Cohen am 1. September 1942 zum »Abtransport« aus unserem Haus holte. Sie schlug mit dem Gewehrkolben gegen die Tür oder trat sie gleich ganz ein, wenn sie keine Antwort erhielt.

Unsere Wohnungstür musste nach unserem Einzug stabilisiert werden – es reichte ein leichter Fußtritt, um sie aufspringen zu lassen. Ob das noch Spätfolgen waren?

*

Martha Cohen war im Frühjahr 1939 Mieterin in der Berchtesgadener Straße 37 geworden, es könnte März oder April gewesen sein. Es ist die »Zeit der Falken«, deren erregte Rufe frühmorgens zu hören sind, wenn sie den Turm der gegenüberliegenden Kirche zum Heilsbronnen umkreisen und bald darauf in einer Mauernische brüten. Von meinem Schreibtisch aus kann ich die elegant dahinsegelnden Vögel beobachten, ich habe freien Blick auf den Himmel über dem Bayerischen Viertel. Den wird Martha, die die Wohnung im vierten Stock gemietet hatte, in der ich heute lebe, auch gehabt haben, wenn sie an den Nachträgen für ihr Testament arbeitete. Und oft wird sie sich in den letzten Jahren ihres Lebens gewünscht haben, so davonfliegen zu können wie die Falken.

Alle, denen sie und ihr verstorbener Mann Teile ihres Vermögens vermachen wollten, waren tot oder ausgewandert oder, sofern es sich um jüdische Stiftungen oder Bildungseinrichtungen handelte, verboten. Aber die Nazis sollten, was noch übrig war von ihrem Vermögen, nicht bekommen. Wie oft wird Martha in dieser Zeit ihre Augen zum Himmel gerichtet haben, zumindest über den hatte das mörderische Regime des »Dritten Reiches« doch keine Macht. Der aber blieb stumm. Selbst dann, als sie zur »Evakuierung in den Osten« abgeholt wurde.

Die Frau im schwarzen Kleid

Es gibt ein etwas unscharfes Foto von Martha, schätzungsweise zwanzig Jahre vorher aufgenommen, da ist sie um die sechzig, ihr Mann war zwei Jahre vorher verstorben. Sie steht in einem eleganten schwarzen Kleid an ihrem Flügel, der die begabte Pianistin auf allen Umzügen begleitete, die damals bereits hinter ihr lagen; an der Wand hängt in einem prächtigen Rahmen das Porträt von Hermann Cohen nach seiner Augenerkrankung, 1913 von Max Liebermann gemalt. Als ich nach dem Verbleib des Bildes forschte, erfuhr ich von der Provenienz-Forschungsstelle des Jüdischen Museums Berlin, das Porträt sei eine Dauerleihgabe aus Israel an das Jüdische Museum Berlin. Wie war es dazu gekommen?

Am 24. Januar 1933 war das damals gerade neu gegründete Museum eröffnet worden, sechs Tage vor der Ernennung Adolf Hitlers zum Reichskanzler. Vielleicht hat Martha ihr Bild dem Museum übergeben, denn es legte großen Wert darauf, gerade auch die deutsche Moderne auszustellen, zu der Max Liebermann zählte.

Vielleicht kam das Bild aber auch erst 1936 in seine Bestände, als im Museum eine Liebermann-Gedächtnisausstellung zu Ehren des ein Jahr zuvor verstorbenen Malers stattfand. Das Museum war zur Bestückung der Ausstellung auf private Leihgaben angewiesen, da an eine Zusammenarbeit mit anderen Museen drei Jahre nach der Machtübernahme der Nationalsozialisten nicht mehr gedacht werden konnte.

In der Reichspogromnacht vom 9. November 1938 wurde das Jüdische Museum zerstört, seine Bilder beschlagnahmte die Gestapo. Was danach mit ihnen geschah, konnte noch nicht genau rekonstruiert werden. Ein Teil der Gemälde wurde 1952 in einem

Keller in der Schlüterstraße in Berlin-Charlottenburg gefunden und von der Jewish Restitution Successor Organization an das (heutige) Israel Museum in Jerusalem übergeben. Das Gemälde von Hermann Cohen könnte darunter gewesen sein, von dort aus wanderte es wieder nach Berlin, immer noch in demselben prächtigen Rahmen, der das Bild schon an der Wand in Marthas Wohnung geschmückt hatte.

Rechts von Martha ist auf dem Foto Hermann Cohens Büste zu sehen, von dem polnisch-amerikanischen Bildhauer Henryk Glicenstein modelliert, und davor ist ein weiteres Ölbild von Marthas Vater Lazarus (Louis) Lewandowski aufgestellt. Martha steht hier inmitten der Dinge, die ihr wichtig sind, weil sie so viele Erinnerungen beherbergen. Das Foto wurde vermutlich noch in der einst mit ihrem Mann geteilten Wohnung in der Luitpoldstraße 32 aufgenommen, kurz vor ihrem Auszug – es ist ein Arrangement, in dem die Koordinaten von Marthas Leben erkennbar werden.

Sie stammte aus einer Musikerfamilie, Martha spielte virtuos auf dem Klavier, ihr Bruder Alfred auf der Geige. Der Vater Louis Lewandowski war als Zwölfjähriger 1833 aus der damals preußischen Kleinstadt Wreśnia nach Berlin gekommen, wurde später Königlich-Preußischer Musikdirektor und revolutionierte den synagogalen Gottesdienst durch Orgelmusik, Gemeindegesang und gemischte Chöre – für die jüdische Gemeinde etwas unerhört Neues. Die Orthodoxen lehnten Musik im Gottesdienst strikt ab.

Der jüdische Gelehrte

Louis Lewandowskis Tochter Martha, am 20. Juni 1860 geboren, heiratete mit achtzehn Jahren den doppelt so alten Hochschullehrer Hermann Cohen, ein häufiger Gast im Hause Lewandowskis. Es war nicht zuletzt die Musik, die in dieser Familie ständig gespielt oder gesungen wurde, von der sich der doppelt so alte Hochschullehrer angezogen fühlte. Auch ein aufgeklärtes Judentum verband die beiden Eheleute. Hermann Cohen, Begründer der »Marburger Schule« des Neukantianismus, war der leidenschaftliche Verfechter einer deutsch-jüdischen Symbiose, einer philosophisch orientierten »Wissenschaft des Judentums«, in der der »Begriff der Religion« »durch die Religion der Vernunft zur Entdeckung gebracht werden« soll.

Mit dieser Position bezog Cohen entschieden Stellung gegen den preußischen Historiker Heinrich von Treitschke, der mit seinem von den Nazis oft wiederholten Satz »Die Juden sind unser Unglück!« in einem Aufsatz für die renommierten Preußischen Jahrbücher den Juden die Bereitschaft zur gesellschaftlichen Integration abgesprochen und entscheidend dazu beigetragen hatte, den Antisemitismus salonfähig zu machen. Als jüdischer Gelehrter wurde Cohen von vielen seiner Professorenkollegen an der Universität Marburg geschnitten, von anderen, wie beispielsweise dem russischen Schriftsteller Boris Pasternak, der ein Semester lang Cohens Vorlesungen besucht hatte, als »Ausnahmeerscheinung« verehrt. Wenige Jahre vor seinem Tod war Cohen am Vorabend des Ersten Weltkriegs auf Einladung der »Jüdischen Gesellschaft zur Wissensförderung« durch Russland getourt und hatte in mehreren Städten, in Moskau und Petersburg, in Wilna und Warschau (die damals noch zum Zarenreich gehörten) Vorträge gehalten. Dort wurde er für seine Synthese von messianischem Judentum, dessen Quelle er im Ostjudentum beheimatet sah, und kosmopolitischer Aufklärung fast wie ein Popstar von Tausenden Zuhörern gefeiert. Ein »wahrer Triumphzug« sei es gewesen, berichtete das Berliner Tageblatt 1914.

Nach seiner Emeritierung 1912 unterrichtete der Professor an der »Lehranstalt für die Wissenschaft des Judentums« in Berlin. Schulen wie diese, so plante er, wollte er überall in Osteuropa errichten. Doch der Erste Weltkrieg machte das Vorhaben zunichte. Und die zunehmende physische Einschränkung, der er sich gegenübersah.

Schon 1892 war er an einer Netzhautablösung erkrankt, damals begann die »gemeinsame Schreibarbeit« (Martha Cohen) des Ehepaares: Martha erledigte seine Korrespondenz, las ihm vor und erlernte den Umgang mit der Schreibmaschine, um seine ihr diktierten Gedanken zu Papier zu bringen. Damit gehörte sie zu den Pionierinnen, die die neue Technik zu nutzen verstanden. Während in den USA die *Remington* und die *Underwood* schon überall in den Büros eingesetzt wurden, gab es im Deutschen Reich nur wenige Schreibmaschinen, am bekanntesten war die *Adler 7*.

Nach dem Tod ihres Mannes verließ Martha Cohen 1918 Schöneberg und zog in das Haus der Familie Simion im Bezirk Tiergarten. Sie verfiel in eine »schwere Krankheit«, ein »Nervenleiden«, vermutlich eine Depression, von der schon ihr Vater, Louis Lewandowski, von Zeit zu Zeit heimgesucht worden war. Das Zusammenleben mit Hermann Cohen war sehr intensiv und glücklich gewesen, sie hatten gemeinsam an seinen Manuskripten gearbeitet, die Freude an der Musik geteilt – für sie muss, nachdem er gegangen war, eine große Leere entstanden sein.

1920 tauchte Martha wieder auf und teilte ihren Freunden mit, dass sie sich gesundheitlich jetzt wieder stark genug fühle, um sich ganz »dem Wirken« ihres Mannes widmen zu können. Sie hatte sich eine Aufgabe verordnet: 1922 reiste sie für Monate in die USA, um dort für die Übersetzung und Publikation von Hermann Cohens philosophischen Texten und Vorträgen zu werben.

Ich bin sicher, dass sie die *Erika* im Gepäck hatte, eine handliche Reiseschreibmaschine, die 1910 auf den Markt kam und zum Verkaufsschlager der Dresdner Firma Seidel & Naumann wurde. Marthas Finger werden des Schreibens mit Hand und Stift entwöhnt gewesen sein.

Geld, Schreibmaschine, Emanzipation

Mich faszinierte die Schreibmaschine, die im Arbeitszimmer der Mutter meiner Freundin Ingrid stand. Ihr Mann war Klempner, und seine Frau erledigte zu Hause in ihrem »Büro« die Buchhaltung und die fälligen Schreibarbeiten.

Ich liebte das Geklingel, mit dem der Wagenrücklauf den Zeilenwechsel herbeiführte, das klackernde Geräusch, wenn die Finger von Ingrids Mutter über die Tasten sausten. So eine Maschine wollte ich auch bedienen können. Und so nahm ich mir vor, tippen und Steno zu lernen, dann müsste ich in den Ferien nicht länger für fünfzig Pfennig pro Stunde in einer Gärtnerei Rosen zur Veredelung verbinden und mir abends die Dornen aus dem Daumen ziehen.

Ingrids Mutter brachte mir bei, mit zehn Fingern zu arbeiten: Papier einspannen, ein weißes Blatt über die Tastatur legen und gleichsam blind die entsprechenden Buchstaben anschlagen. Nur auf das Geschriebene schauen, mahnte sie mich, um zu erkennen, ob die Buchstaben korrekt getroffen wurden. Vor Steno kapitulierte ich, irgendwann kam mir das vor wie Vokabellernen, aber das Tippen übte ich fortan jeden Nachmittag. Jeden. Ich war entschlossen, mit Hilfe der Schreibmaschinenkünste den Gärtnerlohn hinter mir zu lassen.

Wenige Jahre später sicherten mir die zehn Finger den ersten lukrativen Job. Ich erledigte Schreibarbeiten für die Polizei eines Bundeslandes. Die Polizisten wussten nicht, dass eine Fünfzehnjährige ihre Auftragnehmerin war, ein Strohmann verschaffte mir diesen gut bezahlten Job. Von da an war ich auf Taschengeld nicht mehr angewiesen.

Ich verdiente gut und investierte den ersten nennenswerten Betrag in einen engen Schottenrock und einen roten Rollkragenpullover. Damit war auch das leidige Thema erledigt, stets die von meinen drei älteren Schwestern geerbten Klamotten auftragen zu müssen.

Die finanzielle Unabhängigkeit, die mir diese Arbeit verschaffte, erzeugte eine Art Freiheitsrausch, den ich nie mehr missen wollte, und ein Urvertrauen, mein materielles Dasein selbst sichern zu können. Ich schwor mir, diese Freiheit nie mehr aufzugeben.

Das Testament

Die Ehe von Martha und Hermann Cohen blieb kinderlos. 1915 setzten sie ein gemeinschaftliches Testament auf, der größte Teil ihres Vermögens sollte an jüdische Stiftungen gehen und für Stipendien verwendet werden. Großzügig wurde die Jüdische Gemeinde Berlins bedacht. Zum ersten Testamentsvollstrecker ernannte das Ehepaar Marthas Bruder, den Arzt Alfred Lewandowski, bei dem die beiden häufig in der Schöneberger Winterfeldstraße zu Gast gewesen waren. Die testamentarischen Verfügungen sollten allerdings erst nach Marthas Tod in Kraft treten.

1932 erstellte Martha ein eigenes Testament, das gemeinsam mit ihrem Ehemann verfasste Testament sei »durch die Inflation«, durch die das vorhandene Vermögen verlorengegangen sei, »gegenstandslos« geworden. Ich glaube, diese Begründung war vorgeschoben, die politischen Veränderungen durch den Aufstieg der Nationalsozialisten machten eine Testamentsänderung erforderlich: Martha war bestimmt nicht verborgen geblieben, dass die NSDAP schon bei den Reichstagswahlen im Juli 1932 stärkste Partei geworden war. »Hitler ante portas«, schrieb der Literaturwissenschaftler und Romanist Victor Klemperer alarmiert.

Auch im persönlichen Bereich bekam Martha die politische Veränderung zu spüren: Eine zu Ehren von Hermann Cohen im Rathaus seiner Geburtsstadt Coswig (Sachsen-Anhalt) angebrachte Plakette wurde 1932 wieder entfernt, die Nationalsozialisten waren in Anhalt früh einflussreich.

In den folgenden Jahren ließ Martha fünf Nachträge zu ihrem Testament notariell bestätigen – das letzte Addendum stammte vom 7. Januar 1941, das sie auch nicht mehr, wie bei allen amtlichen Dokumenten vorgeschrieben, mit dem Namenszusatz »Sara« unterzeichnete. Die Nachträge sind Zeugnisse ihres trotzigen, aber vergeblichen Versuchs, ihr Erbe und Vermächtnis nicht den Nationalsozialisten in die Hände fallen zu lassen.

Zunächst hatte sie die bei der 1919 gegründeten »Akademie für die Wissenschaft des Judentums« angesiedelte Hermann Cohen-Stiftung zu ihrer Erbin erklärt. 1933/34 wurde die Akademie, und mit ihr die Stiftung, offensichtlich aufgelöst, denn in dem Nachtrag vom 26. August 1934 setzt Martha nun die »Gesellschaft zur Förderung der Wissenschaft des Judentums e.V.« als Begünstigte ein. An deren Stelle wiederum tritt im Nachtrag vom 24. November 1938 die »Jüdische Gemeinde zu Berlin«. Das aber wird kaum noch möglich gewesen sein, denn seit einer Verordnung vom 31. Juli 1938 waren »testamentarische Zuwendungen an Juden (...) nichtig, wenn das gesunde Volksempfinden missachtet wird«.

Ihrer Schwägerin Ella hatte sie 1932 eine jährliche Rente aus den Zinsen ihres Vermögens zugesprochen, 1941 stellte sie fest, dass die potentielle Erbin inzwischen nach England geflüchtet war, daher sollte die Jüdische Gemeinde den »vollen Zinsgenuß« ihres Vermögens haben; die Hermann-Cohen-Büste von Glicenstein war eigentlich der Universität Marburg zugedacht, an der Cohen lange gelehrt hatte. Inzwischen aber schien es Martha unwahrscheinlich, dass die Universität mit ihren überwiegend ideologischen Parteigängern unter den Professoren die Büste überhaupt haben wollte; dann sollte sie ans Jüdische Museum gehen, das aber war unter den Nationalsozialisten geschlossen worden.

Sie wusste sich nicht anders zu helfen, als den von ihr neu bestimmten Testamentsvollstrecker Georg Lewandowski – ihr Bruder Alfred war 1931 verstorben – mit der Lösung dieser schwierigen Frage zu beauftragen. Der aber weilte seit 1938 »nicht mehr in Deutschland«, wie sie im nächsten Nachtrag feststellte. Als Nachfolger setzte sie Heinrich Riegner, ihren Neffen, ein, der emigrierte 1940. Nur ihre Wirtschafterin Marie Wiebach war noch da, deren »Barvermächtnis« hatte Martha aber schon 1938 erhöht.

Vier Frauen und ein Flügel

Wie mag der Alltag in Marthas Leben in diesen Jahren des Naziregimes ausgesehen haben? Sich das vorzustellen, fällt mir schwer, denn inzwischen waren den Juden Zugänge zu allem versperrt, was ihnen ermöglicht hätte, zumindest für Augenblicke den »Einschnürungen« zu entfliehen. Konzerte durfte Martha seit dem 12.11.1938 nicht mehr besuchen, Bücher oder Zeitschriften nicht mehr erwerben. Nicht einmal in die Texte, die sie gemeinsam mit ihrem Mann über viele Jahre erstellt hatte, konnte sie sich noch vertiefen, sie waren indiziert, und Martha musste immer mit einer unangekündigten Razzia rechnen. Auch Ausflüge in die Natur, in den Grunewald oder an den Schlachtensee waren nicht möglich, da Juden keine öffentlichen Verkehrsmittel mehr benutzen durften, und der Zutritt zum »deutschen Wald« war ihnen ebenfalls untersagt. Eine klaustrophobische Situation, aus der es kein Entkommen gab.

In ihrer Fünf-Zimmer-Wohnung war Martha nicht mehr allein. An ihre langjährige (nichtjüdische) Haushälterin Marie Wiebach war sie gewöhnt, bald nach ihrem Einzug aber kamen zwei »Untermieterinnen« hinzu, die Martha aufnehmen musste. »Mir gehört nichts mehr«, schrieb die Dichterin Gertrud Kolmar, die in der Speyerer Straße 10, der Berchtesgadener Straße gegenüber, mit ihrem Vater wohnte und zahlreiche aus ihren eigenen Wohnungen vertriebene »Untermieter« zugewiesen bekam. Bei Martha wurden Bertha Sternson – möglicherweise noch mit ihrem Mann Simon Siegmund, bis dieser flüchtete – und die Witwe Clara Marcus einquartiert. Beide Frauen hatten vorher in Berlin-Wilmersdorf gewohnt, in der Seesener Straße 71.

Wie empfanden die Frauen die ungewohnte Zwangswohngemeinschaft? Wie gingen sie miteinander um? Ob sie das Wenige, was sie hatten, miteinander teilten? Das Brot? Den Tee? Ihre Erinnerungen? Ob Clara von Heinz, ihrem Sohn, erzählte oder Bertha von glücklichen Tagen mit ihrer früh verstorbenen Tochter, die sie jetzt gar nicht mehr auf dem weit entfernten Friedhof Weißensee besuchen konnte? Auch Hermann Cohen und Louis Lewandowski waren, für Martha unerreichbar, dort begraben. Ob Bertha Sternson von der Ankunft ihres Mannes Simon Siegmunds in Shanghai gewusst hat? Manchmal gelang es noch, eine Nachricht über die internationalen jüdischen Hilfsorganisationen nach Deutschland zu bringen.

Die schönsten Stunden für die vier Frauen werden es gewesen sein, wenn Martha sich an ihren Flügel setzte, Mozart, Mendelssohn-Bartholdy oder die »Nocturnes« von Frédéric Chopin spielte. Vielleicht hat sie zuweilen auch »undeutsche«, »entartete« Musiker wie Gustav Mahler oder Arnold Schönberg erklingen lassen, deren Werke der Reichspropagandaminister Joseph Goebbels verboten hatte. Zuzutrauen ist ihr das: Sie wollte sich von den Nationalsozialisten nicht zu einem völlig willenlosen Geschöpf machen lassen, das demonstrieren ihre Testamentsnachträge und ihre Weigerung, in amtlichen Dokumenten den zusätzlichen Vornamen Sara eintragen zu lassen. Martha wusste, dass niemand mehr auf sie wartete, nur der Tod. Was hatte sie schon zu verlieren, selbst wenn irgendjemand aus der Nachbarschaft die Musik von Gustav Mahler erkennen und sie denunzieren sollte?

Arnold Schönberg, der unter den Nationalsozialisten nicht mehr an der Berliner Akademie unterrichten durfte, gelang 1934 die Flucht über Paris nach Los Angeles. Sein trauriges Diktum, schon 1923 an den Maler Wassily Kandinsky geschrieben, hat Martha vielleicht sogar gekannt. Er habe lernen müssen, schrieb Schönberg, und »werde es nicht wieder vergessen. Dass ich nämlich kein Deutscher, kein Europäer, ja vielleicht kaum ein Mensch bin, sondern dass ich Jude bin.« Vielleicht hätte Martha einen solchen Satz nach so vielen leidvollen Erfahrungen, die inzwischen hinter ihr lagen, sogar unterschrieben, obwohl sie und ihr Mann so engagiert auf die deutsch-jüdische Symbiose, das Zusammenwirken von Religion und Vernunft, von Tora, Talmud und Kant gesetzt hatten.

Jetzt hatte Martha nur noch die Musik. Alle, die noch im Haus mit dem »Abtransport« rechnen mussten, dürften Marthas Spiel auf dem Flügel gelauscht haben, wenn sie die »Mondscheinsonate« von Ludwig van Beethoven erklingen ließ – eine solche Musik war der vollkommene Gegensatz zu dem ständigen Gebrüll, dem Lärm, den gebellten Befehlen der Gestapo, die man in unserer Straße der vielen »Judenhäuser« allzu oft gehört haben wird.

Marthas Vermögenserklärung

Am 1. September 1942 stand die Gestapo auch vor Marthas Tür. Die Witwe war 82 Jahre alt, als sie mit dem »54. Alterstransport« nach Theresienstadt geschickt wurde. Schon der Transport muss für sie eine Qual gewesen sein. Martha war weder physisch noch psychisch von robuster Gesundheit. Nach dem Tod ihres Mannes war sie immer wieder wochenlang im Sanatorium, und zeitweilig scheint sie von einer Depression fest im Griff gehalten worden zu sein. Todessehnsucht erfasste sie damals, der Wunsch, mit ihrem Mann wieder vereint zu sein.

Eine Woche vor der Deportation hatte sie am 23. August 1942 ihre Vermögenserklärung bei der Jüdischen Kultusvereinigung abgeben müssen: Schlafzimmer: Kleiderschrank, Bettstelle mit Matratze, Nachttisch, 2 Stühle, Frisiertoilette, Sofa, Sessel, Teppich, 2 Lampen; Speisezimmer: Esstisch, 3 Stühle, 3 Sessel, Vitrine, Krone, 2 Bücherregale, Schreibtisch; Verschiedenes: Flügel, Noten und Bücher.

Als Professorengattin war die »Geheimrätin« eine großbürgerliche Wohnungsausstattung gewohnt, und dazu wird weit mehr als das Mobiliar gehört haben, das sie angegeben hat. Ihre Schreibmaschine hat Martha da schon nicht mehr besessen, die hatten Juden bereits im November 1941 abgeben müssen. Auch die zierliche Goldkette, die sie auf dem Foto trägt, das ich von ihr kenne, und die ihr bestimmt einiges bedeutete, hatte sie nicht behalten dürfen. Ein Erlass vom Februar 1939 befahl, »wertvolle Steine und Metalle im Besitz von Juden an öffentlichen Ankaufstellen abzuliefern«. Gegenstände von kunsthistorischem Wert wie die Bilder und die Büste ihres Mannes Hermann Cohen und auch seine umfangreiche Bibliothek hatte Martha offensichtlich bereits vorher weggeschafft, nichts davon taucht in ihrer Vermögenserklärung auf. Ein Großteil des Nachlasses ihres Mannes ist nach dem Krieg nicht mehr auffindbar gewesen – entweder ist er den Zerstörungen zum Opfer gefallen oder Teil der Kriegsbeute geworden.

Wenige Tage vor der »Abwanderung« wird Martha noch Besuch vom Gerichtsvollzieher erhalten haben, der ihr die Verfügung über die »Einziehung volks- und staatsfeindlichen Vermögens« zustellte, mit der sie genauestens über die gesetzlichen Grundlagen der Beschlagnahmung ihres Inventars informiert wurde. Er kam mit dem Taxi, billig war das nicht. 37,45 RM stellte er seinem Auftraggeber, der Oberfinanzdirektion, Tage später in Rechnung, das entnehme ich Marthas im Brandenburger Landeshauptarchiv noch einsehbaren Akte, die auch ihre Vermögenserklärung vom 23. August 1942 enthält. Gegen ihre Unterschrift erhielt Martha dann eine Quittung, die bürokratische Form wurde gewahrt. Die finanzielle Ausplünderung sollte »ordnungsgemäß« ablaufen, das war dem Regime wichtig, die Bereicherung zugunsten des Deutschen Reiches musste staatlich abgesichert und gesetzlich legitimiert sein.

Nach ihrer »Abwanderung« wurden Marthas Hinterlassenschaften von einem Gerichtsvollzieher amtlich geschätzt und mit einer Art »Preisschild« versehen, ihr Steinway-Flügel wurde mit 1500 RM ausgezeichnet. Die Möbel wurden dann der Firma Fritz

Hentschel übergeben, einer Tischlerei mit Sitz in der Berchtesgadener Straße, die die Gegenstände an die Reichsgeschäftsstelle des Wirtschafts- und Einzelhandelsverbandes lieferte. Der Verband war autorisiert, für den Verkauf des Raubguts zu sorgen, und durfte dafür zehn Prozent Provision einbehalten. Der übrige Erlös musste anschließend an den Oberfinanzpräsidenten überwiesen werden.

Am 8. September meldete die Hausverwaltung Hermann Brack die zwei von Martha bewohnten Zimmer als »geräumt« und versiegelt. Die Finanzverwaltung legte noch am selben Tag eine Einnahmen-Ausgaben-Kartei an. Den Ausgaben für die Taxifahrten des Gerichtsvollziehers (10,72 RM) und des Energieversorgers Bewag standen Einnahmen gegenüber: eine Überweisung der Deutschen Bank (2597 RM) nach Auflösung von Martha Cohens Konto und die von der Firma Hentschel beim Verkauf der Wohnungsgegenstände erzielten Erlöse (1225 RM).

Nicht einmal zwei Wochen hat Martha das Lager Theresienstadt überlebt. Als ihr Transport dort eintraf, war das von der NS-Propaganda zur »jüdischen Mustersiedlung« verklärte Getto bereits restlos überfüllt. Das führte nicht nur zu unhaltbaren hygienischen Zuständen, sondern älteren Menschen wie ihr war es nahezu unmöglich, in dem Gedränge die Latrinen draußen zu erreichen oder etwas zu essen zu besorgen. Am 12. September 1942 wurde ihr Tod im Gebäude Q 602, Zimmer 06 ärztlich bescheinigt, ihr Leichnam verbrannt, die Asche in die Eger gekippt.

Deutsche Bank und der Oberfinanzpräsident

Wochen nach dem Tod von Martha Cohen informierte der Vorstand der Jüdischen Kultusvereinigung den Oberfinanzpräsidenten Berlin, Abteilung Vermögensverwertungsstelle, dass der verstorbene Hermann Cohen »in seinem in den Akten 29 IV.807.18 des Amtsgerichts Schöneberg eröffneten Testament« die Kultusvereinigung zum Testamentsvollstrecker ernannt und seine Witwe zur alleinigen

Begünstigten eingesetzt habe. Als Nachlass werden – weitgehend übereinstimmend mit Marthas Vermögenserklärung – die im Depot der Deutschen Bank befindlichen Wertpapiere und ein dort bestehendes Bankguthaben benannt, 20 300 Mark. Die Witwe aber sei bereits am 1. September 1942 »ins Protektorat abgewandert«.

Vermutlich hatte die Vermögensverwertungsstelle offiziell feststellen und bescheinigen lassen wollen, ob jetzt, nach Marthas Deportation, das Cohen-Vermögen an den Reichsfiskus fallen bzw. eingezogen werden konnte. Es scheint dabei zu Unstimmigkeiten zwischen dem Oberfinanzpräsidenten und der Deutschen Bank gekommen zu sein. Verschiedentlich bestand die Bank auf einem formalen schriftlichen Nachweis, bevor sie das noch auf ihren Konten verbliebene Geld an den Oberfinanzpräsidenten auszahlte. Sie wollte »Rechtssicherheit«.

Noch am 12. Januar 1945 bestätigte ihre Rechtsabteilung der Oberfinanzdirektion zwar noch einmal sowohl das Nachlasskonto als auch das Nachlassdepot von Prof. Dr. Hermann Cohen, bestand aber auf einem Nachweis, einem Erbschein oder einer beglaubigten Abschrift, »dass Martha Sara Cohen alleinige Erbin des Hermann Cohen ist«. Erst bei Vorlage eines solchen Dokuments, schrieb die Bank, sei sie »bereit, die Nachlasswerte an Sie herauszugeben«. Wie das Gezerre um das Cohensche Geld schlussendlich ausgegangen ist, weiß ich nicht. Die Deutsche Bank wird zu diesem Zeitpunkt, als das NS-Regime schon in Auflösung begriffen war, sich um die für ihre Geschäfte unabdingbare Reputation nach Kriegsende gesorgt haben. Der Kriegskasse des Deutschen Reiches dürften jetzt nicht einmal Millionenbeträge noch genützt haben, die Niederlage des »Tausendjährigen Reiches« war längst nicht mehr aufzuhalten.

Spurensuche

Direkt vor unserem Haus hängt am Laternenmast die Tafel, die von dem im März 1942 angeordneten »Kennzeichnungszwang für jüdische Wohnungen« mit einem schwarzen Stern berichtet. Eine weitere der vielen Maßnahmen, mit denen die Juden vor den Augen aller anderen stigmatisiert wurden. Denn damit wusste nun jeder im Haus, hinter welcher Tür Juden wohnten.

Täglich kam ich an diesem verstörenden Schild vorbei, es war wie eine stumme Mahnung, mich endlich den irritierenden Fragen zu stellen, die mich, seit ich die Namen der aus unserem Haus Verschleppten kannte, nie mehr losgelassen hatten.

Wer waren die Verschwundenen? Woher kamen sie? Wohin wurden sie verschleppt? Hatten sie Kinder und andere Familienangehörige, die bei ihnen waren? Aber wenn ich nach langen Arbeitstagen im vierten Stock vor unserer Wohnungstür stand, verdrängte ich ihre bohrende Aufforderung, nach Antworten zu suchen, und freute mich auf unsere Kinder, die hinter der Tür warteten.

Nur morgens bei meinen Yogaübungen auf dem Fußboden in unserem Wohnzimmer konnte ich nie verhindern, dass mein Blick fast zwanghaft zu der Lücke im Stuck der Zimmerdecke huschte und mich dabei immer wieder die Frage überfiel, wer in den Jahren des Nationalsozialismus in diesem Zimmer an die Decke gestarrt haben mochte.

Aus der Lektüre des Katalogs wusste ich nur, dass die meisten jüdischen Bewohner unseres Hauses 1942 »in den Osten« abtransportiert worden waren. Von ihnen kannte ich Namen und Deportationsdaten, mehr aber auch nicht. Ich hatte kein Bild, keine Gesichter, keine Körperhaltung vor Augen, die mir etwas über diese Menschen erzählt hätten. Vielleicht sollte es so sein, dass ich mir selbst ein Bild von ihnen machen musste.

Es dauerte Jahre, bis ich anfing, nach ihnen zu suchen. Besonders aussichtsreich schien mir dieses Vorhaben nicht. Ich hatte es bei den Deportierten mit lauter Unbekannten zu tun, die spurlos im Meer der Millionen Ermordeten verschwunden zu sein schienen. Wie sollte ich über sie etwas herausfinden können? Wo anfangen? Ich war oft ratlos, manchmal kurz davor, gleich wieder aufzugeben. Aber ich kapituliere nicht gern. Vielleicht habe ich damals vor allem deswegen weitergemacht.

Die Unbekannten

Zu Beginn meiner Nachforschungen ließen meine Zweifel mich halbherzig sein, es war bestenfalls eine Probebohrung, die ich unternahm. Ich mäanderte ziemlich wahllos durch mögliche Quellen, blätterte in autobiografischen Büchern, forschte in meiner Literatur zum Nationalsozialismus, las Zeugnisse Überlebender und stöberte in digitalen Archiven herum – beklagenswert unsystematisch und doch immer darauf hoffend, dass sich plötzlich ein Sesam-öffne-dich meiner erbarmen und mich mögliche Querverbindungen zu den einstigen Bewohnern unseres Hauses entdecken lassen würde. Passierte aber nicht. Jedenfalls zeigte sich nichts Vielversprechendes.

Manchmal fand ich eine Sterbeurkunde mit Tag, Monat, Jahr, Uhrzeit und Ort des Todes; dann wusste ich, dass Eduard Marcus, der Mann von Clara Marcus, schon 1927 gestorben war oder die Brandus-Söhne Werner und Max 1937 entkommen waren, es gab Schiffspassagen und US-Einbürgerungszertifikate, die ihre Namen trugen. Aber das blieben disparate Einzelfunde, die mich nicht voranbrachten.

Ergiebiger war zuweilen die eine oder andere Heiratsurkunde, die man über Standesamt-Abfragen im Berliner Landesarchiv oder bei Ancestry, der weltweit operierenden Website für Ahnenforschung, auffinden kann. Darauf standen die Namen von Brauteltern und Trauzeugen, und häufig erfuhr ich dabei auch den Beruf des Bräutigams. Sofern der promoviert war, ließ sich vielleicht noch seine Doktorarbeit in der Staatsbibliothek finden. Der Rechtsanwalt und Notar James Brandus hatte beispielsweise 1891 mit einer Arbeit »Über den Nießbrauch an Inhaber-Papieren mit Prämien« promoviert – aber was sollte mir das über ihn erzählen? Bestenfalls, dass er damit einen Titel erworben hatte und sich als Anwalt auf Wertpapiere spezialisiert hatte oder spezialisieren wollte. Auch das war keine Fährte, die sich aufzunehmen lohnte.

Lichtblicke in dieser Zeit bleierner Unergiebigkeit waren das Berliner und das Jüdische Adressbuch, zwei Schatztruhen, in denen das Wühlen lohnte. Die Ausgaben des Berliner Adressbuches sind bis 1943 nach Straßen mit den entsprechenden Hausnummern geordnet – für meine Zwecke ein Glücksfall. So konnte ich Jahr für Jahr erkennen, wer in der Berchtesgadener Straße 37 gewohnt hatte, wer ausgezogen, wer hinzugestoßen war. Und ich erfuhr, wer von der Liste eingetragener Mieter verschwand, dennoch aber aus diesem Haus deportiert wurde, Oskar Mendelsohn zum Beispiel: Er war ab 1941 nicht mehr als Mieter unter unserer Adresse registriert, wurde aber 1942 genau aus diesem Haus zur Deportation abgeholt. Was hatte das denn zu bedeuten?

Unter den in den 1930er Jahren im Berliner Adressbuch Gemeldeten waren nur drei von den vierundzwanzig Namen, die ich aus dem Katalog als Deportierte kannte: Oskar Mendelsohn, Hedwig Steiner und Martha Cohen. Hingegen wurden dort Namen als jüdische Mieter dieses Hauses aufgeführt, die mir neu waren – Moritz Kallmann, Louis Kayser, Max Lewin, Kurt Baron, Hermann Bratt, Edith Jacob und die »Rentnerin K. Seldis«. Und als Eigentümer unseres Hauses: Dr. Siegfried Kurt Jacob, auch sein Name war im Katalog »Orte des Erinnerns« unter den Deportierten gar nicht aufgetaucht. Wer waren diese Menschen? Waren sie der Verfolgung entkommen? Oder bereits verstorben wie Eduard Marcus? Und warum waren zahlreiche der (laut Katalog) aus unserem Haus Abgeholten nicht im Berliner Adressbuch unter unserer Straße und Hausnummer aufgeführt? Alfred Rosenbaum zum Beispiel. Oder Else Herzfeld. Das Ehepaar Brandus, die Bergers. Ida Wolle. Max Markus. Und, und, und. Ein immer dichter werdendes Knäuel an Rätseln.

Manche dieser Namen oder zumindest Spuren von ihnen fand ich – sofern sie und ihre Familien schon länger in Berlin gelebt hatten – im jüdischen Adressbuch, das ursprünglich als Verzeichnis aller Mitglieder der jüdischen Gemeinde (mit Anschrift, manchmal auch dem Beruf) entstanden war. Es existierte zwar nur noch in zwei Ausgaben, von 1929/1930 und von 1931/1932, schenkte mir aber einige wichtige Informationen. Ich erfuhr, wer schon vor der Deportation in Schöneberg gewohnt hatte, wenngleich in einer anderen Straße; wer aus Charlottenburg oder Wilmersdorf oder wer offensichtlich aus einer ganz anderen Stadt gekommen war, so wie das Ehepaar Berger aus Krefeld und Frechen. Der mir bis dahin unbekannte Hermann Bratt tauchte im Jüdischen Adressbuch als Kürschner auf, er hatte eine Pelzwerkstatt in der Niederwallstraße, heute eine der teureren Adressen in Berlin-Mitte.

Einen neuen Namen entdeckte ich oft nur zufällig, wenn mein Auge durch Deportationslisten wanderte, die man auf den Seiten der als Quellen völlig unverzichtbaren Arolsen Archive findet, Hermann Salomon Hirsch Kriss war einer von ihnen, im Laufe der Recherche kamen weitere Namen hinzu. Wie und warum sie alle bis zu ihrer Deportation in der Berchtesgadener Straße 37 gewohnt hatten, ohne im Berliner Adressbuch verzeichnet zu sein, wusste ich nun immer noch nicht, fing aber an zu ahnen, dass sie ihre Letztadresse bei uns im Haus nicht selbst, nicht freiwillig gewählt hatten. Dazu wollte ich mehr wissen, mir diese Unstimmigkeit erklären können.

Die doppelte Edith

Wegen der vielen Namensgleichheiten, die es unter den Berliner Jüdinnen und Juden gab, falscher Datierungen und den häufig auftretenden unterschiedlichen Schreibweisen desselben Namens sind Irrtümer, Auslassungen und Fehler bei meiner Rekonstruktion einiger der hier vorgestellten Geschichten nicht auszuschließen. Der eine oder andere Fehler, auf den ich gestoßen bin, ist den Nachlässigkeiten der NS-Behörden zuzuschreiben. So kämpfte ich bei meinen Nachforschungen länger mit einer doppelten Hedwig Steiner, die eine 1889 geboren, die andere 1890, aber wundersamerweise beide am gleichen Tag, nämlich dem 19. Januar. Das machte mich stutzig. Die eine wurde nach Riga deportiert, die andere tauchte 1944 als Gefangene im Konzentrationslager Stutthof auf. Bei der Registrierung in Stutthof ist dieser Datierungsfehler passiert, der dazu führte, dass es in allen möglichen Online-Archiven künftig fälschlicherweise eine am 19.01.*1890* geborene Hedwig Steiner gab, die nie existiert hat. Es war immer die 1889 geborene Hedwig Steiner aus unserem Haus, die nach Riga deportiert wurde und zwei Jahre später nach Stutthof kam.

Edith Jacob, die Frau des Besitzers unseres Hauses, musste entkommen sein, in keiner der Datenbanken, weder im Berliner Gedenkbuch noch in Yad Vashem oder Theresienstadt tauchte ihr Name auf, allerdings auch nicht in der Auswandererkartei der Jüdischen Gemeinde, wo die offiziell Ausreisenden verzeichnet wurden. Lange hatte ich Edith in Quito, der Hauptstadt von Ecuador, gewähnt. Ich hatte einen Brief von »Edith Jakob« gefunden, den sie am 17. März 1948 an »Mr. Myer Cohen« von der IRO, der International Refugee Organization, geschrieben hatte. Sie bat um finanzielle Unterstützung (»a loan«) von 600 Dollar, um endlich weiter in die USA auswandern zu können. Sie und ihr Mann lebten seit Januar 1942 (hier hat sie sich vertan, es muss heißen »1943«) in Quito, schrieb sie, sie seien »mit dem letzten Transport« aus Deutschland entkommen, hätten sich bis jetzt in Quito durchgeschlagen, aber nun setze ihnen beiden das Klima gesundheitlich dermaßen zu, dass sie fürchteten, bald nicht mehr für ihren Lebensunterhalt sorgen zu können. Das Affidavit für die USA hätten sie bereits, aber die Reisekosten von 600 Dollar könnten sie nicht aufbringen. Ob Mr. Cohen helfen könnte, eine Organisation oder eine Privatperson zu finden, die bereit wäre, ihnen das Geld zu leihen? Sie würden jede Art von Arbeit annehmen, um es baldmöglichst zurückzuzahlen.

Als ich den Brief in den Arolsen Archiven entdeckte, dachte ich, dahin also sind Siegfried Kurt Jacob und seine Frau geflüchtet, vermutlich zu Ediths Mutter Klara. Sie hatte, das wusste ich inzwischen, bei der Jüdischen Gemeinde das Auswanderungsziel Ecuador angegeben. Stutzig machte mich nur, dass die Brief-Edith ihren Nachnamen mit »k« statt »c« schrieb, aber nun gut, solche Differenzen in den Schreibweisen kamen oft vor.

Wochen später fand ich eine undatierte UK (United Kingdom)-Registrierung von Edith Jacob (diesmal mit »c«) in Chislehurst, England. War das die Gesuchte oder doch die Brief-Edith aus Quito? Ich musste die Geburtsdaten dieser beiden Ediths herausfinden, sie konnten mir am ehesten die Frage beantworten, welche von beiden die von mir gesuchte Edith war.

Die Daten der »englischen Edith« stimmten mit ihrer deutschen Geburtsurkunde überein, und später wusste ich auch, die Edith in Quito konnte nicht »meine« Edith sein, schrieb sie in ihrem Brief doch von ihrem Mann. Aber Siegfried Kurt Jacob war nie nach Ecuador geflüchtet, sondern in Berlin untergetaucht, wie ich später in Erfahrung brachte. Dabei hat er von einem Namensvetter profitiert: Ein Anderer namens Siegfried Kurt Jacob war im Januar 1942 von der Polizei für tot erklärt worden. Der Eigentümer unseres Hauses machte sich das zunutze und tauchte fortan zu keiner Vorladung der Gestapo mehr auf. Er überlebte.

Vom anderen Leben

Ich erzähle auf diesen Seiten von Martha Cohen, Hertha Glücksmann, Kurt Baron und vielen anderen jüdischen Bewohnern des

Hauses in der Berchtesgadener Straße. Manche von ihnen bleiben mangels aussagekräftiger Spuren etwas blass, wie die langjährigen Mieter Max und Johanna Lewin, die es 1941 schafften, über Lissabon nach New York und dann weiter nach Chicago zu ihrer Tochter Erna zu gelangen. Ernas Schwester Else war nach Palästina geflohen, ihr Bruder Hermann nach Teheran. Die Verfolgung hatte die Familie auseinandergerissen – wie so viele Familien.

Die Kinder Lewin waren nicht die Einzigen, die rechtzeitig entkommen konnten. Hermann und Klara Bratt schafften es nach Italien, Simon Siegmund Sternson, der Mann von Bertha Sternson, nach Shanghai, dem einzigen Ort, an dem Verfolgte wie er kein Visum vorlegen mussten. Heymann Herzfeld war über Lissabon nach Buenos Aires geflohen, Klara Seldis, Schwiegermutter des Hauseigentümers, nach Ecuador, Tochter Edith ins englische Chislehurst, wo auch ihr zwölfjähriger Sohn Hanns-Stephan Günther eintraf, der mit einem Kindertransport nach England gelangte. Sein Vater, den die Nazis schon 1938 für ein Jahr eingesperrt hatten, tauchte in Berlin unter, versteckt von einigen mutigen Berlinerinnen und Berlinern, bis er von jüdischen »Greifern«, die im Auftrag der Gestapo versteckte Juden aufspürten, entdeckt und noch Anfang April 1945 verhaftet wurde.

Bei manchen fügte sich so nach und nach ein Steinchen zum anderen, bis sich eine Geschichte erzählen ließ, von Klara und Hermann Bratts Internierung in Kalabrien, von Simon Siegmund Sternsons Leben in Hongkou oder von der unglücklichen Ehe von Betty und Kurt Rechnitz. Aber es sind immer nur Episoden aus der Zeit des Terrors, als wären alle, von denen ich hier berichte, nur Opfer gewesen, als hätten sie nie ein anderes, ein unbeschwertes Leben gehabt – ich empfand das als Verstümmelung, als eine Art Lebens-Amputation, die ich aber nicht verhindern konnte. Dabei hat es sie doch gegeben, diese »vergangenen Glanzzeiten«, von denen die geflüchtete Philosophin Hannah Arendt schrieb, als »wir einst

Menschen gewesen (sind), um die sich andere gekümmert haben, unsere Freunde uns gern hatten und wir sogar bei den Hausbesitzern dafür bekannt waren, dass wir unsere Miete pünktlich zahlten. Es gab eine Zeit, da konnten wir einkaufen und U-Bahn fahren, ohne dass uns jemand sagte, wir seien unerwünscht.«

Ich wünschte, ich hätte mehr in Erfahrung bringen können von diesem, ihrem anderen Dasein, ihren Anfängen, aus den Jahren *vor* der Verfolgung, als im Hause Cohen so voller Freude musiziert wurde, wenn Marthas Bruder Alfred, ein begabter Geiger, zu Besuch war; oder Simon Siegmund Sternson mit den beiden Chefs der »Cigarettenfabrik Kray«, Otto Spitz und Gerhard Neumann, auf seine Beförderung zum stellvertretenden Geschäftsführer anstieß; oder der Brandus-Clan zum großen Familientreffen zusammenkam, um die Wahl von James Brandus zum stellvertretenden Vorsitzenden der Jüdischen Gemeinde in Magdeburg zu feiern. Sie alle werden Pläne gehabt haben: Vielleicht hat Hermann Bratt die Einstellung neuer Mitarbeiter für sein gut gehendes Pelzgeschäft erwogen, Siegfried Kurt Jacob möglicherweise den Kauf eines weiteren Hauses. Mit den Nationalsozialisten wurden diese Zukunftshoffnungen brutal zunichte gemacht.

Bei anderen frage ich mich, ob sie überhaupt glückliche Erinnerungen gekannt haben können. Hermann Katz zum Beispiel, Zahnarzt von Beruf, traf ein Schicksalsschlag nach dem anderen. Seine Frau starb, Sohn Rudolf, der Arzt war, beging Selbstmord. 1933 wurde Hermann Katz, wie allen jüdischen Medizinern, die kassenärztliche Zulassung entzogen, danach durfte er nur noch jüdische Privatpatienten behandeln, bald darauf musste sein Praxisschild neben dem Davidstern den Zusatz »Zugelassen zur Behandlung jüdischer Zahnkranker« aufweisen, so war es gesetzlich vorgeschrieben.

Im Berliner Adressbuch entdeckte ich bei einigen Ärzten den diskriminierenden Zusatz »Krankenbehandler«, das war ein Titel, den sie noch führen durften. Die beruflichen Verbände stellten sich nicht etwa schützend vor ihre jüdischen Mitglieder, sondern forcierten oft in vorauseilendem Gehorsam deren Entrechtung. Der Verlagsbuchhändler Martin Brandus sollte diese bittere Erfahrung ebenfalls machen, als ihn der Börsenverein des Deutschen Buchhandels ausschloss.

Im Juli 1933 wurden Praxisgemeinschaften zwischen jüdischen und »arischen« Ärzten verboten. Im September 1938 wurde Hermann Katz die Approbation entzogen, das bedeutete totales Berufsverbot. Der Reichsärzteführer Gerhard Wagner, der der »Verjudung« der Ärzteschaft den Kampf angesagt hatte, verkündete, dass nun »der ärztliche Beruf und die medizinische Wissenschaft« »endgültig vom jüdischen Geist befreit worden« seien.

Am 22. Juli 1942 deportierten die Nazis den 69-jährigen Hermann Katz nach Theresienstadt, zwei Monate später schickten sie ihn weiter ins Vernichtungslager Treblinka.

Aktenlektüre

Der digitalisierten Wiedergutmachungs-Datenbank (WGA) des Landesarchivs Berlin kann man entnehmen, für wen Entschädigungsanträge gestellt wurden und von wem – Überlebenden oder Anverwandten. Kategorisiert wurden solche Ansprüche in den Verfahren nach den Vorgaben »Schaden an Vermögen«, »Schaden an beruflichem Fortkommen«, »Schaden an Freiheit«. Die entsprechenden Akten kann man im Lesezimmer der Entschädigungsbehörde einsehen.

Im April 2021 war ich dort zum ersten Mal, am Fehrbelliner Platz 1, aus dessen Ensemble grauer Gebäude man nach dem Krieg diskret die Arno-Breker-Skulpturen entfernt hat. Die Nummer 1 hatte ursprünglich als Verwaltungsbau der Karstadt GmbH gedient – bis zu ihrer Arisierung. Danach zog dort das Statistische Reichsamt ein, das die Zählung der Berliner Juden durchzuführen und Informationen für die Kriegsführung der Nationalsozialisten zu sammeln hatte.

Vorausgegangen war dem Besuch meine Anfrage, ob es Verwandte oder Nachkommen der vierundzwanzig Ermordeten unseres Hauses gegeben habe, die einen Entschädigungsantrag gestellt hatten. Ja, solche Akten gab es, leider aber nicht zu allen von mir genannten Personen. Ich solle die entsprechenden Anträge zur Akteneinsicht stellen, dann würde ich Nachricht erhalten, wann ich das Vorhandene im Lesesaal durchsehen könne.

Was dann einige Wochen später vor mir auf dem Tisch lag, waren in Schnellheftern gesammelte Dokumente aus den Entschädigungsverfahren, nur wenige Hefter prall gefüllt, andere so dünn, dass ich meine Hoffnungen auf bahnbrechende Erkenntnisse gleich ad acta legte. Und alle nicht ganz vollständig, da in den ersten Nachkriegsjahren, als die Entschädigungsanträge gestellt wurden, nicht immer sorgsam gesammelt wurde, was zu den Auseinandersetzungen zwischen Antragstellern, Behörden und Anwälten gehörte. Ich war gespannt, was ich hier entdecken würde.

Nach einer ersten flüchtigen Durchsicht konnte ich manche Mappen gleich wieder beiseitelegen, ihr Inhalt war enttäuschend nichtssagend. Überwiegend fanden sich in ihnen nur amtliche Schriftstücke von geringem Aussagewert. Oft auch noch in der typisch umständlichen Juristensprache. In anderen aber war zwischen all den Papieren überraschend Persönliches zu entdecken, das mir – endlich! – Zugang zu mehr Informationen und Eindrücken verschaffte.

So habe ich Namen von überlebenden Familienangehörigen der Deportierten entdeckt, von denen ich bis dahin nichts wusste: Die »Putzmacherin« Hedwig Steiner aus unserem Haus hatte zwei Kinder, Lilly und Gerald, die noch rechtzeitig davongekommen waren – so oft hing das Leben von dem frühen Zeitpunkt der Flucht ab. Sie waren es, die Entschädigung für das ihrer Mutter Geraubte verlangten. Ich lernte Edith Esther Salomon kennen, die vehement um Entschädigung für das ihrer Schwester Betty Rechnitz gestohlene

Vermögen kämpfte. Ich habe aus den Akten erfahren, für welche Besitztümer Wiedergutmachung beansprucht wurde, und bekam so eine Vorstellung davon, wie die Wohnungen der Deportierten eingerichtet waren, ob die Ehefrauen aus wohlhabenden Elternhäusern eine außerordentliche Mitgift zur Heirat erhalten hatten – Informationen, die meinen mir bis dahin hauptsächlich nur als »Daten« – Geburts-, Deportations-, Sterbedatum – begegnenden Schützlingen menschliche Züge verliehen. Begierig griff ich solche Hinweise aus den Akten auf, weil sie etwas von dem Leben, von der angestrebten bürgerlichen Existenz meiner Protagonisten aus den Jahren vor dem großen Schrecken preisgaben.

Edith Jacob hatte auf einer elektrisch versenkbaren *Singer*-Nähmaschine genäht, eine heiß begehrte Preziose für damalige Zeiten, für die eigentlich Ausfuhrverbot bestand; ihre Wohnung war mit Teppichen und Brücken ausgelegt und mit Bronze-Skulpturen dekoriert. Klara Seldis' ganzer Stolz war ein großer, in einem grünen Lederkoffer befindlicher doppelstöckiger Besteckkasten gewesen, dessen Teile – vom Mokkalöffel über das Fischbesteck – in 24-facher Ausfertigung vorhanden waren. Man konnte den Koffer nur zu zweit heben, erzählte ihr Sohn Kurt. Im Haus Seldis hingen Bilder von Rudolf Hellgrewe, damals ein überaus populärer und erfolgreicher Maler märkischer Seen und Sonnenuntergänge. In der Wohnung des Ehepaares Rechnitz hatten im »Tochterzimmer« von Alice Brigitta »weiße Schleiflackmöbel« gestanden, Betty Rechnitz hatte sich oft auf einem »blauen Samtsofa mit Daunen-Auflegekissen« ausgeruht und einen Bechstein-Flügel besessen, bis sie mit ihrem Ehemann Kurt in die Berchtesgadener Straße zwangseingewiesen wurde und sich »zwei Zimmer und eine kleine Kammer« (so Bettys Schwester im Entschädigungsverfahren) mit vier anderen Parteien teilen musste.

Zuweilen fand sich in einer solchen Akte sogar ein Lebenslauf – so von Hermann Bratt, von seiner Frau Klara, von Siegfried Kurt

Jacob, von Howard Stephen Grant (Hanns-Stephan Günther) Jacob und von Sidney (Simon Siegmund) Sternson. Endlich konnte ich das Rätsel lösen, über dem ich immer wieder gebrütet hatte, nachdem ich eine Karteikarte vom italienischen Roten Kreuz zu »Ermano Bratt« aufgetan hatte. War das »mein« Hermann Bratt oder ein italienischer Namensvetter? Nein, kein Italiener, sondern es war »mein« Hermann Bratt. Er erzählt in seinem Lebenslauf von seiner abenteuerlichen Flucht, seinem in Berlin zurückgelassenen Pelzgeschäft und seiner Verhaftung in Italien.

Vereinzelt offenbarten die Akten auch sehr Privates: Angeblich war die Ehe von Betty und Kurt Rechnitz höchst unglücklich gewesen, zumindest für Betty, die 1938 den Gashahn aufgedreht und einen Selbstmordversuch unternommen hatte; die Geschwister von Betty auf der einen und die Brüder von Kurt auf der anderen Seite stritten im Entschädigungsverfahren um die Anteile am Erbe respektive der Wiedergutmachung für das der Schwester oder dem Bruder Geraubte.

Die Ehe von Klara und Hermann Bratt hat, wie ich den Briefköpfen ihrer Akten entnahm, nicht gehalten – wie bei fast allen jüdischen Ehepaaren unter meinen Schützlingen, die sich aus Deutschland rechtzeitig retten konnten. 1944 haben die Bratts sich scheiden lassen. Im Entschädigungsverfahren sind sie sich wiederbegegnet, beide inzwischen mit neuen Ehepartnern, und haben sich zeitweilig einen »Rosenkrieg« um die Ansprüche geliefert.

*

Viele Fragen, die sich mir im Laufe der Arbeit stellten, konnte ich auch im weiteren Recherche-Prozess nicht beantworten: Joseph Suransky kam direkt aus dem Gefängnis auf den Deportationstransport – für welches Vergehen war er verhaftet worden? Wie war sein Schwiegersohn Martin Klein nach Belgien oder Frankreich gelangt? Warum war dessen Ehefrau Alice, die – wie höchstwahrscheinlich ihr Ehemann auch – Zwangsarbeit leisten musste, nicht mit ihm geflüchtet? War Martin noch rechtzeitig vor der Verhaftung bei der sogenannten Fabrik-Aktion im Februar 1943 entkommen?

War Hanns-Stephan Günther Jacob das einzige Kind des Ehepaares Jacob-Seldis? Er selbst gibt im Entschädigungsverfahren eidesstattlich zu Protokoll, Alleinerbe zu sein; sein Vater Siegfried Kurt Jacob hingegen spricht in seinem Verfahren mehrfach von »den Kindern«, aber ich habe keine Spur von weiteren Nachkommen finden können.

War es der Sturz der Aktienkurse nach dem Crash an der New Yorker Börse im Oktober 1929, der den Börsenmakler Kurt Steiner dazu trieb, seinem Leben 1930 in einer abgeschiedenen Laube im Berliner Grunewald ein Ende zu setzen? Oder waren es ganz andere Gründe gewesen, private Probleme möglicherweise?

Auf das Glatteis allzu weitgehender Spekulationen oder Imaginationen wollte ich mich in solchen Fällen nicht begeben, so gern ich das manchmal getan hätte, um das unbefriedigende Dunkel um einzelne meiner Protagonisten hinter mir lassen und eine Geschichte zu solchen Daten und Fakten erzählen zu können. Aber ich bin keine Schriftstellerin, sondern Historikerin. Und der bleiben oft nur Fragen.

Wo war Charlotte Glücksmann in den Jahren der Massendeportation gewesen? Und ihre Tochter Hertha – war sie deportiert worden, oder hatte vielleicht ein »Buchungsfehler« sie davor bewahrt?

Jakob Berger war Kaufmann, Helena Berger »Geschäftsinhaberin«, das erzählt mir ihre Heiratsurkunde von 1919. Aber welche Art von Geschäft besaß Helena Berger? Wann wurde es »arisiert«? Und wie lange haben die beiden im Warschauer Getto überlebt, in das sie deportiert wurden?

Dabei gab es zu den Bergers in den Arolsen Archiven sogar eine AJDC-Karte, eine solche Karte weckte oft Hoffnungen in mir auf weitere Hinweise. Mitarbeiter des American Jewish Joint Distribution Committee haben gleich nach dem Krieg die Personalien von Berliner Juden und Jüdinnen, die sie im Keller der Berliner Finanzverwaltung auf Transportlisten der Gestapo und in den Akten der für die Beschlagnahme jüdischen Vermögens zuständigen Vermögensverwertungsstelle fanden, auf solchen Karteikarten festgehalten. Manchmal enthalten diese darüber hinaus Verweise auf Ehepartner, Söhne oder Töchter sowie Geburtsort, Transport, Deportationsdaten und -ziele und bei Zwangseingewiesenen sogar, wem sie zugewiesen worden waren.

Durch solche AJDC-Karten weiß ich, dass Sara Ihlenfeld bei Kurt Baron im Seitenflügel unseres Hauses untergekommen war, das Ehepaar Brandus bei Hertha Glücksmann und Clara Marcus aus dem vierten Stock zur Deportation geholt wurde. Aus der Wohnung von Martha Cohen, die heute meine ist.

Eine blieb zurück: Clara Marcus

1938 lebten in Berlin noch etwa 140 000 Jüdinnen und Juden. Wer es sich leisten konnte, floh, viele Familien liquidierten alles, was sie besaßen, um zumindest ihre Kinder aus Deutschland hinauszubringen. Zurück blieben die weniger Begüterten und die Älteren, die sich einen Neuanfang in einem fremden Land nicht mehr zutrauten oder nicht mehr über das Geld für eine weitere Flucht verfügten, schließlich hatten die meisten kein Einkommen mehr. Fast die Hälfte der noch in Deutschland lebenden Juden war auf Wohlfahrtshilfen der Jüdischen Gemeinde angewiesen, eine andere Unterstützung gab es nicht mehr.

Unter den Zurückgelassenen waren die Frauen, besonders die älteren, überproportional vertreten. Ihre Männer und Söhne gingen, die Frauen blieben und wurden ermordet. So wie Clara Marcus, Else Herzfeld und Bertha Sternson.

*

Ihren 1943 geborenen Enkel George hat Clara Marcus nie in die Arme nehmen, nie sein erstes Lächeln empfangen, nie seine unverstellt ausgedrückte Freude bei ihrem Anblick erleben können. Nie hat sie an einem solchen Glück teilhaben dürfen. Sie wurde Monate vor seiner Geburt »in den Osten« geschickt. Dabei sind die ausgestreckten Arme eines Kleinkindes, das Nähe möchte, einfach unwiderstehlich. Kaum etwas verbindet so stark mit dem Leben, mit der Erwartung von Zukunft wie solche Arme.

Für Clara Marcus gab es keine Zukunft. Wie so viele ältere Frauen blieb sie zurück, als ihr Sohn Heinz, von Beruf »Supervisor« in einer Gerberei, 1939 mit seiner aus Wien stammenden Frau Valerie nach Amerika flüchtete. Was mag Clara bei dieser Trennung empfunden haben?

Sie stammte aus der großen österreichischen Industriellen-Familie Strakosch, die mit Zuckerprodukten reich geworden war, aber auch im Kulturleben eine bedeutende Rolle spielte. Clara war in Schöneberg, im Bayerischen Viertel, in der Bamberger Straße 25 aufgewachsen und nach der Heirat mit ihrem Mann Eduard nach Wilmersdorf gezogen, in das Haus, aus dem auch Bertha Sternson vertrieben und anschließend in unser Haus eingewiesen wurde. Die Wohnungsberatungsstelle der Jüdischen Gemeinde, zuständig für die »Zusammenzüge«, achtete offenbar darauf, dass einige der Menschen sich schon kannten, wenn sie ihr Zuhause aufgeben und fortan in einem ihnen fremden Haushalt leben mussten.

Das rettende Affidavit
In Amerika wurde aus Claras Sohn Heinz Henry. Im Oktober 1940 wurde er zur US Army eingezogen, obwohl er noch nicht die amerikanische Staatsbürgerschaft besaß. Unüblich war das nicht. Die Armee brauchte jüdische Flüchtlinge wie ihn zur erfolgreichen Kriegsführung gegen Nazi-Deutschland, sie kannten das Feindesterrain schließlich besser als die amerikanischen Soldaten. Und viele der jüdischen Flüchtlinge waren nur zu bereit, gegen das Land ihrer Verfolger zu kämpfen.

Heinz und Valerie Marcus hatten das für die Einreise in die Staaten erforderliche Affidavit von dem Ehepaar Ezekiel und Ray Wolf aus Dorchester, Massachusetts, erhalten. Ich habe keinen Hinweis darauf gefunden, dass es verwandtschaftliche Beziehungen zwischen den Wolfs und dem Ehepaar Marcus gab.

Als Heinz und Valerie nach Amerika gelangten, hatten die Vereinigten Staaten schon einen restriktiven Kurs in der Flüchtlings- und Einwanderungspolitik eingeschlagen – so wie fast alle Staaten. Berühmt wurde das Drama um das Schiff St. Louis, das im Mai 1939 von Hamburg aus mit 937 jüdischen Flüchtlingen in See stach.

Sie hatten gültige Visa für Havanna, Kuba, wurden dort aber abgewiesen, und so endeten auch alle zunehmend verzweifelten Versuche des Kapitäns, an der amerikanischen Küste anzulanden. Die Passagiere der St. Louis drohten daraufhin mit kollektivem Suizid – was sollten sie auch sonst tun, denn bei einer Rückkehr erwartete sie ebenfalls der Tod. Schließlich erklärten sich Belgien, die Niederlande, Frankreich und Großbritannien zur Aufnahme von Teilkontingenten der Flüchtlinge bereit.

In den USA waren längst nicht alle Bürger einverstanden mit der regierungsamtlichen Politik der Abschottung gegen die aus Europa flüchtenden Juden. Henry Rothschild, Philanthrop aus der Jüdischen Gemeinde in Frankfurt, übte harsche Kritik an Amerikas mangelnder »Hilfsbereitschaft für die deutschen Juden«. Es werde viel zu wenig getan. Er forderte, mehr Affidavits als bisher auszustellen, um den Bedrängten unabhängig von der vorgegebenen Quote die Einreise in die Staaten zu ermöglichen, unbesiedelte Gebiete zur Verfügung zu stellen, handwerkliche und landwirtschaftliche Umschulungen zu unterstützen.

Immer wieder waren einzelne Amerikaner, Juden wie Nichtjuden, auch bereit, eine der begehrten Bürgschaften auszustellen, mit denen sie Verantwortung für die materielle Versorgung der Einreisenden übernahmen. Die Bereitschaft der Wolfs, dem Ehepaar Marcus zu helfen, wird sich möglicherweise unter Juden herumgesprochen haben, die nach einem Fluchtweg suchten. Manche, die keine Verwandten in den USA hatten, schrieben einfach auf gut Glück Menschen in Amerika an, deren Adressen sie sich aus Telefonbüchern besorgt oder von jüdischen Hilfsorganisationen bekommen hatten. Manchmal mit Erfolg.

Heinz und Valerie jedenfalls konnten mit Hilfe der Wolfs gerettet werden. Clara nicht. Sie wurde am 10. August 1942 aus der Berchtesgadener Straße 37 abgeholt und in Treblinka ermordet.

Warum ist Clara nicht mit ihrem Sohn Heinz ausgewandert?

Bürokratische Schikanen

Die Flucht war nicht mehr jedem möglich, Clara war bereits 72 Jahre alt und ohne Hilfe anderer war das schikanös gestaltete Auswanderungsverfahren in ihrem Alter nicht zu bewältigen. Einen »fürchterlichen Wirrwarr von Bürokratie und Papierkram muss der Auswanderer über sich ergehen lassen«, schrieb die für den Ullstein Verlag arbeitende jüdische Journalistin Bella Fromm, als sie Deutschland 1938 verließ: Über die Offenlegung sämtlicher Vermögensverhältnisse hinaus musste man einen gültigen Reisepass vorweisen, Unbedenklichkeitsbescheinigungen des Auswärtigen Amtes und der Steuerbehörden, eine Beurteilung der Gestapo bzw. des Reichssicherheitshauptamtes, den Bescheid über die Zahlung der Reichsfluchtsteuer wie der Judenvermögensabgabe, die Unbedenklichkeitsbescheinigung des Finanzamtes, die amtliche Genehmigung der Ausreise wie auch der Einreise, polizeiliches Führungszeugnis, Abmeldebestätigung vom bisherigen Wohnort, Passbescheinigung, bestimmte Papiere für das Gepäck, Durchreisevisa für die zu durchquerenden Länder, Vorzeigegeld, Bahn- und Schiffskarten, ein Affidavit einer Person aus dem Aufnahmeland. Es dauerte Monate, alle erforderlichen Dokumente zu beschaffen. Erschwerend kam hinzu, dass die zuständigen Ämter und Behörden ohnehin völlig überlaufen waren und ihre Öffnungszeiten oft in den Sperrstunden für Juden lagen.

Der Alltag all jener, die noch versuchten, aus Deutschland herauszukommen, muss völlig von der Jagd nach den nötigen Papieren bestimmt gewesen sein. »Bis jetzt habe ich eine Sammlung von dreiundzwanzig Dokumenten beisammen«, notierte Bella Fromm im Juli 1938, nachdem sie acht Wochen vorher den Antrag auf Ausreise gestellt hatte. »In der Zeit, die ich auf diese wertvollen Papiere wartete, konnte ich die Beamten und das Mobiliar von fünfzehn Dienststellen gründlich studieren, bis hinunter zum geringsten Schreiber und dem kleinsten Tintenfass.«

Und nicht immer saßen an den bürokratischen Schaltstellen honorige Zeitgenossen: Manche wussten die panische Verzweiflung der jüdischen Antragsteller auszunutzen, sie ließen sie »Zusatzgebühren« zahlen. Die Schifffahrtsgesellschaften verlangten schon für die Aufnahme in die Warteliste die Zahlung von Extra-Gebühren.

Vermutlich reichte Claras Geld auch gar nicht mehr für eine Flucht. Nur wer entweder sehr vermögend war oder Geld rechtzeitig versteckt hatte, konnte die finanziellen Hürden einer Flucht aus dem mörderischen Deutschland noch überwinden. Und, falls nötig, Bestechungsgeld einsetzen. Eine Auswanderung war kostspielig. Zwar besaß Clara noch Wertpapiere bei der Dresdner und bei der Deutschen Bank, frei verfügen aber durfte sie darüber nicht, jüdisches Vermögen war beschlagnahmt.

Juden galten per se als »volks- und staatsfeindlich«, als Reichsfeinde. Damit konnte ihr Vermögen unter Berufung auf das »Gesetz über die Einziehung von Kommunistischem Vermögen« vom 26. Mai 1933 in die Kassen des Deutschen Reiches fließen. Das geschah mit Claras Wertpapier-Depot von 4000 Reichsmark bei der Deutschen Bank ebenso wie mit ihrem Guthaben bei der Dresdner Bank. 1943 wurden beide Konten aufgelöst und die Beträge an die Oberfinanzdirektion überwiesen.

Ein Haus in Berlin

Die Wohnung, in der Martha, Clara und Bertha die letzten Jahre ihres Lebens verbrachten, ist unser Zuhause, seit mein Mann, meine Kinder und ich 1991 nach Berlin gezogen sind. Das um 1900 erbaute vierstöckige Haus, bei dem in der Zeit der Wende Teile des Dachbodens zu einem fünften Geschoss ausgebaut wurden, liegt in unmittelbarer Nähe des Bayerischen Platzes, früher das Zentrum dieses Viertels, auf das damals alle Straßen sternenförmig zuliefen. Die derzeitige Gestaltung ist nur noch ein müder Abklatsch des einst so gepflegten Platzes mit seinem Springbrunnen, sorgfältig gestutzten Laubbäumen und schneeweißen Parkbänken. Heute tummeln sich hier hauptsächlich Hunde, Elstern und Krähen.

Hier hatte der jüdische Immobilieninvestor Georg Haberland mit seiner vom Vater gegründeten Berlinischen Boden-Gesellschaft bis dahin kaum gekannte fortschrittliche Maßstäbe für die Stadtgestaltung gesetzt. Ab 1900 ließ er auf den eben noch morastigen Vorstadtfeldern von Schöneberg, das gerade erst das Stadtrecht erhalten hatte, eine gigantische Baustelle errichten: ein Ensemble mit breiten Straßen, Jugendstil- und Gründerzeit-Häusern, Parks mit Brunnen und Fontänen, Theatern, Cafés, Geschäften, diversen Vergnügungsetablissements; und 1908 begann man mit dem Bau von fünf U-Bahn-Stationen, die heute noch in Funktion sind.

Das Bayerische Viertel

Die Wohnungen in der »jüdischen Schweiz« waren bei jenen, die es sich leisten konnten, besonders begehrt, weil sie für damalige Zeiten ungewöhnlich komfortabel ausgestattet waren, mit Warmwasser, eigenem Bad in jeder Wohnung, hohen Räumen, Stuck an den Zimmerdecken, Eichenparkett, Dienstbotenaufgang und einer Zentralheizung für das ganze Haus, manche sogar mit einem

Fahrstuhl, auch unser Haus. Die Straßen in diesem Quartier erhielten alle – einer persönlichen Vorliebe des Investors folgend – bayerische Namen, daher die Bezeichnung »Bayerisches Viertel«.

Hier war mehrheitlich die arrivierte jüdisch-liberale Mittelschicht zu Hause, die es – wie Haberland selbst – während des rasanten wirtschaftlichen Aufschwungs des Deutschen Reiches (bis zum Kriegsbeginn 1914) zu etwas gebracht und sich stark assimiliert hatte. In den Augen des Propagandaministers Joseph Goebbels war dieses Quartier ein »Judenparadies«, dabei spielte für viele der jüdischen Bewohner das Judentum keine bedeutende Rolle mehr, sie fühlten sich als »Deutsche«, als »Patrioten«. Ihre Integration in die hiesige Gesellschaft war weit vorangeschritten, und der feindselige Druck von außen, dem sie so lange ausgesetzt gewesen waren, schien in ihren Augen eher abgenommen zu haben. Die Weimarer Republik hatte ihnen doch die volle staatsbürgerliche Gleichberechtigung zugesprochen. Es gab keinen Grund mehr, an der kollektiven Identität als Juden festzuhalten.

Der orthodox ausgerichtete Synagogenverein Schöneberg, nur wenige Schritte von unserem Haus entfernt, der den Bau der Synagoge in der Münchner Straße 37 in Auftrag gegeben hatte, musste lange mit einer stetig sinkenden Zahl an Gemeindemitgliedern kämpfen. Erst in der Zeit wachsender Bedrängnis erfuhr die dortige Gemeinde wieder mehr Zulauf. Die Dichterin Gertrud Kolmar schrieb im Mai 1940 an ihre Schwester Hilde, dass der Vater »neuerdings« an Sonnabenden in die Synagoge ginge, um alte Bekannte zu treffen oder Jugenderinnerungen aufzufrischen. Er fände dort »Stimmungen wieder, Kindheitsklänge«. Seiner Tochter missfiel das, sie schien darin einen emanzipatorischen Rückschritt zu argwöhnen. Ihr sei »nicht wohl, wenn er wie ein überzeugter Jude davon spricht, es dünkt mich bei ihm, der immer frei von religiösen Bindungen war, etwas – verzeih das Wort, aber ich weiß kein besseres – stilwidrig«. Aber als sie unter dem nationalsozialistischen

Regime gesellschaftlich immer stärker ausgegrenzt, entrechtet, gedemütigt und isoliert wurden, suchten viele Jüdinnen und Juden wieder Halt im Judentum – und ohne die materielle und psychologische Solidarität jüdischer Hilfsvereine, die etliche auf der Flucht, im Exil und nach dem Ende des Zweiten Weltkriegs erfuhren, hätten manche wohl nicht überlebt.

Kaum einer der Davongekommenen kehrte zurück in das Land, in dem man ihm nach dem Leben getrachtet hatte. 1956 wurde die Synagoge abgerissen – sie habe keine Funktion mehr, hieß es. Es gab einfach keine Juden mehr, die eine Gemeinde hätten bilden können.

Dabei hatten sich so viele Erwartungen gerade mit diesem Bayerischen Viertel verbunden, das wie ein Inkubator der Moderne wirkte. An diesem Ort kamen so viele innovations- und risikofreudige Ausnahmetalente zusammen – Unternehmer, Künstler, Wissenschaftler –, die alle das Gefühl verband, dass es immer weiter aufwärts ginge und Berlin mit seinen mehr als vier Millionen Einwohnern ihnen alle Chancen böte. Die Zeit hätte ihre werden sollen. Aber sie wurde es nicht.

Begegnung im Grundbuchamt

Viele hatten, wie der Eigentümer des Hauses in der Berchtesgadener Straße 37, Siegfried Kurt Jacob, im Ersten Weltkrieg für das Deutsche Reich gekämpft und sich dann in der pulsierenden Metropole niedergelassen, ein Haus erworben, eine Praxis aufgemacht, eine Firma oder ein Gemeinschaftsbüro gegründet. Wie Alfons Anker, der jüdische Architekt unseres Hauses. Auch für ihn war mit dem Jahr 1933 die so hoffnungsvoll erwartete Zukunft vorbei.

Am 1. Mai 1933 traten Ankers nichtjüdische Kollegen, die Brüder Hans und Wassili Luckhardt, mit denen Anker ein gemeinsames Büro unterhielt, in die NSDAP ein. Die Firma wurde aufgelöst, den Brüdern verschaffte die Parteimitgliedschaft lukrativere Aufträge. Anker hingegen hatte wachsende Schwierigkeiten, überhaupt noch an Aufträge heranzukommen, und erhielt schließlich Berufsverbot. Seine Versuche, nach England zu entkommen, schlugen fehl. 1939 gelang es ihm schließlich, nach Schweden zu seiner Tochter zu fliehen.

Als ich vor Monaten die Akte unseres Hauses im Grundbuchamt einsehen konnte, entfaltete sich ein riesiges Blatt mit wunderschönen architektonischen Zeichnungen der Hausansicht und der Grundrisse der Wohnungen auf den verschiedenen Etagen vor meinen Augen. Ein Kunstwerk, von Alfons Anker mit elegant geschwungenen Buchstaben beschriftet, ich traute mich kaum, das dünne Pergament anzufassen. Siegfried Kurt Jacob muss vor Jahrzehnten, so wie ich, dieses große Blatt aufgefaltet und studiert haben, als er das Haus kaufte.

Die Gestalt, die Anker dem Haus und seinen Wohnungen gegeben hat, ist bis heute unverändert geblieben. Dem nach Südwesten ausgerichteten Vorderhaus mit seinen Fünfeinhalb-Zimmer-Wohnungen sind – um einen großen Innenhof herum – zwei Seitenflügel mit Zwei-Zimmer-Wohnungen angegliedert. Die rechts und links von der Haustür eingemauerten Kalkstein-Figuren, der großzügige Eingangsbereich mit seinen Marmorsäulen, der Spiegelwand und den einstigen Kupfergittern vor der früheren Flurheizung, die vor einigen Jahren gestohlen wurden, zeugen von herrschaftlichen Zeiten. Damals hat hier eine Portiersfrau oder der Hauswart Ulrich in einer dafür vorgesehenen Loge über den Zutritt gewacht, ihr kleines Fenster gibt in direkter Linie den Blick auf die Haustür frei. Mehrere der bleiverglasten Fenster im Treppenaufgang sind den Bombenerschütterungen des Zweiten Weltkriegs zum Opfer gefallen, die Eichenholztreppe mit ihren ausgetretenen honigfarbenen Stufen hingegen hat alle Dramen überlebt, die sich in diesem Haus vor Jahrzehnten abgespielt haben müssen.

Auch der klare Grundriss, den Alfons Anker für unsere Wohnung vorgesehen hat, ist über Jahrzehnte hinweg geblieben: Von dem Flur gehen Berliner Zimmer, Wohnzimmer, zwei weitere Zimmer, Badezimmer und Küche ab, nach Durchquerung des Berliner Zimmers findet man eine Mädchenkammer, WC und die große Küche mit Speisekammer. Dort wohnte und arbeitete damals das »Personal«. Wir haben den einstigen »Dienstbotenteil« umgebaut, heute wohnt dort eine Ukrainerin.

Man konnte alles so lassen, wie es war, nur den breiten Durchgang zwischen zwei vorderen Zimmern, der zugemauert war, den haben wir wieder geöffnet und die Küche, in der sich der größte Teil unseres Familienlebens abspielt, in den größten Raum verlegt, in das Berliner Zimmer.

Vielleicht war das Berliner Zimmer auch schon zu Zeiten, als Martha Cohen mehrere »Untermieter« zugewiesen bekam, der Raum, in dem vier Frauen oft beisammensaßen – Martha und ihre Haushälterin Marie Wiebach, Clara Marcus und Bertha Sternson. Ein Ausziehtisch und vier Stühle waren Martha laut Vermögenserklärung noch geblieben. Auf einem davon saß Bertha Sternson, die Letzte aus dieser unfreiwilligen Frauen-WG.

Die Letzte: Bertha Sternson

In den Tagen um den 11. Dezember 1942 herum wird Bertha Sternson ein Schreiben der Jüdischen Kultusvereinigung erhalten haben: »Ihre Abwanderung ist für Montag, den 14.12.1942 behördlich angeordnet worden. (...) Am Freitag, den 11.12.1942 können Sie Ihr Reisegepäck in der Zeit von 9 bis 13 Uhr in der Sammelunterkunft Levetzowstraße 7/8 abliefern«. Das klang wie eine Vorab-Gepäckaufgabe, tatsächlich aber wurden die Koffer von der Gestapo auf etwaige Wertgegenstände akribisch untersucht und ausgeraubt. Uhren, Füller, Portemonnaies oder Taschenuhren, die aus dem Gepäck gefischt wurden, bot man anschließend zum günstigen Festpreis Frontsoldaten zum Kauf an, gute Schuhe und Kleidungsstücke gingen an »volksdeutsche Umsiedler«. Der Erlös floss in die Kassen des deutschen Reiches.

Der Moabiter Bahnhof in der Putlitzstraße dürfte für Bertha die letzte Berliner Station auf ihrer Reise in den Tod gewesen sein. Vielleicht hatte sie Glück und erhielt dort von den Ehrenamtlichen des Jüdischen Frauenbundes noch eine warme Suppe, ein Stück Brot, etwas Wasser.

Da war ihr Mann Simon Siegmund Sternson schon Jahre in Shanghai.

*

Als Bertha Sternson vermutlich 1939 bei Martha Cohen einquartiert wurde, war Simon auf dem Weg nach Neapel, aus dessen Hafen das Schiff nach Shanghai ablegen sollte, in dem er eine Kabine gebucht hatte.

Simon Schternson hatte 1932 seinen Familiennamen in »Sternson« ändern lassen und sich den zweiten Vornamen Siegmund zugelegt, vermutlich um die ostjüdischen Namensinsignien zu camouflieren und sein Selbstverständnis als Deutscher zu demonstrieren.

Bertha, drei Jahre älter als ihr Ehemann, den sie im April 1911 heiratete, hatte mit ihm zwei Kinder, den 1912 geborenen Sohn Heinz Friedrich Siegfried und eine zehn Jahre später geborene Tochter Marion, die 1937 im Krankenhaus starb und auf dem Jüdischen Friedhof in Berlin Weißensee begraben ist.

Bertha Sternson war aus Köln nach Berlin gekommen, in ihrer Heiratsurkunde trug sie die Berufsbezeichnung einer »Lageristin«, Martha Cohen hingegen, die »Hauptmieterin« der Wohnung, in der Bertha unterkam, stammte aus musischen und großbürgerlichen Verhältnissen, ebenso die zweite »Untermieterin« Clara Marcus. Vielleicht machte das von den Nazis aufgezwungene Stigma den Zusammenhalt über große soziale Unterschiede hinweg möglich.

Die Männer flüchten

Berthas Sohn Heinz war rechtzeitig entkommen: Am 11. August 1936 legte die »Scythia« in New York an, auf der er in einer 3.-Klasse-Kabine den Atlantik überquert hatte. Knapp drei Jahre nach seinem Sohn verließ Simon Siegmund Deutschland. Ursprünglich, so gab er später in seinem Entschädigungsverfahren an, hatten Bertha und er gemeinsam über Shanghai in die USA gelangen wollen, zu Heinz, dem Sohn. Dann aber gestaltete das Visumverfahren sich erheblich zeitaufwändiger und schwieriger, als sie erwartet hatten. Simon Sternson wollte oder konnte nicht mehr warten, er machte sich jedenfalls allein auf den Weg, seine Frau sollte sich weiter um die Papiere kümmern. Dafür ließ er sie mit 5000 Mark Bargeld und diversen Unterlagen, die sie für das Auswanderungsverfahren brauchte, zurück in Berlin.

Warum Bertha sich nicht dagegen gewehrt hat, von ihrem Mann so im Stich gelassen zu werden, bleibt mir rätselhaft, erst recht, wie er es mit sich ausmachen konnte, sie in dieser Situation äußerster Bedrohung alleinzulassen. Hatte sie noch Familienangehörige in Berlin? Darauf gibt es keine Hinweise, ihre Tochter lag auf dem Friedhof Berlin-Weißensee, und Sohn Heinz war ja schon vor dem Vater gegangen. Beharrte Bertha gesetzestreu darauf, ein Visum für die legale Einreise in die USA erstehen zu wollen? Oder hatte sie sich geweigert, nach Shanghai zu gehen, weil ihr die chinesische Hafenstadt unheimlich vorkam? Oder war Simon besonders gefährdet? Der stattliche Betrag, den er bei seiner Frau gelassen haben will, ist ein Indiz dafür, dass er bei der im April 1938 angeordneten »Anmeldung des Vermögens von Juden« längst nicht alles angegeben hatte, was er besaß.

Für Shanghai wurde kein Visum gebraucht – viele, die entweder nicht mehr über die finanziellen Mittel verfügten, um die Kosten ihrer Auswanderung in andere Länder zu bezahlen, oder mit ihrem Antrag bereits gescheitert waren, flohen in die chinesische Hafenstadt, die von den Japanern beherrscht und verwaltet wurde. 1937 hatte Japan die Stadt im Krieg gegen China bombardiert und große Teile Shanghais zerstört. Beim Eintreffen der vertriebenen Europäer quoll die Stadt ohnehin schon von chinesischen Flüchtlingen über.

Shanghai, Stadt der Extreme

Am 10. Mai 1939 bezog Simon, der per Flugzeug und Bahn nach Neapel gelangt war, eine 1.-Klasse-Kabine auf dem japanischen Schiff »Kasima Maru«. 978 Mark kostete die Kabine plus 145 Mark »Bordgeld«. Vermutlich war er einen solchen gehobenen Standard gewöhnt. Er hatte als alleinverantwortlicher Prokurist und stellvertretender Geschäftsführer der »Cigarettenfabrik Kray« gut verdient: Binnen weniger Jahre war es ihm gelungen, sich in der Firma zum Verkaufsleiter und »Reklamechef« hochzuarbeiten und für seinen Einsatz zusätzlich zum Gehalt Bonuszahlungen zu erhalten, wie die beiden Gesellschafter der Firma, Otto Spitz und Gerhard Neumann, postwendend aus New York gegenüber dem Entschädigungsamt bezeugten.

Beruflich war Simon offenbar immer sehr ehrgeizig gewesen, er wollte nach oben: Nach der Schulzeit hatte er einige Monate in England und den USA verbracht, dann eine kaufmännische Lehre absolviert, im Anschluss die Handelsschule besucht und zahlreiche Abendkurse in Bilanz und Buchhaltung belegt. Aber am 1. April 1939 war seine Tätigkeit beendet, die Firma Kray wurde im Zuge der Zwangsarisierung »liquidiert«. Der honorige »Verein Berliner Kaufleute und Industrieller« (VBKI) beteiligte sich an der »rassischen Flurbereinigung« der deutschen Wirtschaft ebenso wie die Industrie- und Handelskammer. Zu diesem Zeitpunkt waren den Jüdinnen und Juden bereits nahezu alle Berufe versperrt, ihre Ansprüche auf Renten, Pensionen und Lebensversicherungen für nichtig erklärt, und auch die »Arisierungserlöse« flossen der Reichskasse zu. Der Staat verdiente gut an der Judenverfolgung.

Am 21. Juni 1939 kam Simon nach sechswöchiger Reise in Shanghai an. Es muss ein überwältigender Sinneseindruck gewesen sein, der sich ihm wie auch den 18 000 jüdischen Flüchtlingen bot, die dort temporär Zuflucht fanden: Menschenmengen, die sich durch die Gassen drängten, Rikschas zogen, klapprige Lastwagen durch die überfüllten Straßen manövrierten, überall Bettler, unerträgliche Hitze, Dreck, Ungeziefer, hohe Luftfeuchtigkeit, ein fast schon schmerzender Lärm – bei jemandem aus einem mitteleuropäischen Land musste diese Kakophonie, dieses Chaos Fluchtreflexe auslösen. Shanghai war eine Stadt der Extreme.

Es gab bereits zwei jüdische Gemeinden in der Hafenstadt. Die Flüchtlinge wurden von Mitgliedern der jüdischen Hilfsorganisationen empfangen und nach ihren Fähigkeiten und Kompetenzen befragt, damit ihnen baldmöglichst eine Arbeit vermittelt werden konnte. Was sie in ihren angestammten Berufen gewesen waren, interessierte hier niemanden, nur, was sie konnten. Was mag Simon bei dieser Befragung angegeben haben? Seine Englischkenntnisse waren in einer solchen Lebenssituation bestimmt nützlich. Aber ob er in Shanghai einer Arbeit nachgegangen ist, dazu äußert er sich Jahre später in seinen vor dem Entschädigungsamt gemachten Ausführungen nicht.

Die europäischen Flüchtlinge wurden in den ärmsten und heruntergekommensten Teilen der Stadt in Heimen untergebracht, Männer und Frauen in getrennten Schlafsälen mit zuweilen hundert anderen Mitbewohnern, danach in ärmlichen Baracken.

Nicht aber Simon Sternson. Er muss, anders als viele seiner Leidensgenossen, noch über beträchtliches Bargeld verfügt haben, er wohnte die ersten vier Jahre in der Stadt Shanghai, was nur wenige sich leisten konnten. Im Mai 1943 aber mussten alle Jüdinnen und Juden, auch Simon, auf Befehl der Japaner in den Stadtteil Hongkou, ins Getto, umziehen, in die »verlassenen und verschmutzten Chinesenhäuser«, die »voller Ungeziefer« waren, wo jeder Familie nur ein Zimmer zugewiesen wurde. »Ratten und Mäuse waren nicht auszutilgen«, so beschreibt er die Verhältnisse dort, in denen er an Ruhr erkrankte und sich im harten Winter rheumatische Erkrankungen und einen Stirnhöhlenkatarrh zuzog, die ihn sein Leben lang zu ärztlicher Behandlung zwingen sollten.

Über Geld scheint er zu diesem Zeitpunkt kaum mehr zu verfügen, er klagt über die mangelhafte und schlechte Ernährung. Wie nahezu alle Juden, die Zuflucht in Shanghai gefunden hatten, wird er davon geträumt haben, weiterwandern zu können, am liebsten in die USA zu Henry, der früher Heinz hieß. Aber ein mittel- und rechtloser Flüchtling muss lernen, auf die Zukunft warten zu können. Auch wenn Simon dafür kein Talent hatte.

Erst im Januar 1947, zwei Jahre nach der Kapitulation der japanischen Besatzungsmacht, konnte Simon sein acht Jahre währendes Exil in Shanghai verlassen und endlich in die USA emigrieren, wo andere Verwandte von ihm bereits Fuß gefasst und Sohn Henry sich in Chicago als Büroangestellter eine neue Existenz aufgebaut und geheiratet hatte. Im Oktober 1942, zwei Monate bevor seine Mutter ins Getto von Riga und von dort 1943 nach Auschwitz deportiert wurde, erhielt Henry die amerikanische Staatsbürgerschaft.

Sidneys Rente

Simon Siegmund Sternson, der sich in Amerika Sidney nannte, blieb in New York, in Brooklyn. Er heiratete erneut, eine Krankenschwester, und stellte 1952 seinen Antrag auf Wiedergutmachung, auch den für seine Frau Bertha, Sohn Henry trat seine Ansprüche aus dem Erbe der Mutter an den Vater ab. Anfänglich stagnierte das Entschädigungsverfahren in Sachen Bertha Sternson, da Sidney und Henry keine Todesbescheinigung beschaffen konnten, die ihnen abverlangt wurde. Sie kontaktierten das Internationale Rote Kreuz, den International Tracing Service und andere Stellen, um an eine solche Sterbeurkunde zu kommen. Ohne die könnten die Wiedergutmachungsansprüche nicht berücksichtigt werden, ließ man die beiden Männer wissen.

Sidney erhielt von der 1948 gegründeten United Restitution Organization (URO) Rechtshilfe. Das nützte im Umgang mit den deutschen Behörden, die mit der Wiedergutmachung befasst waren. Denn besonders die amerikanische Besatzungsmacht war in der Frage der Entschädigung unmissverständlich: Was geraubt worden war, muss zurückgegeben werden.

Einigkeit bestand in dieser Frage allerdings nicht einmal mit den alliierten Partnern, man konnte sich nicht auf ein abgestimmtes Vorgehen in Fragen der Wiedergutmachung verständigen. Die Amerikaner preschten deshalb vor und erließen 1947 das Militärregierungsgesetz Nr. 59, mit dem die »Rückerstattung feststellbarer Vermögensgegenstände an Opfer der nationalsozialistischen Unterdrückungsmaßnahmen« verbindlich eingefordert wurde. Zwei Jahre später zogen die Briten und wenig später auch die Franzosen nach.

Mit dem Deutschlandvertrag von 1952 wurde die Bundesrepublik dazu verpflichtet, ein entsprechendes Bundesgesetz zu erlassen, das dann ab 1. Oktober 1953 die Wiedergutmachung regelte.

Die United Restitution Organization erkämpfte für Sidney Sternson eine Rente in Höhe von 626,37 DM für den »Schaden an seinem beruflichen Fortkommen«; für die Rente waren Nachzahlungen für die »verlorenen Jahre« seit seiner »Auswanderung« in Höhe von fast 40 000 DM fällig, und in den kommenden Jahren kamen ordnungsgemäß Rentenerhöhungen dazu. Sidney wurde auch für den »Freiheitsschaden« entschädigt, der ihm durch das Tragen des Judensterns entstanden war, ferner wurden ihm »Weiterwanderungskosten« von Shanghai in die USA (1200 DM) erstattet und Vermögens- und Erwerbsentschädigungszahlungen geleistet. Die United Restitution Organization schaffte es auch, Vorschusszahlungen auf diese Beträge in beträchtlicher Höhe durchzusetzen, bevor Sidneys Ansprüche juristisch wirklich bestätigt worden waren – ein Anliegen, mit dem beispielsweise der nach Kriegsende völlig mittellose Siegfried Kurt Jacob, der Eigentümer unseres Hauses, scheiterte. Die Rückendeckung der amerikanischen und britischen Besatzungsmächte ließ die deutschen Behörden »parieren« – so hätte man damals gesagt. Es ist deshalb auch wenig verwunderlich, dass die URO sich vor Mandanten nicht retten konnte. In den 1960er Jahren betreute sie bereits 450 000 »claims«, Entschädigungsforderungen.

Sidney, der in den USA, wie er in seinem Verfahren angab, arbeitslos war, nur mit kleinen Aushilfsjobs in einem Altenheim monatlich 50 bis 60 Dollar verdiente, brauchte das Geld dringend, um die durch Rheuma und Stirnhöhlenkatarrh verursachten Schmerzen durch eine Kur zu lindern.

Seine Versuche, bei der Allianz eine Lebensversicherung geltend zu machen, scheiterten – es ließe sich aufgrund der »durch Kriegseinwirkung« vernichteten Unterlagen nicht mehr ermitteln, ob diese nicht bereits ausgezahlt worden sei. Sidney konnte seinen Anspruch nicht beweisen, ein Handkoffer mit seinen wichtigsten Unterlagen sei ihm auf der Flucht abhandengekommen, gab er an. Monate später allerdings schreibt die Allianz, der Rückkauf habe doch stattgefunden, und zwar im März 1939, alle Unterlagen waren dann offensichtlich doch nicht vernichtet worden. Simon hatte die Lebensversicherung im Zuge seines Fluchtvorhabens liquidiert.

Die gerichtlichen Auseinandersetzungen im Rahmen der Wiedergutmachung ziehen sich auch bei Sidney Sternson jahrelang hin, wie bei so vielen Opfern nationalsozialistischer Verfolgung. 1974 wird das letzte Urteil in dem Klageverfahren gesprochen, Sidney bekommt Recht. Da war er allerdings schon sechs Jahre tot. Im September 1968 ist er in Fort Lauderdale, Florida, gestorben.

14. Dezember 1942

Am 14. Dezember 1942 wurde die Wohnung im vierten Stock des Hauses Berchtesgadener Straße 37 wieder von der Gestapo heimgesucht. Bertha Sternson wird sie längst erwartet haben.

Die zwei Zimmer, die Martha bis zu ihrer Deportation bewohnt hatte, waren gleich nach ihrer Deportation von der Hausverwaltung versiegelt worden. Bertha selbst war als Untermieterin mit nur wenigen Habseligkeiten in ein »Leerzimmer« des Hauses Berchtesgadener Straße 37 gezogen – ein Tisch, ein Plüschsofa, ein Sessel, ein Wäscheschrank, ein Spiegel, das sind die Gegenstände, die sich noch in ihrem Besitz befanden. Von 5000 Mark, die ihr Mann Simon Siegmund ihr dagelassen haben will, findet sich, zumindest in ihrer Vermögenserklärung, keine Spur.

Am Ausziehtisch, an dem sie bis vor wenigen Wochen mit Martha Cohen und Clara Marcus gegessen hat, befindet sich jetzt nur noch Marie Wiebach, Marthas Haushälterin, an ihrer Seite. Vielleicht haben die beiden in den Noten geblättert, die Martha ihrer Vertrauten Marie vor dem Abtransport zugesteckt hat, und dabei noch einmal gehört, wie die Pianistin Robert Schumanns »Von fremden Ländern und Menschen« spielte, ein Lied, das so sehr die wehmütige Erinnerung an ein vergangenes Leben auszudrücken scheint. Marthas Steinway-Flügel selbst war schon Tage nach ihrer »Abholung« der Firma Hentschel zum Verkauf übergeben worden.

Im Oktober wird den beiden Frauen gekündigt, sie sollen sich nach einer anderen Wohnung umsehen. Marie Wiebach erhebt Einspruch dagegen und beruft sich auf den »Mieterschutz« für Arier. Für Bertha Sternson bittet die Wohnungsberatungsstelle der Jüdischen Gemeinde um Aufschub, sie werde sich um einen anderen jüdischen Hauptmieter bemühen.

Bertha hat die Botschaft sicherlich verstanden: Martha Cohen war Anfang September zur »Abwanderung ins Protektorat« geholt worden, ihre Untermieterin Clara Marcus im frühen August. Sie, Bertha, war nun die Letzte dieser Wohngemeinschaft. Die Wohnung sollte durch die Kündigung geräumt, »judenfrei« werden; und da sie selbst gar keine andere Zuflucht finden konnte, bedeutete das ihre bevorstehende Deportation. Am frühen Morgen des 14. Dezember wurde sie abgeholt und nach Auschwitz gebracht.

Marie Wiebach erhielt von der zuständigen Hausverwaltung Hermann Brack am 29. Dezember ein anderes Zimmer zugewiesen. Am 1. Januar 1943 wurde die Wohnung als »geräumt« gemeldet.

Der Architekt des Führers

Im Januar 1939 wurde die »Reichszentrale für die jüdische Auswanderung« eingerichtet, ihr Leiter war Reinhard Heydrich, der operative Geschäftsführer wurde ab Oktober 1939 Adolf Eichmann. Die Zentrale sollte möglichst viele Juden aus dem Land treiben. »Der Führer will sie alle abschieben«, frohlockte Joseph Goebbels in seinem Tagebuch. Da irrte der Propagandaminister. Der »Führer« hatte schon in seiner Rede zum sechsten Jahrestag seines Machtantritts am 30. Januar von der »*Vernichtung* der jüdischen Rasse« gesprochen. Der Weg zur Deportation war damit abgesteckt.

Auf den Tag genau zwei Jahre zuvor, am vierten Jahrestag seiner Kanzlerschaft, dem 30. Januar 1937, hatte Adolf Hitler den Architekten Albert Speer auf Vorschlag von Goebbels zum »Generalbauinspektor für die Neugestaltung der Reichshauptstadt« ernannt und damit, so die Meldung der Berliner Morgenpost im März 1937, »ein ungeheures verantwortliches Aufgabengebiet« einem Mann übertragen, der »als Nationalsozialist und als Künstler durch seine Werke für sich spricht«.

Der rote Einband

Lange hatte ich nicht mehr an diesen ungeliebten roten Einband gedacht, den ich wohl mehr als hundert Mal auf Wunsch eines Kunden oder einer Kundin »bitte als Geschenk einpacken« musste: die 1969 veröffentlichten »Erinnerungen« von Hitlers Stararchitekten und späterem Rüstungsminister Albert Speer, ein internationaler Bestseller. Ich hatte gerade mein Studium der Geschichte an der Universität Hamburg angefangen und arbeitete mehrmals die Woche in einer schleswig-holsteinischen Buchhandlung, bei der ich meine Buchkäufe »anschreiben« lassen konnte, auch wenn die Mutter des Buchhändlers dabei jedes Mal missbilligend die Augenbrauen hochzog.

Die Beträge summierten sich, ich hatte einen ziemlich hohen Schuldenstand, der mit dem Fortgang des Studiums exponentiell anstieg. Mein Buchhändler war der Mäzen meines Studiums.

Dabei hatte ich mich beim ersten Betreten seines Ladens Jahre zuvor so blamiert, dass ich danach auf dem Heimweg von der Schule wochenlang geduckt an dem Schaufenster vorbeischlich, immer hoffend, dass man mich bei einem Blick durchs Fenster nicht wiedererkannte. Ich war damals vierzehn und meine wagemutigsten Ausflüge in die intellektuelle Sachbuchwelt waren bis dato die Lektüre von Werner Kellers »Und die Bibel hat doch recht« sowie einige Bücher von Sören Kierkegaard gewesen.

Im Schaufenster der Buchhandlung hatte ich einen Umschlag gesehen, dessen Titel mich, inzwischen vaterloses Kind, aus durchsichtigen Gründen ansprach: »Auf dem Weg zur vaterlosen Gesellschaft« von Alexander Mitscherlich, ein Buch in dem es, so las ich später, um die psychosozialen Defizite der frühen bundesrepublikanischen Gesellschaft und ihrer unbewältigten NS-Vergangenheit ging.

Was mit dem Titel eigentlich gemeint war, wusste ich nicht. Ich hatte auch noch nie von Alexander Mitscherlich gehört. Mein Zuhause war das ländliche Schleswig-Holstein, das Land der »ertragreichen Kühe«, wie der Dichter Kurt Drawert spottete. Da kannte man solche Namen nicht, und die Diktion des Titels war mir sehr fremd, so sprach und dachte man »bei uns« nicht. Vielleicht war das der Grund, dass ich mich total vertat und um das Buch »Auf dem Weg in die vaterlandslose Gesellschaft« bat. Den Buchhändler amüsierte das, aber er wollte mich nicht bloßstellen, schon gar nicht vor fremden Ohren, korrigierte mich leise und drückte mir das Buch von Mitscherlich in die Hand. Das war der Beginn einer wunderbaren Freundschaft. Mit dem Buchhändler und der Welt der Bücher.

Von Mitscherlich war ich seitdem »angefixt«, auch wenn ich vieles, was er schrieb und analysierte, noch gar nicht verstand. Was konnte ich damals schon mit »ödipaler Rivalität« anfangen, mit »Triebentmischung« und »Vorurteilsgehorsam«?! Alles Begriffe aus einer mir völlig fremden und sehr unzugänglichen Welt, aber sie klangen irgendwie provozierend. Und ich war entschlossen, mich durch diese so andere Sprache durchzubeißen, exzerpierte zahllose Stellen, die mir bedeutsam und rätselhaft erschienen, und legte mir ein Vokabelheft zu, um die neuen Wörter festzuhalten und sie irgendwann mehr oder minder treffend anzuwenden.

In den nächsten Jahren wurde ich Stammkundin in dem Buchladen, verfügte aber nicht über die entsprechende stabile Liquidität, die mit meinen geradezu rauschhaften Kauforgien hätte mithalten können. Ich schlug dem Buchhändler vor, einen Teil meiner Schulden abzuarbeiten. Er stimmte zu, besonders in der Weihnachtszeit hatte er Bedarf an einer Hilfskraft. So kam der rote Einband in meine Hände. Und mit ihm der Lieblings-Nazi der Nachkriegsdeutschen: Albert Speer. Bei meinen Recherchen zu diesem Buch traf ich ihn wieder.

Mietverhältnisse mit Juden

Als Generalbauinspektor ließ Speer sich zur Ausübung des Amtes umfassende Vollmachten zusichern, war nur dem Reichskanzler persönlich verantwortlich und erstritt sich in den nächsten Jahren die Entscheidungshoheit über alle mit baulichen Maßnahmen befassten Institutionen der Stadt.

Am 30. April 1939 trat das »Gesetz über Mietverhältnisse von Juden« in Kraft, denen fortan »ohne Angabe von Gründen und ohne Einhaltung von Fristen« gekündigt werden konnte. Drei Wochen danach warnte der Berliner Lokal-Anzeiger vom 25. Mai 1939: »Alle jüdischen Mieter, die in einem Haus wohnen, das nicht einem Juden gehört, müssen damit rechnen, dass sie in nächster Zeit ihre Wohnung zu räumen haben.« Sie sollten sich rechtzeitig um eine neue Bleibe bemühen, andernfalls würden sie irgendwo zwangseingewiesen. Die »Stadtgebiete Potsdamer Straße, Lützowplatz,

Tiergartenviertel, Hansaviertel, Kleiststraße, Tauentzienstraße, Kurfürstendamm und Bayerisches Viertel« seien bei solchen »Umzügen« allerdings zu meiden, die beanspruchte der Generalbauinspektor für sich und seine Pläne. »Wir werden Berlin den Charakter eines Judenparadieses nehmen«, schrieb Goebbels. Dieses Ziel teilte der ehrgeizige Speer. Mit ihm wurde die »Entjudung« der Stadt wohnungspolitische Strategie.

Mit dem Gesetz über die »Neugestaltung deutscher Städte« war im Oktober 1937 die rechtliche Basis für Enteignungen am Grundeigentum geschaffen worden. Jetzt konnte für Speers Inszenierungen des Macht- und Herrschaftsanspruchs des Regimes abgeräumt werden, was im Wege stand. Zehntausende Wohnungen fielen seinen Ambitionen zur »Neugestaltung der Reichshauptstadt« zum Opfer, obwohl die Gemeinnützige Siedlungs- und Wohnungsbaugesellschaft Berlin, zu der die städtischen Wohnungsbaugesellschaften vereinigt worden waren, im April 1938 das Defizit an Wohnraum in der Stadt warnend mit einem Fehlbestand von 190 000 Wohnungen beziffert hatte.

Den Generalbauinspektor hielt das nicht auf. Er richtete in seiner Behörde zur »Erfassung und Neubesetzung der durch Juden freigewordenen Räume« eine Abteilung »Judenwohnungen« ein, die eine detaillierte »Judenkartei« zu erstellen hatte. Die von jüdischen Mietern zwangsgeräumten Wohnungen sollten vorzugsweise an »arische« Betroffene gehen, die durch Speers Pläne ihre Wohnung bereits verloren hatten oder verlieren würden. 1937, da war er noch nicht einmal ein Jahr im Amt, ordnete er den Abriss von 17 000 Wohnungen an; im Gegenzug sollten andernorts Wohnungen durch »zwangsweise Ausmietung von Juden« freigemacht und die »Entmieteten« in Großwohnungen oder Häusern von Berliner Jüdinnen und Juden untergebracht werden.

So wie in unser Haus in der Berchtesgadener Straße. Der jüdische Rechtsanwalt und Notar Siegfried Kurt Jacob hatte es 1927/1928 von Max Rosenberger gekauft. Damit galt es, da in jüdischem Besitz, als »Judenhaus«, in das die Jüdische Kultusgemeinde freigesetzte jüdische Mieter einweisen konnte. Offiziell wurden solche gewaltsam entmieteten Berliner Juden gar nicht mehr im Berliner Adressbuch erfasst, erst auf den Deportationslisten oder auf den kurz zuvor abzugebenden Vermögenserklärungen tauchte ihr letzter »Wohnsitz« auf. Ihr Verbleib als »Untermieter« in den ihnen zugewiesenen Wohnungen jüdischer »Hauptmieter« sollte ja nur vorübergehend sein. Sie waren Verfügungsmasse, Platzhalter für »deutschblütige Abrissmieter«, für Nazi-Größen, Militärs oder für Angestellte kriegswichtiger Betriebe.

»Weltstadt« Berlin

Der Generalbauinspektor brauchte Platz, er hatte Großes vor, er wollte Berlin zur »führenden Weltstadt« ausbauen, wie Goebbels in seinem Tagebuch begeistert notierte. Ihr Kernstück sollte eine »Riesenstraße von Süd nach Nord« werden, die von einer Ost-West-Achse gekreuzt wurde. Dafür wollte Speer gigantische Schneisen in die existierende Bebauung schlagen und ganze Stadtviertel schleifen. So sollte Raum geschaffen werden für die »Halle des Volkes«, die 180 000 Menschen fassen sollte, und einen fast 120 Meter hohen Triumphbogen, Fixpunkte einer »Siegesallee« des »Dritten Reiches« gesäumt von wichtigen Ministerien, Behörden und von den größten deutschen Firmen, urban durchmischt mit Theatern, einer neuen Philharmonie, einer Reichsoper, Luxushotels und Feinschmecker-Restaurants. Dass für die »Halle des Volkes« Teile der Spree unter die Erde hätten verlegt werden müssen, dürfte der ambitionierte Speer als Herausforderung gesehen haben, mit der man beim Führer punkten konnte.

Zu Hitlers fünfzigstem Geburtstag präsentierte Speer dem verehrten »Führer« immerhin ein vier Meter hohes Modell des Triumphbogens – der Beschenkte sei »überwältigt« gewesen, behauptete der

Architekt in seinen »Erinnerungen«. Bei bloßen Modellen blieb es nicht: »Die schönsten Paläste Berlins müssen niedergerissen werden«, schimpfte Bella Fromm in ihrem Tagebuch, »nur um Adolfs Begierde nach neuen und prächtigen Gebäuden zu befriedigen«. Der dänische Gesandte habe ihr anvertraut, dass die Diplomaten, deren Villen nach Speers Plänen weichen sollten, eine großzügige Entschädigung erhielten und natürlich neue Gebäude. Der Däne glaubte, dass Hitler hier über hundert Meter breite Autostraßen für seine Armeen schlagen ließ. Dem aber ging es vielmehr um monumentale Repräsentanz der »Welthauptstadt«.

Speers gigantische »Prachtstraße« ist uns erspart geblieben, es kam nur zu Probebohrungen. Unweit des Bayerischen Viertels an der Kolonnenbrücke ließ der Architekt Kleingärten-Parzellen planieren. Französische Zwangsarbeiter mussten einen Schwerbelastungskörper aus Beton errichten, mit dem getestet werden sollte, ob der Baugrund den Gewichten der geplanten Monumentalbauten gewachsen war. Alle Versuche, dieses Schandmal nach dem Krieg abzutragen, misslangen. Inzwischen steht der »Nazi-Klotz«, wie die Berliner sagen, unter Denkmalschutz.

»Entjuden«

Von den öffentlichen Wohnungsbaugesellschaften, die in Berlin viele Tausende Wohnungen vermieteten, musste der Generalbauinspektor keinen Gegenwind befürchten. Sie waren willige Kollaborateure seiner Politik und taten sich eher durch vorauseilenden Gehorsam in der »Entjudung« des Wohnungsbestandes hervor. Sie hatten bereits seit 1935 die Beantwortung der Frage nach der »arischen Abstammung« für Wohnungsbewerber verpflichtend gemacht; und dass sie nicht mehr an jüdische Bewerber vermieteten, so versicherten sie, sei doch »selbstverständlich«. Auf langjährige jüdische Bestandsmieter übten sie Druck durch eine gezielte Mobilisierung der »Volksgenossen« aus: »Erfahrungsgemäß geben Juden ihre Wohnungen von sich aus auf, wenn mehrere arische Mieter in der Partei oder in ihren Formationen Dienst tun und wenn die Volksgenossen in sich und mit dem Hauswart zusammenhalten«, berichtete 1937 die Gemeinnützige Siedlungs- und Wohnungsbaugesellschaft. Und wenn »aus Mieterkreisen« Forderungen nach Räumungen der »Judenwohnungen« erhoben würden, dann schlössen sie mit den jüdischen Mietern ein »Übereinkommen«, die Wohnung für »deutsche wohnungssuchende Ehepaare« freizumachen.

Denn auch arische »Volksgenossen« konnten Opfer von Speers großflächigen Abrissplänen werden; viele von ihnen weigerten sich, ihre Wohnungen nach der Räumungsaufforderung zu verlassen. Um sie zu besänftigen und die Loyalität an der »Heimatfront« zu sichern, sollten sie schnellstmöglich eine Ersatzwohnung angeboten bekommen. Diese zu finden, erwies sich allerdings als schwierig. Denn die Wohnungsfrage durch hinreichenden Neubau zu entschärfen, gelang den Nationalsozialisten nicht, es blieb wegen mangelnder Ressourcen bei weniger als 10 000 Wohnungen jährlich, ein Zubau, der schon damals – wie heute – für eine Stadt wie Berlin nicht ausreiche.

Der Krieg verschärfte das Problem: Die Bauwirtschaft wurde für militärische Großvorhaben wie Autobahn und Westwall gebraucht, was zu spürbaren Mängeln an Material und Facharbeitern führte. Damit wollte sich der Generalbauinspektor nicht abfinden. Nach einem Besuch des Konzentrationslagers Mauthausen intervenierte er beim Reichsführer-ss Heinrich Himmler: Die baulichen Projekte der ss erschienen ihm »mehr als großzügig«. Er mahnte einen geringeren Mitteleinsatz durch den sofortigen Übergang zu einer »Primitivbauweise« für Häftlinge an.

Der Fehlbestand an Wohnungen, vor dem Speer stand, war dadurch nicht zu beheben. Und er wuchs. Im November 1940 meldete der Stadtbaudirektor in einer vertraulichen Mitteilung eine Unterversorgung von 200 000 Wohnungen. Nur der Zugriff auf die von Juden bewohnten Wohnungen schien noch Entlastung zu versprechen. Besonders in den Großstädten machte man sich nun daran, Häuser und Wohnungen systematisch zu »entjuden«, Kindergärten, Schulen und Altersheime der Jüdischen Gemeinden zu beschlagnahmen. Schon gleich nach seinem Amtsantritt hatte der Generalbauinspektor dafür die »Durchführungsstelle für die Neugestaltung der Reichshauptstadt« eingerichtet. Sie wurde die operative Zentrale für die Enteignung der Berliner »Judenwohnungen«.

Die »Verordnung zur Änderung und Ergänzung über Mietverhältnisse mit Juden« vom 10. September 1940 ermöglichte die Auflösung gemischter Hausgemeinschaften, wie es sie bei uns im Hause gab. Schon länger versuchte man, »deutschblütige« Mieter zum Auszug aus solchen Häusern zu bewegen, man appellierte an ihr »gesundes Volksempfinden«, das sich nicht damit vertrüge, mit Juden unter einem Dach zu leben. Die nichtjüdischen Bewohner bei uns im Haus scheint das nicht sonderlich beeindruckt zu haben, die Fluktuation unter ihnen blieb denkbar gering – die Wohnungen waren auf Grund ihres hohen Standards attraktiv, warum sie aufgeben? Außerdem hatte man doch schon Jahre in einer gemischten Hausgemeinschaft mit jüdischen Mietern verbracht, warum sie verlassen?

Räumen, umsiedeln, abreißen

Dennoch wurden späteren Schätzungen zufolge mehr als 30 000 Wohnungen noch vor Beginn der Deportationen freigeräumt. Dem Generalbaudirektor hätte das nicht gereicht. Er wollte mehr als 50 000 Wohnungen abreißen, mit ihnen wären etwa 200 000 Berliner obdachlos geworden. Auch das Haus, in dem ich wohne, sollte den geplanten Repräsentationsbauten weichen.

Dazu kam es nicht. Der Krieg verknappte die Ressourcen an Menschen und Material noch weiter, das verzögerte die Arbeiten, stoppte sie aber nicht. Selbst als schon Bomben auf Berlin fielen, befahl Speer, die Abrisse fortzusetzen. In seiner Behörde profitierte man von der ungewollten Zuarbeit von Seiten des Gegners, befreite sie doch von den lästigen Auseinandersetzungen mit »Abrissmietern« und ihren tausendfach eingereichten Anträgen zur Verschiebung von Räumungsterminen.

Der Druck auf den Wohnungsbestand, der noch in jüdischer Hand war, nahm ständig zu, auch dank der expandierenden Behörden und des zunehmenden Personalbedarfs kriegswichtiger Betriebe. Mit dem Reichssicherheitshauptamt unter Reinhard Heydrich und der Gestapo hatte der Generalbaudirektor sich im November 1940 darauf verständigt, dass freigeräumte »Judenwohnungen« vorzugsweise an Mitarbeiter dieser nationalsozialistischen Institutionen und an leitende Angestellte von Rüstungsbetrieben vergeben werden sollten. Wer zu diesen Kreisen gehörte, konnte Wünsche zu Lage, Größe und Zimmeranzahl äußern und bekam zuweilen auch tatsächlich eine Wohnung nach Maß. Wohnungen im Bayerischen Viertel waren allseits begehrt, auch von Nazi-Größen. Und von Militärs. Klara Bratt musste von einem Tag auf den anderen ihre Wohnung in der Motzstraße räumen und alles – Kleidung, Geschirr, Besteck, Teppiche, Pelzmäntel – darin zurücklassen, weil ein Major der Luftwaffe ein Auge darauf geworfen hatte.

Unter dem immer größer werdenden Kreis derer, denen der Generalbauinspektor eine Wohnung anbieten sollte, waren mehr und mehr auch Flieger- und Bombengeschädigte und »verdiente Frontsoldaten«. Es gab Bittbriefe an Speers Behörde, doch schneller den gewünschten Wohnraum zu beschaffen, und Beschwerden, wenn nicht geliefert wurde. Und als Bomben der Kriegsgegner immer mehr zivile Wohnblöcke in Schutt und Asche legten, verlangte auch der Reichskanzler persönlich wiederholt 1000 Wohnungen für »obdachlos gewordene Volksgenossen«. Nicht immer konnte der Großbaumeister liefern, erhöhte aber kontinuierlich die Schlagzahl, mit der Berliner Jüdinnen und Juden die Räumungsaufforderung erhielten.

Ende November 1941 lief die dritte Aktion der Entmietung von Judenwohnungen an, da waren die Züge »in den Osten«, nach Minsk, Riga, Kowno und Łódź schon unterwegs. Aus der in seinem Amt geführten »Chronik« geht hervor, dass unter Speers Ägide mehr als 75 000 Personen »umgesiedelt« wurden.

Dass die vorangetriebene »Entjudung« des Wohnungsbestandes der Auftakt zur Deportation und des späteren Weitertransports in die Vernichtungslager war, konnte anfänglich niemand wissen, kaum jemand mochte den Gedanken zulassen, auf welch mörderische Konsequenz die »Entjudung« zulief. Allerdings wurde nur wenige Monate nach Beginn der Massendeportationen in den Osten am 20. Januar 1942 auf der Wannsee-Konferenz die Organisation der Ermordung der Juden diskutiert. Noch aber seien, so der Gastgeber Reinhard Heydrich, die Deportationen »aus Gründen der Wohnungsfrage« vorrangig.

Und für diese Frage war der Generalbauinspektor Albert Speer zuständig. Joseph Goebbels, der Speer seinerzeit Hitler empfohlen und damit der Karriere des Architekten einen entscheidenden Schub gegeben hatte, sah in Speer einen Gleichgesinnten. Der Generalbauinspektor gehörte fest zum »Berghof-Führerkreis«, dessen Mitglieder sich als Schicksalsgemeinschaft empfanden, die »historische Jahre zusammen erlebt hatte« und dadurch »für das ganze Leben an einander gebunden war« (Margarete Speer).

Speer unterm Weihnachtsbaum

Dass ausgerechnet die schnell zum Weltbestseller avancierenden »Erinnerungen« dieses im Schafspelz daherkommenden Kriegsverbrechers von mir auch noch hübsch in Geschenkpapier eingewickelt und mit Schleife versehen unter dem Weihnachtsbaum von Tausenden landeten, empfand ich als obszön, auch wenn ich damals über Albert Speer nicht genug wusste. Dass er Rüstungsminister unter Adolf Hitler, verurteilt und inhaftiert worden war, reichte mir, um sein Buch mit spitzen Fingern anzufassen. Ich gehörte zu denen, die das Schweigen der Täter satt hatten und eine »Aufarbeitung der Vergangenheit« forderten.

Gleich zu Beginn meines Geschichtsstudiums kandidierte ich für den Fachschaftsrat und war fortan immer mit dabei, wenn nach kontaminiertem Schriftgut von unseren damaligen Professoren gesucht oder ein Seminar »gesprengt« wurde, in dem der Dozent nicht bereit war, über seine »Nazi-Veröffentlichungen« und sein »Erkenntnisinteresse« zu diskutieren. Einen herrschaftsfreien Dialog praktizierten wir Systemsprenger dabei nicht, es ging robust zu, manchmal zu robust. Wir wollten aufräumen mit der verlogenen Sicht auf die Zeit zwischen 1933 und 1945. Als aus intellektuellen Auseinandersetzungen körperliche Attacken wurden, verließ ich den Fachschaftsrat.

Albert Speer wurde nach seiner Entlassung aus dem Spandauer Kriegsverbrechergefängnis zum gefragten Zeitzeugen und schuf mit seinen Auftritten und seinen »Erinnerungen« das Muster, das sich die bundesrepublikanische Nachkriegsgesellschaft nur zu gern als Standardkostüm anzog, er trug entscheidend zu ihrer psychologischen Entlastung bei. Er konnte sein Publikum glauben machen, dass er ein naiver unpolitischer Fachmann gewesen war, der – anders als seine in Nürnberg Mitangeklagten – Reue zeigte, geläutert war. Ein einst Verführter, der mit dem vulgären sadistischen Nazi-Pöbel nichts gemein, sondern gute Manieren hatte und von der millionenfachen Ermordung der Juden nichts gewusst haben wollte. Ein Täter, der sich zum Opfer stilisierte – die Nazis, das waren die anderen.

Es ärgerte mich, wie verbreitet die Bereitschaft war, sich dieses Märchen des Gentleman-Nazis zu eigen zu machen, vor der Erinnerung an die Vergangenheit zu flüchten oder diese so effektiv umzuschreiben, dass die Täter sich als die eigentlichen Opfer sehen konnten. Eine hartnäckig sich haltende Legende.

Jenen, die von den Nationalsozialisten vertrieben worden waren oder für den Widerstand gegen das Regime gearbeitet hatten, wie Willy Brandt, Marlene Dietrich oder Thomas Mann, waren noch Jahrzehnte nach dem Krieg Zielscheibe von Diffamierungen: »Was haben Sie zwölf Jahre draußen gemacht?«, wollte der CSU-Vorsitzende und ehemalige »Offizier für wehrgeistige Führung« Franz Josef Strauß von Brandt wissen – als habe der im norwegischen Exil auf der Skihütte in der Sonne gelegen, während Strauß im Russlandfeldzug die Kugeln um die Ohren flogen. Auch Marlene Dietrich, die sich geweigert hatte, von den Nationalsozialisten bei der Truppenbetreuung eingesetzt zu werden, war als »Vaterlandsverräterin« Anfeindungen von Teilen der bundesrepublikanischen Bevölkerung und Presse ausgesetzt. Thomas Mann, inzwischen amerikanischer Staatsbürger, stand bei seinem ersten Deutschlandbesuch anlässlich der Verleihung des Goethepreises der Stadt Frankfurt 1949 unter Polizeischutz. »Ich weiß«, sagte der Schriftsteller in seiner Dankesrede, »dass der Emigrierte in Deutschland wenig gilt, und er hat noch nie viel gegolten in einem von politischen Abenteurern heimgesuchten Lande«.

Das »Judenhaus«

Jahrelang hatten jüdische und nichtjüdische Bewohner in der Berchtesgadener Straße zusammen unter einem Dach gewohnt. Schon vor den zahlreichen Zwangseinweisungen hatte es in diesem Haus jüdische Familien gegeben: das Ehepaar Jacob, dem das Grundstück gehörte, mit seinem Sohn Hanns-Stephan Günther, den Textilfabrikanten Louis Kayser mit seiner Frau Emmy und den Kindern Fritz und Gerda, den Kürschner Hermann Bratt und seine Gattin Klara, den Textilkaufmann Kurt Baron und seine Frau Martha, Max und Johanna Lewin mit ihren drei Kindern Erna, Else und Hermann, die Ehepaare Moritz und Martha Kallmann sowie Oskar und Erna Mendelsohn, die Modistin Hedwig Steiner mit ihren Kindern Lilly und Gerald.

Die nationalsozialistische Politik hat diese Gemeinschaft zerstört, aus Siegfried Kurt Jacobs Haus ein »Judenhaus« gemacht und die jüdischen »Nachbarn« aus der »Volksgemeinschaft« ausgestoßen. Vielleicht auch aus der Hausgemeinschaft, zumindest Kurt Baron klagte nach dem Krieg über »dauernde Schikanen« der anderen Bewohner. Die »Judenwohnungen« waren klar erkennbar an dem schwarzen Stern an der Tür – jeder im Haus wusste, hinter welcher Tür sie wohnten.

Der Sternträger

Sehr spät erst stöberte ich mit meinen Recherchen Kurt Baron als jüdischen Mitbewohner auf, auch ein Foto von ihm konnte ich schließlich in den Händen halten, aufgenommen offenbar kurz nach dem Krieg. Da war er 53 Jahre alt, sein Blick wenig erwartungsvoll, keinesfalls hoffnungsfroh. Anders als Siegfried Kurt Jacob oder Hermann Bratt, deren Physiognomien eher Entschlossenheit und einen gewissen Wagemut ausstrahlen, schaut man hier einem geschlagenen

Mann ins Gesicht. Man sieht ihm an, dass die Erfahrungen der zurückliegenden Jahre ihm die Zuversicht ausgetrieben hatten.

In seiner Zwei-Zimmer-Wohnung im »Gartenhaus« (Seitenflügel) unseres Hauses war Sara Ihlenfeld einquartiert worden. Sie und Hertha Glücksmann waren unter den Ersten, die zur Deportation aus unserem Haus geholt wurden. Ihr ›Transport‹ ging nach Trawniki, das in der Nähe des Vernichtungslagers Lublin-Majdanek liegt, und von dort aus dann ins zwölf Kilometer entfernte und bereits völlig überfüllte Getto Piaski, in dem Cholera und Typhus wüteten.

Sara Ihlenfeld, von Beruf »Verkäuferin«, war verheiratet, von ihrem Ehemann konnte ich allerdings keine Spur auffinden. Aus der Deportationsliste geht hervor, dass Sara über Vermögen verfügte, das ihr, wie anderen, vom nationalsozialistischen Fiskus geraubt wurde: Seit dem 25. November 1941 regelte die »Elfte Verordnung zum Reichsbürgergesetz«, dass Jüdinnen und Juden beim Verlassen des Reichsgebiets ihre deutsche Staatsangehörigkeit verloren und ihr Vermögen dem Deutschen Reich zufiel. Was ursprünglich gedacht war für im Ausland lebende deutsche Juden, wurde jetzt auf Deportierte angewendet, die nach amtlichem Sprachgebrauch »mit dem Überschreiten der Reichsgrenzen ihren Wohnsitz oder gewöhnlichen Aufenthaltsort ins Ausland« verlegt hätten. Damit kassierte das Deutsche Reich automatisch ihr Vermögen.

Kurt Baron war 1935 mit seiner Frau Martha, geborene Löser, in die Berchtesgadener Straße 37 gezogen. Ich fand ihn auf keiner Deportationsliste – dabei musste er ein »Volljude« sein, sonst hätte man nicht Sara Ihlenfeld bei ihm einquartiert. War er untergetaucht in den Jahren der Verfolgung? Überlebt hatte er. Das wusste ich, weil ich ihn im Berliner Telefonbuch von 1950 wieder unter der Adresse Berchtesgadener Straße 37 gefunden hatte.

Die Liste 11 eines aus dem Jahr 1947 stammenden Verzeichnisses der Jüdischen Gemeinde, die sich in den Arolsen Archiven anfand, löste das Rätsel. Auf der Liste sind all jene registriert, die zwar »die Pflicht zum Tragen des Judensterns« hatten, deren Deportation aber »aus Rücksicht auf die arische Hälfte zurückgestellt« wurde, sofern die Ehe kinderlos war oder die Kinder nichtjüdisch erzogen wurden. Auch Kurt Barons Name stand auf dieser Liste.

Kurt lebte also in einer sogenannten »privilegierten« Mischehe, seine Frau Martha war protestantisch und nie zum Judentum konvertiert. Von etwaigen Aufforderungen, sich von ihrem »Juden« scheiden zu lassen, war sie nicht zu überzeugen. Das rettete ihrem Mann das Leben. Zwar wurden auch Juden aus Mischehen ab Anfang 1945 deportiert, aber der letzte Transport verließ Berlin am 5. Januar 1945. Dem »Tausendjährigen Reich« blieben nur noch Wochen bis zu seinem Ende.

Schon am 1. Januar 1947, als Meldeadressen wieder registriert wurden, war der »selbständige Handelsvertreter«, der bis zur Arisierung seines Betriebes Krawatten, Oberhemden, Bettwäsche und andere Textilien vertrieb, wieder unter der Adresse unseres Hauses verzeichnet. Beruflich scheint er, bezeugt von mehreren Kunden, sehr rührig gewesen zu sein. 5400 Reichsmark sei sein durchschnittlicher Jahresverdienst in den letzten drei Jahren vor dem Machtantritt der Nationalsozialisten gewesen, gab er im Entschädigungsverfahren an; in einem späteren Schreiben stockte er das Einkommen auf 8400 Reichsmark auf – er habe brutto und netto verwechselt, das passiert auch anderen, wie wir wissen. Die Höhe war entscheidend für die Festsetzung der Rente, die ihm zustand, die Auseinandersetzungen mit der Entschädigungsbehörde über diese Frage zogen sich hin.

Vor dem Umzug in die Berchtesgadener Straße habe er eine Drei-Zimmer-Wohnung in Wilmersdorf gehabt, gibt er im Entschädigungsverfahren an. Die aber musste er räumen und die »gutbürgerliche« Innenausstattung »verschleudern«. Dann sei ihm 1938 auch noch das Gewerbe entzogen worden, schon die Jahre davor hatte er Schwierigkeiten, als Jude überhaupt noch an Ware zu kommen. 1938 verdiente er kein Geld mehr, seine Frau nahm eine Arbeit als Buchhalterin an, und Kurt war ab Januar 1939 Zwangsarbeiter. Bis zum 30. April 1945 leistete er »schwerste Zwangsarbeit« in verschiedenen Berliner Betrieben, als Maschinen- und Transportarbeiter in einer Munitionsfabrik, als Bauarbeiter und als Tiefbauarbeiter einer Firma in Lanke bei Bernau. Am 27. März 1943 wurde er »von der Maschine weg« bei der »Fabrik-Aktion« verhaftet – wie alle in Berlin noch befindlichen Zwangsarbeiter, außer jenen, die rechtzeitig untergetaucht waren. Kurt kam Mitte März 1945 frei. Dieses Glück hatten nur wenige.

Bei der Zwangsarbeit, so gab er an, habe er sich zahlreiche gesundheitliche Schäden zugezogen, die ab 1952 verhinderten, dass er noch einer Erwerbstätigkeit nachgehen konnte. Das Entschädigungsamt bewilligte ihm zwar eine Kur, weigerte sich aber, seine gesundheitlichen Probleme als »verfolgungsbedingt« anzuerkennen. Mindestens erreichten seine hartnäckigen Bemühungen, dass er als Rentenbezieher in den »gehobenen Dienst« eingestuft wurde.

Nach seinem Tod setzte seine Frau Martha seinen Kampf fort, auch für die Höhe ihrer Witwenrente war die Anerkennung verfolgungsbedingter Gesundheitsschäden ihres Mannes entscheidend. Das Krankenhaus Steglitz und auch das Rote Kreuz, in deren Behandlung Kurt Baron gewesen war, bis er verstarb, mochten allerdings nichts anderes als seinen »natürlichen Tod« bescheinigen.

»Schachteln«

Ab 1939 nahm die Zahl der Bewohner in unserem Haus sprunghaft zu, »schachteln« nannte man das im Jargon des Hauses Speer. Jüdische Mieter wurden, weil das seit April ohne Angaben von Gründen und Fristen möglich war, immer häufiger zur sofortigen Räumung ihrer Wohnungen aufgefordert – in Schöneberg,

Wilmersdorf, Charlottenburg. Das in der »Judenfrage« eng zusammenarbeitende Duo Joseph Goebbels und Albert Speer sorgte dafür, dass Berlin zum Vorreiter der »Judenwohnungsentmietungsaktionen« wurde.

Dafür musste sich Speers Dienststelle mit der Gestapo abstimmen, die eine Liste der »auszumietenden« Wohnungen erhielt. Die Gestapo wiederum zwang die Jüdische Kultusvereinigung, für die Räumung zu sorgen (»auf behördliche Anordnung teilen wir Ihnen mit, dass Ihre Wohnung zur Räumung bestimmt ist«) und für die »Entmieteten« durch »Zusammenzüge« eine neue Bleibe zu finden.

15 000 von Berliner Jüdinnen und Juden »geräumte« Wohnungen meldete die Jüdische Kultusvereinigung für den Zeitraum von Februar 1941 bis August 1942. Das Haus der Familie Simion im Berliner Bezirk Tiergarten, in dem Martha Cohen und Alfred Rosenbaum vor ihrem »Umzug« in die Berchtesgadener Straße 37 gewohnt hatten, gehörte dazu. Fünfzehn Familien mussten ihre Wohnungen räumen, anschließend wurde das Haus dem Oberkommando des Heeres übergeben. Im Krieg wurde es total zerstört.

Eigentümerin Louise Simion stammte aus einer Arztfamilie, ihr Vater und der Sanitätsrat Dr. Alfred Rosenbaum werden sich gekannt haben. Louises Sohn Fritz entkam rechtzeitig nach England. Ihre Tochter Frieda Bradt hingegen, die in der Potsdamer Straße 66 wohnte, in einem Haus, das ebenfalls den Simions gehörte, gehörte zu den Zwangsarbeiterinnen, die als Letzte zu den Deportation geholt werden sollten, aber sie beging kurz vorher, im März 1943, Selbstmord. »Ich kann verstehen, dass manch einer seinem Leben lieber ein Ende macht«, schrieb die Journalistin Bella Fromm.

Von Zwangsräumungen ihres eigenen Zuhauses waren all jene betroffen, die nach ihrer Entmietung in die Berchtesgadener Straße 37 kamen, wobei ich nicht ausschließen kann, dass es noch mehr als die in diesem Buch vorgestellten »Entmieteten« gab. Wenn

Edith Salomon im Entschädigungsverfahren für ihre Schwester Betty Rechnitz aussagt, dass sich das Ehepaar Rechnitz nach der Zwangseinweisung in unser Haus zwei kleine Kammern mit vier (!) anderen Parteien teilen musste, dann liegt die Vermutung nahe, dass ich nicht alle habe auffinden können, die aus unserem Haus deportiert wurden.

Zwangswohngemeinschaften

Die Wohnung der Jacobs war seit Ediths Flucht nach England frei. Ihr Mann Siegfried Kurt Jacob wohnte schon lange nicht mehr bei seiner Frau, sondern in der Weddinger Müllerstraße, in dem Haus, in dem sich auch seine Kanzlei befand; ihr gemeinsamer Sohn Hanns-Stephan Günther war seit Ende Januar 1939 wie seine Mutter Edith auf dem Weg nach England. Es war eher ungewöhnlich, dass Edith ohne ihren Mann ausreiste, die schon seit Jahren bestehende räumliche Trennung des Ehepaares lässt vermuten, dass die Ehe nur noch formell bestand.

Der Sanitätsrat Dr. Alfred Rosenbaum dürfte von Ediths geplanter Flucht erfahren haben. Rosenbaum war Jacobs Klient, auch nach dem Krieg vertrat der Anwalt Siegfried Kurt Jacob den Ermordeten im Entschädigungsverfahren. Alfred Rosenbaum und Martha Cohen haben sich sicherlich ausgetauscht, wo eine neue Bleibe zu finden sein könnte, als sie ihre Wohnung im Simion-Haus im Tiergarten räumen mussten. Die Gegend um den Bayerischen Platz war Martha vertraut, seit sie mit ihrem Mann in der Luitpoldstraße gewohnt hatte, und die großzügige helle Wohnung in der Berchtesgadener Straße wird ihr gefallen haben, zumal ein Fahrstuhl in den vierten Stock hinaufführte. Sie war neunundsiebzig, als sie einzog, da wusste man solche damals hochmodernen technischen Errungenschaften zu schätzen.

In Martha Cohens Wohnung wurden dann schon bald darauf Bertha Sternson und Clara Marcus eingewiesen; Ida Wolle, die

Ehepaare Berger und Brandus quartierte man bei Hertha und Charlotte Glücksmann ein, Alice Heinrichsdorff zusammen mit den Herzfelds bei Hedwig Steiner und ihrem Sohn; zu Louis und Emmy Kayser kamen Paula Suransky und der mit ihrem Mann befreundete Max Markus, vielleicht wohnten die Kayser-Kinder Fritz und Gerda zeitweilig auch noch bei ihnen. Die Fülle der Personen, die hier in die »Judenwohnungen« eingewiesen wurden – und das sind noch nicht einmal alle – machen deutlich, was »schachteln« hieß.

Klara Seldis hat möglicherweise die Wohnung von Hermann Bratt übernommen, der mit seiner Frau wenige Wochen zuvor nach Polen abgeschoben worden war. Bei Kurt Baron und seiner Frau Martha wohnte Sara Ihlenfeld; bei wem im Haus Hermann Salomon Hirsch Kriss und Hermann Katz unterkamen, war nicht auszumachen.

Streitsüchtig durfte man trotz der bedrückenden Erfahrungen, die alle schon hinter sich hatten, nicht sein. Die räumliche Beengtheit und das Einander-Fremdsein wird allen erheblichen Großmut abverlangt haben. Eine Privatsphäre gab es unter diesen Bedingungen für niemanden mehr. Gertrud Kolmar, die zur Zwangsarbeit eingeteilt war, schrieb an ihre Schwester Hilde in der Schweiz, es falle ihr so viel leichter, frühmorgens zur Arbeit zu gehen, als in der Wohnung zu sein. »Denn da hausen meine Mieter: fremde Menschen, die meine Sachen in Besitz genommen haben, meine, unsere Sachen und mir gehört nichts mehr. Vielleicht meine Stube noch. Aber auch nur, wenn alle fort sind. Denn sind sie da, so finden sie sich für gewöhnlich in der Küche zusammen, und eine lebhafte Unterhaltung ist ihnen nicht durchaus zu verübeln, vielleicht auch jener Gesprächsstoff nicht, der fast immer der gleiche bleibt: ihr Schicksal … Aber das alles dringt durch die verschlossene Tür in mein Zimmer ein und treibt gewaltsam die Ruhe und Stille und Würde und schweigende Kraft hinaus, die ich für mich darin sammeln und halten möchte.«

Sara, Israel und der Beerdigungskommissar
Der Kaufmann Oskar Mendelsohn hatte im März 1938 mit seiner Frau Erna eine Zwei-Zimmer-Wohnung im zweiten Stock des Seitenflügels bezogen. Ein Jahr später verstarb Erna im Jüdischen Krankenhaus, Kreislaufversagen, Herzschwäche.

In ihrer Sterbeurkunde hieß Erna schon Erna Sara Mendelsohn, ihr Ehemann Oskar Israel Mendelsohn. Auch die Heiratsurkunde des Ehepaares wurde, so wie die von allen anderen jüdischen Ehepaaren, mit dem Randvermerk versehen: »Auf Grund der Zweiten Verordnung vom 17. August 1938 zur Durchführung des Gesetzes über die Veränderung von Familiennamen und Vornamen führen die nebenbezeichneten Eheleute zusätzlich den Vornamen Israel, Sara.« Daneben der Stempel mit dem Reichsadler. Um den Eintrag hatten die Betroffenen sich selbst zu kümmern. Der zusätzliche Vorname sollte allen Jüdinnen und Juden bewusst machen, dass das Jüdischsein jetzt der Kern, das vorrangige Merkmal ihrer Identität war. Nach dem Krieg widerrief der Alliierte Kontrollrat dieses Gesetz, auch das musste auf den Heiratsurkunden jüdischer Eheleute vermerkt werden, selbst bei jenen, die schon tot waren.

Ernas Tod wurde von Georg Redlich bezeugt, der mit seiner Frau Ella wenige Straßen weiter in der Starnberger Straße wohnte. Georg Redlich konnte nicht mehr in seinem eigentlichen Beruf als Handelsvertreter arbeiten – die »Arisierung« der in jüdischen Händen befindlichen Betriebe war bereits weit fortgeschritten, wer brauchte da noch einen jüdischen Handelsvertreter? Menschen wie Redlich fanden höchstens bei jüdischen Gemeinden und Organisationen eine Anstellung, damit sie nicht in die totale Armut abrutschten.

Seit 1935 tauchte Redlich in etlichen Sterbeurkunden jüdischer Bürger als »Beerdigungskommissar« auf, er kümmerte sich um die Bestattungen. Das sicherte ihm ein bescheidenes Einkommen. Allerdings schützte diese Arbeit auch ihn nicht vor der Deportation, die Jüdische Gemeinde konnte bestenfalls einen Aufschub erwirken.

Mit dem war es im Oktober 1942 vorbei, Georg Redlich wurde abgeholt, seine Frau Ella folgte ihm am 2. März 1943, ihr 20-jähriger Sohn Heinz war schon vor den Eltern im April 1942 deportiert worden. Nur Redlichs Tochter Alice entkam in die USA.

Der verwitwete Oskar Mendelsohn wurde acht Tage nach Redlich, am 4. November 1942 zur »Abwanderung ins Protektorat« geholt. Einige Monate lang überlebte er das Getto Theresienstadt, dann aber, am 25. Februar 1943, wird im Block E VII Zimmer 17 sein Tod festgestellt. Auf dem »Boden«.

Mutter und Tochter

Hertha Glücksmann, acht Jahre jünger als Sara Ihlenfeld und am selben Tag wie sie von der Gestapo aus der Wohnung geholt, die sie mit dem Ehepaar Brandus und Ida Wolle teilen musste, hat die Verfolgung überlebt. Ich war glücklich, als ich das im Landesarchiv Berlin durch die Mitgliederliste der Jüdischen Gemeinde »nach dem Stand vom 1.7. 1947« erfuhr. Man hungert bei so vielen Todesnachrichten förmlich nach einer Geschichte mit gutem Ausgang.

Ebenfalls überlebt hat ihre Mutter Charlotte. Mutter und Tochter sind im Juli 1945 in der Cicerostraße 62 in Berlin-Halensee gemeldet, im Verzeichnis der Jüdischen Gemeinde sind beide Frauen mit dem Buchstaben b markiert, der für »Personen steht, die illegal gelebt haben«. Hertha war untergetaucht? Das erschien mir kaum glaubhaft.

Zu Charlotte Glücksmann habe ich tatsächlich nirgends einen Deportationsvermerk entdeckt, der Name ihrer Tochter aber findet sich auf der Liste des Transports nach Trawniki am 28. März 1942. Es ist nicht sehr wahrscheinlich, dass Hertha nach ihrer Einteilung zur Deportation vom »Transport« zurückgestellt wurde. Vielleicht hat sich die Jüdische Gemeinde geirrt, als auch Hertha mit dem Vermerk »illegal gelebt« versehen wurde. Zweifelsfrei klären ließ sich das nicht.

Wie das Leben der beiden Frauen nach 1945 weiterging, bleibt ebenfalls unklar. Hertha scheint in Australien gestorben zu sein, dort jedenfalls findet sich ein Grabstein mit ihrem Namen und ihren Lebensdaten. Ihre Mutter Charlotte soll, so gab die Hausverwaltung in der Cicerostraße später zu Protokoll, angeblich mit unbekanntem Ziel verzogen sein. Es ist aber nicht auszuschließen, dass sie – zumindest mutmaßten das die Amerikaner – Selbstmord begangen hat. Vielleicht war ihre Kraft nach all diesen Jahren aufgebraucht, erschöpft, vielleicht wollte sie jetzt einfach nur noch sterben. Der Tod war ihr nur zu bekannt.

Charlottes Mann, der Anwalt Hugo Glücksmann, war schon vor Jahren gestorben; kurz nachdem die Witwe seinen Sozius Dagobert David Michelsohn geheiratet hatte, starb ihre dreizehnjährige Tochter Grethe. Und 1939 dann auch noch ihr zweiter Ehemann. Diese Nachricht erhielt sie aus der berüchtigten Neuruppiner Landesanstalt, gemäß dem damaligen Sprachgebrauch eine im 19. Jahrhundert eröffnete »Irrenanstalt«, in der David Michelsohn Patient war. Auf der Sterbeurkunde ist als Todesursache ein Hirnschlag ärztlich bescheinigt, Zweifel sind angebracht. Aus nationalsozialistischer Sicht verkörperte, wer dort Hilfe gesucht hatte, »unwertes Leben«, an den Patienten wurden Zwangssterilisationen vorgenommen. In 2400 Fällen blieb die Landesanstalt eine Art »Zwischenanstalt«, die letzte Station vor dem Abtransport in ein Vernichtungslager.

Die »arischen« Hausbewohner

Wie muss man sich die Hausgemeinschaft in der Berchtesgadener Straße 37 vorstellen? Es gibt keine Zeugnisse von ihrem Verhalten – nur die Aussage von Kurt Baron, dass er »Schikanen« anderer Mieter erdulden musste, seit alle Mitbewohner durch den Kennzeichnungszwang für von Juden bewohnte Wohnungen wussten, wer hinter der Tür lebte. Ich habe sehr bedauert, dass Kurt Baron keine Beispiele genannt hat.

Das »Judenhaus«

Wie wurden die jüdischen Neuankömmlinge, die ab 1939 so zahlreich ins Haus kamen, von den anderen Hausbewohnern aufgenommen? Wie erklärte man sich diesen zahlenmäßig auffälligen Neuzugang? Tuschelte man hinter ihrem Rücken über »die Juden«? Versuchte man, sie einfach zu übersehen, wenn man im Hausflur auf sie traf? Durften sie noch den Fahrstuhl benutzen, oder trauten sie sich gar nicht mehr? Schauten die anderen weg, wenn die jüdischen Mitbewohner drangsaliert wurden?

Schon ab 1938 verschwanden jüdische Bewohner unseres Hauses – die Ersten wurden abgeschoben oder flüchteten, die nachfolgenden wurden ab 1942 dann deportiert. Sprach man im Haus darüber? Dass Hermann Bratt eines Tages weg war, seine Frau Klara dann im Jahr darauf? Dass Lilly Steiner nach Palästina entschwand? Wussten die arischen Nachbarn davon? Übergingen sie so etwas schulterzuckend? Waren sie irritiert? Verstört? Oder wagte irgendein »Gerechter« unter ihnen, den Bedrängten zur Seite zu stehen? Ich wünsche es ihnen – und mir – sehr, es wäre ein kleiner Lichtblick in dem Dunkel der völligen Verlassenheit, die die jüdischen Mitbewohner überkommen haben muss. Darauf zählen darf man allerdings nicht, die von den Nazis erfolgreich gestiftete Polarisierung zwischen den »Arischen« und den »Juden« ermöglichte den Tätern wie den Mitläufern oder den Zuschauern ein Verhalten, das sie sich ohne den Schutz des Kollektivs vielleicht nicht erlaubt hätten.

Zu gern hätte ich Genaueres darüber gewusst, wie die nichtjüdischen Mieter des Hauses auf die wachsende staatlich eingeforderte Gewalt gegen ihre jüdischen Mitbewohner reagierten. Hatten sie bemerkt, dass eines Tages keine Klaviertöne mehr durch das Haus wehten? Was dachten sie sich dann? Hat jemand von ihnen für die jüdischen Mitbewohner eingekauft? Oder haben einige sehr bald schon die Diskriminierung, die Entrechtung, die Vertreibung der anderen als »normal« empfunden, vielleicht sogar persönliche Vorteile daraus gezogen? Bei dem Oberfinanzpräsidenten brieflich

Einspruch erhoben gegen die Einweisung weiterer Juden in das Haus? Solche Briefe hat es vielfach gegeben, in denen die Schreiber ausdrückten, wie »froh« sie, »die arischen Mieter«, seien, »dass die Juden aus dem Haus heraus sind« und darum bitten, dafür »Sorge zu tragen, dass das Haus rein arisch vermietet wird«.

Mit Kriegsbeginn 1939 verschlechterte sich die Lage der Juden noch einmal deutlich. Sie unterlagen einer nächtlichen Ausgehsperre und durften nur noch zu bestimmten Zeiten in speziellen »Judenläden« einkaufen. Der »Sternträger« Kurt Baron erhielt eine Anzeige von der Polizei, weil er sich an die verordneten Einkaufszeiten nicht gehalten hatte. Womöglich kam der Hinweis für die Polizei von einem Mitbewohner oder einer Mitbewohnerin.

Im Zuge der Zwangsrationierung etlicher Grundnahrungsmittel wurden die Juden durch den Entzug von immer mehr Essbarem buchstäblich »ausgehungert«: Fisch, Fleisch, Weißbrot, Obst, Butter, Schokolade, Kuchen, Tee, Kaffee, Äpfel, Tomaten – bis 1942 war ihnen der größte Teil aller Lebensmittel verboten worden. Gaben andere im Haus ihnen ab von dem, was sie hatten?

Die »Arischen« im Haus haben mitbekommen, dass vieles von ihren jüdischen Nachbarn nicht mehr gekauft werden konnte, dass sie gezwungen waren, die Namen Israel und Sara zu führen, dass sie ab September 1941 den gelben Stern anlegen mussten, dass man sie wie Aussätzige gekennzeichnet hatte, dass sie zu bestimmten Uhrzeiten Ausgangssperre hatten, kein Telefon, kein Radio mehr besitzen konnten, keine Zeitung beziehen, keine Seife kaufen, kein Fahrrad haben, keine Leihbücherei, keinen Kinosaal, kein Konzerthaus betreten durften und bei ihrer Zwangsräumung nahezu alles, was ihnen etwas bedeutete, schon verloren hatten. Was sagten sie dazu?

Leider war selbst unter den langjährigsten Bewohnern unseres Hauses nichts Aufschlussreiches darüber in Erfahrung zu bringen, es waren Gerüchte, aus zweiter Hand Gehörtes, wovon sie erzählten, nichts davon verbürgt. Keiner meiner heutigen Nachbarn war vor 1960 in das Haus gezogen. Herr Rose, der direkt neben uns wohnt, brachte mich zumindest auf die Spur des »Engländers«, so bezeichnete er den Sohn des Besitzers Siegfried Kurt Jacob, der als Hanns-Stephan Günther auf die britische Insel gekommen war und sich nach dem Krieg Howard Stephen Grant genannt hatte. Der habe das geerbte Haus gleich verkauft, erzählte Herr Rose. Die Mutter des jungen Mannes sei wohl auch nach England geflüchtet, dort aber im Bombenhagel der deutschen Flieger umgekommen.

Es wird in den Jahren des »Dritten Reiches« Bewohner in unserem Haus gegeben haben, die wollten, dass die Juden endlich »verschwanden« und auf keinen Fall noch weitere ins Haus kamen; andere werden Angst gehabt haben, Fragen nach den Verschwundenen zu stellen. Es wird Zustimmung, Ablehnung und Indifferenz gegenüber den antisemitischen Maßnahmen gegeben haben. Gleichgültigkeit ist auch eine Form der Komplizenschaft mit den Tätern.

Die Mehrheit der nichtjüdischen Hausbewohner wird weggeschaut, jedweden Kontakt mit den Ausgegrenzten vermieden und sich die Tarnkappe der Unauffälligkeit aufgesetzt haben. Aber wie lange war eine solche gewollte Wahrnehmungsverweigerung aufrechtzuerhalten, wenn jeden Monat des Jahres 1942 Menschen aus dem Haus getrieben und verschleppt wurden?

Später sah man sie an den Sammelstellen stehen, den gelben Stern auf dem Mantel, der Jacke oder dem Kleid, einen Koffer in der Hand. Dass sie den gar nicht mehr brauchten, wussten sie nicht.

Die Tore schließen sich

Je siegreicher die deutsche Wehrmacht vorankam, desto stärker bremsten viele Länder den Zustrom jüdischer Flüchtlinge – ein fatales Zusammenwirken. Ein Land nach dem anderen schränkte seit Beginn des Krieges die Immigration ein, senkte die Quoten oder akzeptierte überhaupt keine jüdischen Flüchtlinge mehr, sodass die Fluchtwilligen immer verzweifelter auf der Suche nach Staaten waren, die ihnen noch Zugang gewährten. Selbst das Land, von dem die Allermeisten als »rettender Hafen« träumten, weil die USA das für die europäischen Juden immer schon gewesen waren, nahm bis zu seinem Kriegseintritt im Dezember 1941 nur noch 155 000 Flüchtlinge aus Europa auf und erhöhte das Eintrittsgeld auf 15 000 US-Dollar.

Mit Hitlers »Blitzkrieg«-Erfolgen schieden die nahen Länder Holland, Belgien und Frankreich, nach 1933 die bevorzugten Ziele der Flüchtenden, als Zufluchtsorte aus. Auch die portugiesische Regierung widerrief sämtliche Aufnahmegenehmigungen, da sich durch den Vormarsch der deutschen Wehrmacht (»Westfeldzug«) ein Flüchtlingsstrom nach Portugal ergoss. Dabei war Portugal wegen seiner Überseehäfen eines der wichtigsten Transitländer. Ab Mai 1940 erhielt nur noch ein Transitvisum, wer ein Visum eines Überseelandes vorlegen konnte. Panama, Paraguay und andere Länder vergaben das begehrte Dokument gegen harte Dollars, ließen sich vom »Joint«, dem American Jewish Joint Distribution Committee, aber garantieren, dass davon kein Aufenthaltsgebrauch gemacht werden würde.

Wer sich zutraute, Hitze und Kälte, harte Anforderungen und Entbehrungen in einer umkämpften Siedlungsregion überstehen und auf vieles verzichten zu können, ging nach Palästina, damals britisches Mandatsgebiet. Für die Einwanderung brauchte man ein Zertifikat der Briten und musste bestimmte Quotenbedingungen erfüllen – ein entsprechendes Vermögen und eine nachgefragte berufliche Eignung. Als die jüdische Zuwanderung von der Regierung nach mehreren Aufständen der Araber immer stärker eingeschränkt wurde, versuchten viele Jüdinnen und Juden, illegal ins Land zu gelangen. Flüchtlingsschiffe, die oft wochenlang nach einem Hafen suchten, zwangen die Briten zur Umkehr.

Keiner wollte die Juden haben. Die Nationalsozialisten fühlten sich bestätigt.

Wer flieht, wird heimatlos

Für die aus Magdeburg stammende Familie Brandus werden die Fragen von Flucht und Auswanderung früh auf der Agenda gestanden haben, es hat bestimmt leidenschaftliche, vermutlich durchaus kontroverse Diskussionen darüber im erweiterten Familienkreis gegeben. Auch bei ihnen wird es nicht anders gewesen sein als in vielen jüdischen Familien: Vermutlich plädierten eher die Frauen für die Emigration – zumindest der Kinder, die sie vor der Verfolgung schützen wollten. Bei den Männern schob sich oft die Angst vor einer ungewissen oder düsteren Zukunft in den Vordergrund, die Sorge um einen möglichen Statusverlust.

Fast alle der nach Berlin gezogenen Mitglieder des Brandus-Clans wohnten und arbeiteten in Schöneberg oder im angrenzenden Teil von Wilmersdorf, im selben »Kiez«, wie man in Berlin sagt: Werner und Max Brandus in der Meraner Straße, nur wenige Häuser entfernt lebte ihre Tante Pauline Zander bei ihrem Sohn Walter, Werners und Max' Onkel Martin Brandus in der Luitpoldstraße, in der Hewaldstraße hatten Paulines Schwester Nanny und in der angrenzenden Steinacherstraße Ernst Brandus, der Schwager des Rechtsanwalts James Brandus, ein Zuhause gefunden. Allen in der Großfamilie war offensichtlich klar, dass ihr Leben seit dem Machtantritt der Nationalsozialisten in höchster Gefahr war, denn alle schickten zumindest ihre Kinder ins Exil.

1937 gelang Werner und Max Brandus, beide Anwälte und Söhne von James und Elsbeth Brandus, die Emigration in die USA. In dem Jahr schrieb Bertolt Brecht, der schon im Februar 1933 aus Deutschland geflüchtet war, im Pariser Exil: »Immer fand ich den Namen falsch, den man uns gab: / Emigranten«. Das Wort täusche doch eine Entscheidung »nach freiem Entschluß« vor, die er und viele andere, bedroht von den Nationalsozialisten, gar nicht hatten, sondern »wir flohen / Vertriebene sind wir, Verbannte«. Seine Odyssee führte den Schriftsteller durch zahlreiche Städte und Länder, bis er 1941 in die USA gelangte. Für Brecht aber war auch Amerika »kein Heim, ein Exil«, so erzählt uns sein Gedicht. 1948 kehrte er nach Deutschland zurück.

Exilium, »in der Fremde weilend«, das Wort verspricht keinen Ort zum Bleiben, aber zurückkehren in das Land ihrer Peiniger wollten die meisten Verfolgten nie wieder. Erst zum Sterben kam Werner Brandus 1972 nach München. »Es stirbt sich leichter in der eigenen Sprache«, erklärte die Autorin Angelika Schrobsdorff, die den Holocaust in der bulgarischen Stadt Sofia überlebt hatte, kurz vor ihrem Tod, den sie mit 88 Jahren in Berlin fand.

Nicht jeder vor der Verfolgung Gerettete verkraftete den mit dem Exil verbundenen Verlust – die Freiheit war gewonnen, aber sie machte auch einsam, haltlos. Überall ein Fremder, ein »Gast« zu sein, schrieb Stefan Zweig in seinem autobiografischen Buch »Die Welt von gestern«, führte dazu, dass etwas »von der natürlichen Identität mit meinem ursprünglichen und eigentlichen Ich« für »immer zerstört blieb«. Als das Buch 1942 erschien, lebte der Autor nicht mehr. Er hatte in seinem brasilianischen Exil Suizid begangen.

»Sie können sich gewiss von der Vereinsamung, in der ich lebe, keinen Begriff machen«, vermutete der Berliner Kunstsammler und Verleger Bruno Cassirer in einem Brief aus dem britischen Exil an seinen Lektor. »Es ist, als ob von den Wurzeln zu viel abgeschlagen ist, so dass der Zustrom an Lebenskraft unterbunden ist«. Dankbar müsse er eigentlich sein für seine Rettung vor den mörderischen Verfolgern. »Und doch bin ich sehr unglücklich. (…) Ich kann leider nicht vergessen. Wie ich immer durch dieselben Straßen ging und fuhr, dieselbe Kunst liebte, die Schritte kannte, die sich meiner Tür näherten, so fühle ich mich auch all den Menschen, die ich immer um mich gesehen habe und die ich nicht mehr sehe, so nahe, dass dieses Leben der Erinnerung mein jetziges Leben ständig beunruhigt.«

Safed und seine mörderischen Nachbarn

Flucht? Bilder flüchtender Menschen sehen wir täglich in den Nachrichten – Kriegsflüchtlinge, Klimaflüchtlinge, Armutsflüchtlinge. Noch nie waren so viele Menschen auf der Flucht wie heute.

Flucht? Das Wort sagt sich leichthin, zumindest solange man selbst nicht davon betroffen ist. Die Erfahrung einer Flucht brennt sich Körper und Seele ein wie eine nie wieder zu entfernende Tätowierung, der Flüchtende ist für sein Leben gezeichnet. Ich habe diese Spuren bei so vielen Flüchtlingen gesehen, die ich ehrenamtlich betreut habe. Flucht bedeutet nicht nur die Trennung von Eltern, Ehepartnern oder Kindern, von der Muttersprache, der vertrauten Kultur und Umgebung, oft von Wohlstand und Status; Flucht heißt auch eine verlorene Vergangenheit, eine ungewisse Zukunft und eine Gegenwart, die häufig verbunden ist mit dem Gefühl, unerwünscht, fremd zu sein.

Auch Safeds »Zustrom an Lebenskraft« stockte, als wir ihn, Edwina und ihre kleinen Söhne Sandy und Vedad in den 1990er Jahren kennenlernten, eine bosnische Familie aus einem Dorf in der Nähe von Bihać, um die wir uns einige Jahre kümmerten. Sie waren zu Vertriebenen geworden, als die bosnischen Serben auf Befehl von Radovan Karadžić und Ratko Mladić 1992 das Feuer auf die Muslime eröffneten. Ein Transport des Roten Kreuzes hatte Safed und die Seinen aus dem mörderischen Krieg in Jugoslawien gerettet, nun lebten sie in einem schmucklosen Wohncontainer in Berlin-Weißensee. Safed malte viele Bilder von der Una, dem Fluss, der durch Bihać, fließt, den er so liebte mit seinen Stromschnellen und Wasserfällen, er tapezierte die Wände des Containers damit. Von dem Gefühl der Heimatlosigkeit, der Verlorenheit befreite ihn das nicht.

Erst nach Jahren konnte er zum ersten Mal von der Nacht erzählen, die alles verändert hatte. Die Nacht, als die Serben kamen und sein Haus wie die Häuser aller Bosnier im Dorf in Brand steckten. Ihre Türen waren markiert – so wie die Wohnungstüren der jüdischen Mieter in unserem Haus –, die Brandstifter kamen von außerhalb, aber jeder Serbe im Dorf wusste Bescheid. Und keiner rührte einen Finger, um Safed und seiner Familie in der Situation tödlicher Bedrohung zu helfen oder die marodierenden Täter aufzuhalten.

Safed und Edwina verstanden gar nicht, was da geschah – ihr ganzes bisheriges Leben hatten sie mit den Serben in guter Nachbarschaft gelebt, gemeinsam Brot im Ofen auf dem Dorfplatz gebacken, Hausdächer ausgebessert, die Kinder hatten miteinander gespielt. Alle waren jugoslawische Bürger. Und nun? Was hatte sich geändert? Warum wurden sie plötzlich aus dem Dorf verjagt, in dem Serben, Kroaten, Muslime jahrhundertelang zusammengelebt hatten? Was machte aus Nachbarn, die doch keine Gewohnheitskriminellen waren, monströse Folterer? Woher die Mordlust?

In den Anfängen seiner Haftzeit in Auschwitz, als er noch lernen muss, »ein Häftling zu werden«, gelingt es dem extrem durstigen Doktor der Chemie Primo Levi, einen Eiszapfen von einem Dachüberhang abzubrechen. Im nächsten Moment reißt ein »großer und kräftiger Kerl« ihm den Zapfen aus der Hand. »Warum?«, fragt Levi. »Hier ist kein Warum«, bellt der andere zur Antwort. Und wenig später zeigt ein bereits erfahrener Mithäftling dem Italiener, was er in den Blechboden seines Essensnapfes eingeritzt hat: »Ne pas chercher à compredre!« – versuch bloß nicht zu verstehen.

Safeds Familie kam davon, die vier haben überlebt. Am Ende der 1990er Jahre sind sie nach Bosnien zurückgegangen. Denn glücklich waren sie in Berlin nicht. Safed, vorher Direktor einer Textilfabrik mit 200 Angestellten, war Monate nach seiner Ankunft in Deutschland ein gebrochener Mann. Es kränkte ihn, dass er nicht arbeiten, nicht selbst für seine Familie sorgen durfte, dass er ein Mündel staatlicher Wohlfahrt wurde, zur Untätigkeit verdammt. Heimlich ging er, auf der Suche nach seiner verlorenen Würde, schwarzarbeiten, in Restaurants Geschirr abwaschen. Oft wurde er am Ende eines langen Arbeitstages um seinen Lohn geprellt oder mit einer viel zu geringen Bezahlung abgespeist, die Kollegen und Chefs wussten, dass er sich nicht wehren konnte. Die Ohnmacht fraß an ihm. Er verstummte mehr und mehr.

Zumindest ihm ging es besser nach seiner Rückkehr nach Bosnien. Ich sah ihn fröhlich mit seinem Enkel Fußball spielen, als wir das Ehepaar Jahre später besuchten. Edwina bekam Weinkrämpfe, als die Erinnerungen wieder hochkrochen, von denen Safed nichts mehr hören wollte.

In ihr altes Dorf konnten sie nicht zurück. Die beiden Söhne Sandy und Vedad blieben in Sarajewo, wo sie Arbeit fanden. Aber eine richtige Heimat, ein Zuhause, in dem man sich sicher und geborgen fühlt, das gab es für keinen aus der Familie mehr.

Winston Churchill und die »enemy aliens«

Ernst Brandus war der Erste aus dem Brandus-Clan, der sich entschied, Deutschland zu verlassen. Vorher adoptierte er 1935 Nanny Nathans Sohn Franz, der eine Woche, nachdem Hitler Reichskanzler geworden war, geheiratet hatte, zwei Monate später aber als »Doktor des Rechts«, wie so viele Juristen aus der Großfamilie, dem Berufsverbot unterlag. Dem Fabrikbesitzer Ernst Brandus, der die elterliche Eisen- und Metallhandlung fortführte, war die Einwanderung nach Großbritannien ohne größere Schwierigkeiten geglückt: Qualifizierte und dazu noch Begüterte wie ihn begrüßte die britische Regierung gern als Neuzuwanderer.

Die Adoption von Franz sollte dem Neffen die Einreise nach England ermöglichen, das damals immer weniger bereit war, jüdische Flüchtlinge ins Land zu lassen. Man fürchtete, zu viele von ihnen könnten dem Staat zur Last fallen. Von der britischen Regierung wurden mittellose Emigranten deshalb abgewiesen, es sei denn, Familienangehörige oder jüdische Organisationen bürgten für ihren Unterhalt.

Franz schaffte es, nach Großbritannien zu kommen, wenngleich ich das nur aufgrund seines tragischen Endes weiß.

In England lebten zu der Zeit bereits etwa 80 000 Flüchtlinge aus dem deutschsprachigen Raum. Seit dem Kriegsausbruch galten sie der britischen Regierung zunehmend als potentiell feindliche Ausländer, womöglich waren sie als Spione für das Deutsche Reich ins Land geschleust worden. Landkarten, Kameras, Rundfunkgeräte durften sie deshalb auch nicht besitzen. Nach Beginn des Krieges wurde ihre Loyalität offiziell überprüft – wer mit einem A bewertet wurde, galt als Hochsicherheitsrisiko, B als »fragwürdig« und C als »sicher«. Franz Nathan gehörte, wie die meisten der dem Naziregime Entkommenen, anfänglich zur Kategorie B.

Die Wehrmacht hatte gerade Holland und Belgien angegriffen, als Winston Churchill im Mai 1940 zum Premierminister gewählt wurde. Angesichts des Krieges mit dem Deutschen Reich hielt Churchill eine Verschärfung der Sicherheitspolitik für geboten: Am 2. Juni 1940 wurden alle erwachsenen Männer zwischen sechzehn und siebzig Jahren interniert, die qua Nationalität den feindlichen Staaten angehörten. Das traf nahezu alle aus Deutschland geflüchteten Jüdinnen und Juden, die jetzt zu »Staatsfeinden« wurden, und selbst einige der älteren Jugendlichen, die mit dem Kindertransport der nationalsozialistischen Verfolgung entkommen waren.

8000 Männer und 4000 Frauen wurden interniert. Gut möglich, dass Franz für einige Wochen auf der Isle of Man ins Lager kam. Von dort wurden im Sommer 1940 Hunderte nach Liverpool gebracht, um in einen anderen Staat des britischen Commonwealth verschifft zu werden. Churchill hatte diese gebeten, den Briten einen Teil der Internierten abzunehmen. Kanada erklärte sich dazu bereit, und so war Franz am 30. Juni oder am 2. Juli 1940 (die Angaben dazu differieren) zusammen mit 1200 Passagieren, die mit Kriegsbeginn von den Briten zu »enemy aliens« erklärt worden waren, auf dem Schiff »Arandora Star«. Schon einen Tag, nachdem das Schiff ausgelaufen war, wurde es von dem Torpedo eines deutschen U-Boots getroffen. 700 Passagiere kamen ums Leben, unter ihnen Franz.

Ob die in Deutschland gebliebenen Mitglieder der Brandus-Familie davon erfahren haben? Ernst Brandus wird Wege gefunden haben, sie zu informieren. Die Enemy-alien-Maßnahmen von Churchill waren auch in der englischen Öffentlichkeit umstritten und wurden in der britischen Presse heftig diskutiert. Das Desaster der »Arandora Star« war nicht geheimzuhalten.

Abschied für immer

Nicht nur Franz, auch andere aus der jüngeren Generation der Brandus-Familie verließen Deutschland. Walter Zander ging nach England, Nannys Enkelsöhne Rolf und Hans-Günther nach Santiago de Chile. Auch die Söhne von James und Elsbeth Brandus, Werner und Max, waren entschlossen zu emigrieren, der Verlust ihrer Zulassung als Anwälte machte ihre Zukunftspläne zunichte. Was sollten sie in diesem Land beruflich noch werden? Die Entscheidung zu gehen wurde dann aber offensichtlich spontaner und kurzfristiger umgesetzt, als ursprünglich geplant. Denn 1937 waren gerade erst ihre Eltern aus Magdeburg nach Berlin gezogen.

Das Ehepaar mietete eine Wohnung in der Erfurter Straße 2, ganz in der Nähe seiner Söhne. Freiwillig hatten der Siebzigjährige und seine vier Jahre jüngere Frau diesen Ortswechsel bestimmt nicht angetreten: Entweder waren sie gekommen, um sich von Werner und Max noch vor deren Flucht nach Amerika zu verabschieden, oder James Brandus fürchtete, als Vorstandsmitglied der Jüdischen Gemeinde Magdeburg in die Umsetzung der antisemitischen Maßnahmen des Regimes eingespannt zu werden. Am 8. Januar 1933 war er zum stellvertretenden Vorsitzenden der Gemeinde gewählt worden. Da ahnte er noch nicht, dass sich sein Leben und das seiner ganzen Familie drei Wochen später radikal ändern sollte, als Reichspräsident Hindenburg Adolf Hitler zum Kanzler ernannte.

In ihrem Heimatort Magdeburg gehörte die Familie Brandus zu einer alteingesessenen, hoch angesehenen Familie. James Brandus hatte sich diesen sozialen Aufstieg hart erarbeitet. Sein Vater war früh gestorben, auch sein Bruder und seine Schwestern waren tot. Aber James ließ sich davon nicht lähmen. 1891 promovierte er. Am 30. März 1898 wurde er als Rechtsanwalt am Landgericht Magdeburg zugelassen. In dem Jahr heiratete er seine Cousine Elsbeth. 1919 wurde James als Notar am Amtsgericht eingetragen, 1926 wurde ihm der Titel »Justizrat« verliehen. Es schien stetig bergauf zu gehen.

Seine Söhne Werner Gustav und Max Rudolf studierten Jura wie der Vater. Werner ging 1926 als Anwalt nach Berlin, Max trat nach Studium und Promotion in die Magdeburger Kanzlei seines Vaters ein, zog aber wenig später zu seinem Bruder. Beide wurden Mieter einer neu gebauten Wohnsiedlung in der Meraner Straße, die 1931 direkt gegenüber dem großen »Stadtpark« entstand, der heute offiziell »Rudolph-Wilde-Park«, unter Berlinern aber nur »Volkspark« heißt. In der Wohnanlage konnte man möblierte Junggesellen-Apartments und einen von den 200 Parkplätzen in der Tiefgarage mieten.

Ab 1933 unterlagen Werner und Max dem Berufsverbot, das am 7. April 1933 erlassene »Gesetz zur Wiederherstellung des Berufsbeamtentums« entzog ihnen die Existenzgrundlage: Ihre Namen wurden aus der Liste der Rechtsanwälte und Notare beim Amts- und Landgericht Magdeburg gelöscht. In Deutschland war ihnen eine berufliche Karriere versperrt und ihr Leben bedroht. 1937 buchten beide eine Schiffspassage nach New York, dort lebte ihr Onkel Gustav Brandus, der für sie bürgte.

Werner und Max wurden amerikanische Staatsbürger. Werner starb 1972 in München bei seiner Ehefrau Marianne, von der er sich zwischenzeitlich getrennt hatte. Gut scheint es ihm da nicht mehr gegangen zu sein, er empfing, so steht es auf der von der amerikanischen Behörde ausgestellten Sterbeurkunde, »social security payments«.

Vom Leben in der Erinnerung

James Brandus durfte im Deutschen Reich noch einige Jahre anwaltlich tätig sein, er fiel unter die von Reichspräsident Paul von Hindenburg durchgesetzte Sonderregelung für »Altanwälte«, die schon vor 1914 praktiziert oder im Ersten Weltkrieg »an der Front für das Deutsche Reich gekämpft« hatten – sie wurden erst 1937 aus der Liste der Rechtsanwälte gestrichen, das Notariat aber verlor James schon 1933. Hatte die Möglichkeit, noch einige Jahre länger anwaltlich praktizieren zu können, ihn dazu verführt, den Gedanken an Emigration aufzuschieben? Oder fehlten die finanziellen Mittel? Über die Gründe, warum Elsbeth und James blieben, kann ich nur spekulieren.

Nicht auszuschließen ist, dass die beiden ohnehin längst alles, was sich liquidieren ließ, verkauft hatten, um die Flucht ihrer Söhne zu finanzieren. James Brandus verfügte wegen des Berufsverbots über kein berufliches Einkommen mehr, die Reisekosten, um Werner und Max zu folgen, konnte er womöglich gar nicht mehr aufbringen. Zwar würde Gustav Brandus in New York sicherlich auch ein Affidavit für das Ehepaar ausstellen. Aber man brauchte »Liquidität«, um eine Auswanderung in Gang zu setzen, »Einreisegelder«

und das geforderte »Vorzeigegeld« zahlen zu können. Und falls James Brandus noch Geld auf einem Bankkonto bzw. einem Wertpapierdepot besaß, so war sein Zugriff darauf inzwischen erheblich erschwert worden.

Es wird James und Elsbeth Brandus erleichtert haben, ihre Söhne in Sicherheit zu wissen. Zumindest das. Das Ehepaar hatte seine eigene Wohnung in der Erfurter Straße räumen müssen und war Hertha Glücksmann in der Berchtesgadener Straße zugewiesen worden. Nach den Deportationen von Hertha, Ida Wolle und dem Ehepaar Berger, mit denen es sich die Räume geteilt hatten, wussten James und Elsbeth, welches Schicksal sie erwartete – keiner ihrer Mitbewohner hatte je wieder vor der Tür gestanden. Ob sie darüber sprachen? Versuchten sie, sich Mut zuzusprechen? Oder war das Thema tabu?

Manchmal schaue ich von der U-Bahn-Station Rathaus Schöneberg, die mitten im Rudolph-Wilde-Park liegt, durch die Glaswände hindurch auf das Leben im Park mit seinen tobenden Kindern, Boule- und Tischtennisspielern, Joggerinnen und sehe dann James und Elsbeth Brandus auf der Treppe vor dem Ententeich direkt neben dem Bahnhof stehen. Betreten durften Juden den Park nicht mehr. Aber in den Stunden, in denen es ihnen erlaubt war, die Wohnung zu verlassen, werden James und Elsbeth manchmal die vertrauten Wege um den Volkspark herum gegangen sein und an die gemeinsamen Spaziergänge mit ihren Söhnen gedacht haben. Auch sie führten jetzt ein »Leben der Erinnerung«, wie Bruno Cassirer es für sich beschrieben hatte. Werner und Max würden sie wohl nie wiedersehen, sie existierten nur noch durch die Erlebnisse, die sie geteilt hatten, und durch die Orte, an denen sie einst gemeinsam gewesen waren.

Beim Abschied von den Söhnen einige Jahre zuvor, werden sie sich gegenseitig beruhigt, von der Hoffnung auf ein baldiges Wiedersehen gesprochen haben. Eines Tages würde der »Nazi-Spuk«

auch wieder vorbei sein, und die Söhne könnten nach Berlin zurückkehren.

Aber so war es nicht. Und sie wussten es.

Wer nicht flieht, wird ermordet
Auch wenn sie in Sicherheit waren, so trugen Werner und Max Brandus doch eine ziemliche Last auf ihren Schultern. Sollten sie tatsächlich die Hoffnung gehabt haben, die Eltern nachholen zu können, so dünnte sie in den folgenden Jahren immer stärker aus. Die Brüder machten sich, vor allem nach dem Pogrom vom 9. November 1938, bestimmt große Sorgen um James und Elsbeth, zu denen die Kommunikationskanäle nach und nach versiegten. Briefe wurden zensiert, der Postverkehr immer wieder verboten. Und die privaten Telefonanschlüsse jüdischer Besitzer, die es in der Berchtesgadener Straße 37 gab, waren 1939 gekappt worden, auch die Nutzung öffentlicher Telefonzellen war Juden untersagt. Im Oktober 1941 begannen die ersten Massendeportationen. Es war der Monat, in dem Heinrich Himmler ein (geheimes) Ausreiseverbot für Juden erließ.

Werner und Max mussten darüber hinaus daran arbeiten, sich in einem ihnen fremden Land eine Existenz aufzubauen. Ihnen wird es in diesen Jahren nicht immer gut gegangen sein. Sie hatten ihr Leben retten können, aber »doch vom Lebensnotwendigen zu viel« verloren, wie Bruno Cassirer nach Hause schrieb, Familie, Freunde, Sprache und Kultur, und mit ihrer akademischen Ausbildung konnten sie im neuen Land nichts anfangen. Sie mussten beruflich wieder ganz neu beginnen. In einer ihnen fremden Sprache.

Der Philosoph Theodor W. Adorno, der über Oxford nach New York und später nach Los Angeles entkommen war, klagte später, wie sehr ihn, dem die Sprache das eigentliche Werkzeug seiner Arbeit war, das Englische dazu nötigte, zu vereinfachen, oft auf Differenzierungen zu verzichten. Die Naturwissenschaftler unter den

Flüchtlingen hatten es häufig leichter, ihre Karriere ging auch in der neuen Heimat weiter, besonders wenn ihre Forschungen kriegswichtig waren.

»Es ist so schwer«, schreibt die Ullstein-Journalistin Bella Fromm in ihr Tagebuch, bevor sie Deutschland für immer verlässt, »wieder ganz von vorn zu beginnen. Manchmal wundere ich mich, wie die Leute den Willen und die Kraft aufbringen, den Kampf ums Dasein immer wieder neu aufzunehmen«. Ihr blieb das auch nicht erspart: In den USA arbeitete sie in einer Handschuhfabrik, als Köchin, Haushälterin und als Stenotypistin, bis sie wieder in ihrem journalistischen Beruf tätig werden konnte.

Einige Jüngere aus dem Brandus-Clan schafften es, sich in der Fremde ein neues Leben aufzubauen – das ihrer Eltern wurde brutal beendet. Nahezu alle aus der älteren Generation fielen der Shoah zum Opfer. Pauline Zander, geborene Brandus, war die Erste, am 1. November 1941 wurde die 72-jährige aus der Meraner Straße ins Getto Łódź deportiert; Nanny Nathan, geb. Brandus, sowie James und Elsbeth Brandus wurden am 21. September 1942 von der Gestapo geholt und kamen vier Tage später nach Theresienstadt. Sechs Wochen nach der Ankunft im Getto starb Elsbeth Brandus, im März 1943 dann ihr Mann, Justizrat Dr. James Brandus.

Wie lange Martin und Eva Brandus noch gelebt haben, die am 5. September 1942 aus der Sächsischen Straße 72 abgeholt wurden, ist offiziell nicht bekannt. Am 3. August 1949 erklärte das Amt für die Erfassung der Kriegsopfer sie für tot. Angeblich waren sie im Getto Riga zu Tode gekommen. Das allerdings war schon in den Jahren 1943 und 1944 aufgelöst worden.

Der Krieg gegen das Buch

1933 war das Jahr, in dem die Nazis der Bildung den Kampf ansagten: Am 10. Mai fand in Berlin auf dem Opernplatz, direkt gegenüber der Humboldt-Universität, die Bücherverbrennung statt, Werke jüdischer und »undeutscher« Autoren landeten unter dem Gejohle von Professoren, Studenten und anderen Zuschauern stapelweise im Feuer. Führend in der Inszenierung dieser Aktion war die »Deutsche Studentenschaft«, die sich fest in die Reihen der braunen Judenfeinde eingeordnet hatte. Aus der akademischen Zunft erhob sich kaum Protest.

Bei der Bücherverbrennung blieb es nicht. Systematisch wurde den Juden der Zugang zum Buch versperrt. Jüdische Buchhandlungen und Verlage mussten schließen oder wurden arisiert. Öffentliche Bibliotheken durften Juden ab 1938 nicht mehr betreten, 1941 wurden ihnen kommerzielle Leihbibliotheken versperrt – vom »nächsten Höllenkreis« schrieb Victor Klemperer. Für »jüdische Literatur« hatte der Verband deutscher Volksbibliotheken schon 1933 ein Ausleihverbot beschlossen.

Der »Börsenverein der deutschen Buchhändler« erklärte im April 1933 seine »Bereitwilligkeit«, an der »nationalen Erhebung« mitzuwirken und stellte das flugs unter Beweis: Er entzog dem »Juden« Martin Brandus die Mitgliedschaft. Zwei Jahre später legte die Reichsschriftumskammer nach. Damit stand Martin vor dem beruflichen Aus.

1904 hatte er sich, nach Lehrjahren in Leipzig, London, Paris mit der Brandus'schen Verlagsbuchhandlung selbständig gemacht und auf den Druck anspruchsvoller Kunstillustrationen spezialisiert. Unter seiner Leitung expandierte das Unternehmen programmatisch – mit Zeitschriften, Reiseliteratur, Schulbüchern, wie auch durch Zukäufe anderer Verlage.

Dieses Wachstum wurde 1935 rüde unterbunden, Martin aufgefordert, seine Firma unverzüglich zu liquidieren oder an »Arier« zu verkaufen. Das bedeutete Zwangsverkauf und zwar weit unter Wert, andernfalls drohte die Beschlagnahmung. Martin konnte bei dem aufgenötigten Verkauf noch einige Reichsmark erlösen, in späteren Jahren war die Arisierung ein staatlich organisierter Raubzug, bei dem der Reichsfiskus das Geld erbeutete.

Der Krieg gegen das Buch war 1933 längst nicht zu Ende. Die studentischen Stoßtrupps zogen für ihre Säuberungsaktionen »Wider den undeutschen Geist« weiter durch Universitäts- und Leihbibliotheken, entfernten aus diesen »Literaturbordellen« indizierte Werke und erstellten »schwarze Listen« mit weiteren Titeln. Auch aus den privaten Beständen sollte alles »undeutsche« Schriftgut aussortiert und der »feierlichen« Verbrennung übergeben werden. Die Forschung schätzt, dass in den zwölf Jahren des »Dritten Reiches« weit mehr als 100 Millionen Bücher in den von den Nationalsozialisten beherrschten Ländern vernichtet wurden.

Die Papier-Brigade

1925 gründeten prominente europäisch-jüdische Intellektuelle, darunter Sigmund Freud und Albert Einstein, das Jiddische Wissenschaftliche Institut (YIVO) in Berlin und im heutigen litauischen Vilnius. Es sollte Informationen über das jüdische Leben sammeln und Plakate, Bücher, Briefe von jüdischen Gemeinden zusammentragen. 1941 marschierte die Wehrmacht in Vilnius ein. Im Auftrag von Alfred Rosenberg, dem Minister für die besetzten Ostgebiete, wurden die Sammlungen des YIVO beschlagnahmt. Vor der Vernichtung sollten sie auf Wertvolles gesichtet werden.

Dafür stellte Rosenberg Zwangsarbeiter ein, hauptsächlich jüdische Intellektuelle, die sich »Papier-Brigade« nannten. Sie sollten die deutschen Besatzer bei der Plünderung des YIVO und der berühmten Bibliotheken der Stadt beraten und unterstützen. In

Vilnius gab es wertvolle Sammlungen, die über 800 Jahre jüdischen Lebens in Europa dokumentierten, Gedächtniskammern der Geschichte. Die Sorge der Juden war groß, dass diese Zeugnisse von den Nationalsozialisten vernichtet werden könnten. Die Mitglieder der Papier-Brigade schmuggelten deshalb immer wieder Bücher ins Getto und vergruben diese dort in Metallbehältern. Wichtige Dokumente jüdischer Geschichte konnten so gerettet werden, sie befinden sich heute im YIVO-Institut in New York.

Den Juden das Buch zu nehmen, dem in ihrer Kultur und Geschichte eine so entscheidende Bedeutung zukommt, war der Versuch einer Identitätsauslöschung. Jahrhunderte lang hatte das »Buch«, die Tora, die in der Diaspora versprengten jüdischen Gemeinden zusammengehalten.

Die Nationalsozialisten wussten, was sie taten. Ihre Nachahmer auch: Die mutwillige Zerstörung kultureller Schätze – Bilder, Statuen, Denkmäler, Bücher – ist immer ein Angriff auf die kulturelle Identität eines Volkes, eine strategisch gezielte Attacke.

Sarajewos Ruine

Das nutzten auch die bosnischen Serben, als sie 1992 Sarajewo beschossen. Knapp vier Wochen nach Beginn des Krieges brannte die Nationalbibliothek, fast achtzig Prozent ihrer Bestände – mehr als eine Million Bücher, Hunderte unersetzliche Originaldokumente aus der Zeit des Osmanischen Reiches, aus dem Mittelalter, aus der österreichisch-ungarischen Monarchie – flogen als geschwärzte Papierfetzen in den Himmel. Unter ihnen einzigartige Zeugnisse der jahrhundertealten Geschichte Bosniens, für immer verloren.

Vier Jahre später stolperte ich durch die Ruine der Nationalbibliothek. Meine Mitreisenden und ich waren hier, um eine Buchausstellung zu eröffnen und die bosnischen Verleger zu unterstützen, die so bald wie möglich wieder Bücher herausbringen wollten. Die Fahrt von Split durch die Berge auf rutschigen unbefestigten

Schotterwegen war abenteuerlich gewesen. Brücken waren zerstört, Straßen aufgebrochen. Die vier Jahre andauernde Belagerung von Sarajewo, die Tausende das Leben gekostet hatte, war gerade erst sechs Wochen vorher für beendet erklärt worden, die Stadt immer noch schwer traumatisiert.

Von den Hügeln auf der anderen Seite der Miljacka, so erzählten unsere Gastgeber, waren jahrelang noch ehrgeizige Sniper tätig gewesen, kein einziges Buch, kein einziges Pergament sollte gerettet werden können. Die Zerstörung einer der berühmtesten Bibliotheken der Welt war kein Kollateralschaden, sondern der Versuch, das zivilisatorische Band einer Gemeinschaft zu zerschneiden, in der Muslime, Orthodoxe, Katholiken und Juden jahrhundertelang zusammengelebt hatten. Die Bibliothek war dafür das Symbol, ihre Dokumente zeugten von der geteilten Geschichte. Und die sollte ausradiert werden.

Aber nicht nur durch mutwillige Zerstörung werden Bücher genommen.

Mutabor: eine andere werden

Als ich siebzehn war, habe ich François Truffauts Buch »Mr. Hitchcock, wie haben Sie das gemacht?« gelesen. Und danach Dutzende Filme von Truffaut gesehen – »Die letzte Metro«, »Jules und Jim«, »Sie küssten und sie schlugen ihn«, »Auf Liebe und Tod« und wie sie alle hießen. Ich war eine Aficionada geworden. Am meisten aber hat mich »Fahrenheit 451« beeindruckt: Bücher sind verboten und verbrannt, aber einige Frauen und Männer haben sich im Wald versteckt, Truffaut lässt sie auf und ab gehen, an ihrem Gemurmel erkennt man, dass jede und jeder von ihnen ein Buch auswendig lernt. Es ist die ebenso verstörende wie Hoffnung weckende Schlussszene des Films, die die Zukunft offenlässt.

Was erwartet uns? Das Buch als »Nischenprodukt«? Für einige wenige? Das Sterben von Buchhandlungen? Meine Nichten und

Neffen lesen gern, aber es ist ihnen egal, ob Texte von Chatbots oder lebendigen Autoren erstellt werden. Ihre Bücher ordern sie bei Amazon, den Gang in die Buchhandlung finden sie unbequem. Dass gute Buchhandlungen für mich wie gute Cafés unverzichtbare Teile von Lebensqualität sind, dass ich Chatbots als überflüssig, überdies als sozial-kulturell gruselig und Amazon als *no-go area* erachte, finden sie alles »von gestern«, *old school* eben.

Und sie stehen damit längst nicht mehr allein. Bibliotheken, bei denen ich anfrage, wollen meine Bücher nicht, wenn ich von Zeit zu Zeit Platz für Neues schaffe. Zu Oxfam oder in einzelne Antiquariate kann ich immer nur kleine Mengen bringen. Jüngere aus meiner Verwandtschaft maulen oft, meine Buchgeschenke seien nicht gerade »page turner«. Auch bei uns im Hausflur gehen von dem ausgelegten Angebot nur Krimis und launige Wellnessgeschichten weg, anderes landet in der Papiertonne.

Damals, mit siebzehn, hätte ich das niemals für möglich gehalten, die Neuerscheinungen der Verlage im Frühjahr und im Herbst konnte ich kaum erwarten. Heute sehe ich: Bücher werden für immer mehr Menschen bedeutungslos. »Ich kann mich nicht in einen Menschen hineinversetzen, der nicht liest«, schreibt die französische Schriftstellerin Annie Ernaux. Das geht mir auch so. Bücher sind immer bei mir. Wenn ich sehe, wie sie verschwinden, weil sie für immer mehr Zeitgenossen nur noch wertloses Papier sind, kriecht Furcht in mir hoch. Ohne Geschichten, die erzählt werden, könnten wir das Leben gar nicht verstehen – sie erst geben dem Chaos Struktur, klassifizieren Erlebtes, Gehörtes, Gesehenes in Ursache und Wirkung. Ohne Geschichten könnte ich mich selbst gar nicht verstehen.

Sehr viele Bücher hatte ich als Kind nicht. Märchenbücher gab es bei uns natürlich, die Geschichte von »Kalif Storch« von Wilhelm Hauff hatte es mir besonders angetan. »Mutabor« war das Zauberwort, mit dem der Kalif sich in einen Storch und wieder zurück in einen Menschen verwandeln konnte. »Mutabor«, das sagte ich oft vor mich hin. Bücher waren und sind für mich Zauberwelten, die mir ermöglichen, die Wirklichkeit, so wie ich sie vorfinde, für eine begrenzte Zeit zu verlassen. Eine andere zu werden.

Das Angebot in unserem Familien-Bücherschrank im schleswig-holsteinischen Wohnzimmer war für ein Kind nicht gerade attraktiv: »Punkt, Punkt, Komma Strich«, die Abenteuer von Nick Knatterton, eine Biografie über General Hans von Seeckt, der 1923 ein reichsweites Verbot der NSDAP durchsetzte. Und Erinnerungen des Generalfeldmarschalls Albert Kesselring (»Soldat bis zum letzten Tag«), als Kriegsverbrecher verurteilt, in der Bundesrepublik der 1950er Jahre als Vertreter der angeblich »sauberen« Wehrmacht hoch angesehen.

Das Füllhorn tat sich auf, als meine älteste Schwester ihr Abitur nachholte. Nun zogen die kleinen blassgelben Reclam-Bände ein, »Don Carlos«, »Die schwarze Spinne«, »Effi Briest«, »Der Schimmelreiter«, »Die Chronik der Sperlingsgasse«, meine Schwester überließ mir alle zur Lektüre. Auch wenn ich, die damals Zehn- und Elfjährige, längst nicht immer diese Dramen verstand, die sich da vor mir auf vielen Seiten entfalteten, störte mich das nicht – die schwarzen Buchstaben verwandelten sich auch so in meinem Kopf in Bilder, Gerüche, Geräusche, Stimmen, mit denen ich mitlitt, mitlebte. Mit ihnen konnte ich mich zurückziehen aus unserem dauerturbulenten Zuhause und mir meine eigene Welt schaffen.

Allerdings gab es einfach keinen Platz im Haus, der Ungestörtheit garantierte. Das Kinderzimmer teilten wir uns zu sechst. Meine Mutter war in jenen Jahren nicht so aufgeschlossen für Bücher, für deren Lektüre ihr selbst auch gar keine Zeit blieb. Sie hatte acht Kinder, einen großen Haushalt mit Garten und einen Mann, der das Geschäftliche besorgte, nicht aber die Suppe aufsetzte. Dafür gab es schließlich, so fand er, etliche Kinder im Haus.

Das sah meine Mutter auch so. Wenn sie mich beim Lesen erwischte, fiel unvermeidlich der Satz: »Hast du nichts zu tun?« Zum

Lesen kletterte ich deshalb hoch auf eine der vier Birken, die bei uns auf dem Hof standen und meiner Mutter ein ständiges Ärgernis waren, weil sie im Spätherbst viel Laub abwarfen. Die Birken mussten irgendwann weichen. Da kannte ich zum Glück schon meinen Buchhändler.

Das Wort: eine Waffe
Dass Geschriebenes zur Waffe werden, Geschichte verändern kann, entdeckte ich erst später. Ich war bei dem frisch gekürten Präsidenten der Tschechoslowakei, bei Václav Havel, zu Besuch. Tomáš Kosta, ein von mir bewunderter Freund, der Auschwitz, Buchenwald und Theresienstadt überlebt hatte, vermittelte diesen Besuch.

Ich suchte mit Havel Fotos aus seinen privaten Familienalben aus, die für eine Biografie über ihn gebraucht wurden. Die Aufnahmen aus seinem bürgerlichen Elternhaus, das Interieur aus Gründerzeitmöbeln mit Sekretär, Chaiselongue, Jugendstillampen, das Spielzeug für Vašek, wie er gerufen wurde, und seinen Bruder Iwan – es hätten auch Fotos aus dem Zuhause meiner Großeltern am Bodensee sein können. Ich erkannte an diesem Tag zum ersten Mal sinnlich, welch dichtes Gewebe, wie viele kulturelle Fäden West und Ost in Europa dereinst verbunden hatten, bis Faschismus und Stalinismus sie brutal kappten.

Havel wollte mir, der Fisch-Liebhaberin, eine Prager Spezialität servieren lassen. Auf einem an der Moldau vertäuten Boot wartete ein festlich gedeckter Tisch auf uns. Ich war gespannt. Der Karpfen, der aufgetragen wurde, war leider zentimeterdick mit zähem, da längst erkaltetem Käse überbacken, ich bekam ihn nur mühsam hinunter. Einer zwischen Nord- und Ostsee Aufgewachsenen, von Meeresfischen verwöhnt, musste das wie der Schierlingsbecher vorkommen.

Aber mir war von Hause aus eingebläut worden, keine Miene zu verziehen, wenn ein Gastgeber Unliebsames auftischt – so hatte ich schon als Vierzehnjährige vier Wochen morgendlicher Buttermilch bei einem DDR-Aufenthalt überlebt. Meine Gastfamilie hielt es für eine Liebeserklärung an die Buttermilch, dass ich sie immer gleich und zwar in einem Rutsch hinunterstürzte. Ein Missverständnis.

Und nun Karpfen-Käse! Aber es wurde dennoch ein denkwürdiger Tag, Havel hatte zum Espresso Ludvík Vaculík dazugebeten. Die meisten Menschen kennen diesen Namen gar nicht – für mich aber war 68 nicht nur der Code für die Studentenbewegung, sondern, wichtiger noch, für den »Prager Frühling«, die Hoffnung auf Reformen in der Tschechoslowakei. Und Ludvík Vaculík war der von mir verehrte Verfasser des Textes »Zweitausend Worte«, ein Schlüsseltext des Prager Frühlings, eine Analyse totalitärer Machtausübung und ein Frontalangriff auf die bevormundende Kommunistische Partei. Er erschütterte deren Machtapparat weit über die Grenzen der Tschechoslowakei hinaus, fünf ausländische Armeen überfielen das Land in der Nacht. Schwer lesbar, der Text (oder seine Übersetzung?), mit etlichen umständlichen Satzbauten, aber hellsichtig und folgenreich. Seinetwegen wurde Vaculík bis zur Wende 1989 von der Staatssicherheit verfolgt.

Von Vaculíks Manifest lernte ich, dass das Wort eine Waffe im Kampf um die selbstbestimmte Geschichte sein kann. Und selbst wenn es wieder und wieder von den Panzern, so wie 1968 von den sowjetischen, überrollt und plattgemacht wird – ausgemacht ist damit nicht, wer letztendlich als Sieger vom Platz geht.

Flucht nach Italien

1910, als Hermann Bratt geboren wurde, gehörte seine Heimatstadt Przemyśl zur österreichisch-ungarischen Monarchie, und mehr als 30 Prozent der 54 000 Einwohner waren Juden. Hermann war sechs Monate alt, als seine Eltern nach Berlin zogen, in die europäische Metropole, in der schon so viele Juden Fuß gefasst, sich assimiliert und die Stadt der Moderne geöffnet hatten.

Als Hermann 1931 Mieter in der Schöneberger Berchtesgadener Straße 37 wurde, war sein Geburtsort längst polnisch geworden, ein Resultat der Grenzverschiebungen nach dem Ersten Weltkrieg. Dass diese einige Jahre später bittere Konsequenzen für ihn und andere polnische Juden haben sollte, ahnte Hermann nicht.

*

Im Februar 2022 kommen in Przemyśl, an der Grenze zwischen Polen und der Ukraine gelegen, zahllose Flüchtlinge an, Mütter mit Kindern, Alte, alleinstehende Frauen, alle, die vor dem mörderischen Krieg, den Putins Russland gegen das Nachbarland führt, gen Westen fliehen. Die ukrainischen Männer müssen im Heimatland bleiben, Kriegsdienst leisten und Abschied von Frau und Kindern nehmen. Keiner weiß, ob sie sich je wiedersehen werden. Und ob sie dann noch zueinander finden.

Eine Flucht zerschneidet ein Leben in ein Davor und Danach, in das Verlorene, Zurückgelassene und das Neue, Fremde, in das Vertraute und das Ungewisse. Und oft gibt es keine Verbindungstür zwischen diesen beiden Welten. Es bleibt nur das immer unbehagliche Dazwischen.

Ich weiß nicht, ob Arash, seine Mutter, seine Schwestern und sein kleiner Bruder nach Jahren der Trennung, die die Flucht erzwungen hatte, je wieder zusammenkommen werden. Sie haben einander wiedergefunden und mussten doch feststellen, dass das einst Vertraute jetzt fremd geworden war.

Die getrennten Brüder
Vor sieben Jahren brachte der Afghane Sultan seinen »Kumpel« Arash zu mir. Ich hatte mich damals in einem großen Flüchtlingsheim ehrenamtlich als Deutschlehrerin gemeldet, da ich mit den vielen Neuankömmlingen große Integrationsanstrengungen – und mögliche Verwerfungen – auf diese Gesellschaft zukommen sah.

Also stellte ich mich fortan morgens zur Frühstückszeit in die Kantine und nötigte jeden, der den Raum verlassen wollte, zur regelmäßigen Teilnahme an meinem Unterricht. Daraus wurde bald mehr, eher so etwas wie eine Lotsen-Funktion durch den bürokratischen Dschungel, die Dos und Don'ts dieses Landes. Ich konzentrierte mich dabei auf die jungen Männer mit schwacher Schulbildung, in meinen Augen waren sie besonders gefährdet: allein in einer Gesellschaft, deren Sprache sie nicht sprachen, deren Codes sie nicht kannten und ohne den Rückhalt einer Familie. So kam Arash zu mir.

Er war siebzehn, als er nach Deutschland kam, aber da er keine ordentlichen Papiere vorweisen konnte, wurde er per Augenschein von einer Berliner Sozialarbeiterin als »volljährig« eingestuft. Das war amtlich erwünscht, so konnte er ins Flüchtlingsheim eingewiesen werden, das kostete nicht so viel wie die Unterbringung für Arashs siebenjährigen Bruder Milad, der als Minderjähriger in eine betreute Wohngemeinschaft kam. Dahin hätte auch Arash gehört.

Die Brüder wurden getrennt, Arash tobte, als er das begriff. Er war doch verantwortlich für seinen kleinen Bruder, der mit ihm geflüchtet war. Und er verstand nicht, warum man ihm Milad wegnahm, er verstand kein Deutsch, er kannte nicht die »Regeln« und Anordnungen hierzulande, und keiner erklärte ihm irgendetwas. Der Mann, der sich als »Vormund von Milad« vorstellte, ohne dass Arash wusste, was das überhaupt ist, verbot jeglichen Besuch bei dem kleinen Bruder, das würde nur dessen Integration erschweren. Ich erfuhr von dieser Geschichte erst, als die Trennung der Brüder schon amtlich besiegelt worden war.

Arash war mit Mutter, Milad und seinen zwei Schwestern Amira und Aliyah 2015 aus dem Iran aufgebrochen, wo die Familie, wie Millionen anderer Afghanen, illegal lebte, seit die Taliban ihr Heimatland terrorisierten. Arashs Vater hatte seine Frau Fatme und den damals zweijährigen Arash dort in Sicherheit gebracht, er selbst war Polizist in Afghanistan und blieb in dem umkämpften Land. Einmal alle zwei Monate kam er, brachte seiner Familie Geld, und in den folgenden Jahren wurden Amira und Aliyah geboren. Fatme war schwanger mit Milad, als ihr Mann 2008 von den Taliban ermordet wurde. Arash musste fortan zusammen mit der Mutter für den Lebensunterhalt der fünfköpfigen Familie sorgen, da war er zehn. Zur Schule gehen? Ein Luxus, den diese Familie sich nicht leisten konnte.

Heimisch fühlte Fatme sich im Iran nicht, sie und ihre Kinder waren Bürger zweiter Klasse und ohne Papiere ständig von erpresserischen Polizisten bedroht. Sieben Jahre nach der Ermordung ihres Mannes entschied sie, alles zu verkaufen, Möbel, Geschirr, Kleidung, um sich auf den Weg nach Europa zu machen. Schlepper brachten die Familie zur iranisch-türkischen Grenze und schickten die Männer und Jungen vor, die Frauen sollten warten. Plötzlich kam die iranische Polizei, knüppelte auf die Frauen ein und verhaftete etliche von ihnen, auch Fatme und ihre Töchter. Arash und Milad sahen dem Geschehen von der türkischen Seite aus ohnmächtig zu. Ihre Schlepper trieben sie weiter. Von den Frauen hörten die Brüder nichts mehr. Jahrelang.

Milad fehlte die Mutter. Und Arash lernte Momente tiefer Verlassenheit kennen. Aber er ließ sich nicht hängen. Als ich Arash kennenlernte, konnte er nicht lesen und schreiben, aber fast alles andere – Waschmaschinen reparieren, Hosen, Mäntel und Jacketts schneidern, Fliesen verlegen, Spielzeug entwerfen, Reifen wechseln, tischlern, feilen, sägen und wunderbar Pilaw kochen. In all diesen Gewerken hatte er als Kind bereits gearbeitet.

Er lernte bei mir lesen, schreiben, rechnen und mit dem Leben in der Fremde zurechtzukommen. Und seinen Zorn auf den Vormund seines Bruders zu zähmen, sodass ein Zusammenkommen mit Milad wieder möglich wurde, zumindest besuchsweise. Arash verbrachte jede Minute seiner Freizeit mit ihm, aber als Milad in die Pubertät kam, merkte er, dass der kleine Bruder ihm entglitt. Milad mokierte sich jetzt oft darüber, dass Arash nicht immer superkorrekt Deutsch sprach, er wollte sich von seinem großen Bruder auch keine Vorschriften mehr machen lassen – wie lange er auf dem Handy spielen durfte oder vor dem Fernseher sitzen. Und schließlich wollte er auch nicht mehr mit Arash die Sommerferien verbringen. Arash war traurig. Und wütend. Und dann verließ ihn irgendwann schließlich doch sein Lebensmut, er schluckte Tabletten. Zum Glück waren seine pharmazeutischen Kenntnisse dürftig.

Arash fing sich wieder, machte seinen Schulabschluss und fing eine Ausbildung als Klempner an. Er brach sie wieder ab, der Umgang mit Abwasser gefiel ihm nicht und der mit den mobbenden Kollegen erst recht nicht. Jetzt wollte er Koch werden, wenn er eines Tages seine Mutter wiederfände, sagte er, würde sie ihm helfen, einen afghanischen Imbiss aufzumachen. Er wurde Azubi in einer Hotelküche. Dann kam die Pandemie, das Hotel machte zu. Für immer.

Arash war jetzt arbeitslos, er saß oft zu Hause vor dem Computer, trieb sich auf Facebook oder Instagram herum. Eines Nachts rief er mich aufgeregt an, er habe ein Bild seiner Mutter auf Facebook gefunden und Kontakt mit ihr aufnehmen können. Sie und ihre

Töchter waren fünf Jahre durch die Türkei und den Iran geirrt und schließlich nach Europa, auf die griechische Insel Lesbos, gelangt. Eine dort ehrenamtlich arbeitende Juristin aus Oxford half Arash, zusammen mit einem Verein, der sich der Causa der Brüder annahm, die Bundesrepublik Deutschland zu verklagen, die sich mit immer neuen hinhaltenden Begründungen monatelang weigerte, die Familie wieder zusammenkommen zu lassen. Das Urteil zwang sie, die Frauen nach Deutschland zu bringen. Endlich.

Die Brüder aber hatten inzwischen ihr eigenes Leben, Arash wohnte in einer kleinen Zwei-Zimmer-Wohnung mit einem anderen »Kumpel« aus Afghanistan, er hatte Angst, dass er wieder die Verantwortung für die ganze Familie auf seine Schultern würde nehmen müssen. Und Milad wollte nicht bei den Frauen wohnen, er war glücklich bei seinem Pflegevater, den er liebte. Er hatte endlich einen Vater, den ersten in seinem Leben.

Nichts ist mehr für diese Familie, wie es einmal war. Es wird auch nie wieder so sein. Manchmal macht die spürbare Fremdheit sie stumm. Alle wissen, dass es kein Zurück gibt. Und es ist so schwer, diesen Verlust an Vertrautheit zu akzeptieren.

»Polen-Aktion«

Am 28. Oktober 1938 klopft frühmorgens ein Polizeibeamter an die Wohnungstür der Bratts. Er verlangt, Hermanns Pass zu sehen, wirft einen flüchtigen Blick darauf und überreicht Hermann dann die amtliche Mitteilung, dass der Reichsführer-ss seine sofortige Abschiebung aus dem Deutschen Reich angeordnet habe.

Kurz zuvor hatte die polnische Regierung ein Gesetz verabschiedet, das die Ausbürgerung aller Personen mit polnischer Staatsangehörigkeit vorsah, die seit fünf oder mehr Jahren ununterbrochen außerhalb Polens gelebt und »die Verbindung mit dem polnischen Staat verloren« hatten. Polen fürchtete, dass nach dem »Anschluss« Österreichs die dort lebenden etwa 20 000 Juden polnischer Nationalität nach Polen zurückkehren könnten, um sich nationalsozialistischer Verfolgung zu entziehen – Polen aber wollte diese Rückkehrer nicht. Bis zum 30. Oktober sollten die Pässe der im Ausland lebenden polnischen Juden verlängert worden sein, andernfalls würden sie für ungültig erklärt und ihre Besitzer staatenlos. Als Staatenlose konnten sie nach internationalem Recht nicht mehr aus Deutschland abgeschoben werden.

Etwa 500 000 Jüdinnen und Juden lebten 1933 im »Altreich«, nahezu ein Fünftel von ihnen waren keine deutschen Staatsbürger, überwiegend waren es Zuwanderer aus den osteuropäischen Ländern. Das neue in Polen verabschiedete Gesetz führte nun zu einer sofortigen Reaktion der NS-Behörden: Werner Best, Reinhard Heydrichs Stellvertreter im Reichssicherheitshauptamt, unterzeichnete einen sogenannten Schnellbrief an die Polizei und ordnete an, »alle polnischen Juden, die im Besitz gültiger Pässe sind (…), unverzüglich nach der polnischen Grenze im Sammeltransport abzuschieben«, es gelte für sie ein »Aufenthaltsverbot für das Reichsgebiet«. Bei dieser Aktion sei höchste Eile geboten: »Die Sammeltransporte sind so durchzuführen, dass die Überstellung über die polnische Grenze noch vor Ablauf des 29. Oktober 1938 erfolgen kann.« 17 000 aus Polen stammende Juden wurden daraufhin im Deutschen Reich binnen weniger Tage verhaftet und zur polnischen Grenze gebracht.

Hermann Bratt war zwar in Polen geboren, aber erst sechs Monate alt gewesen, als er 1910 mit seinen Eltern nach Deutschland gekommen war. Er war hier zur Schule gegangen und zum Kürschner ausgebildet worden. 1932, da war er gerade 22 Jahre alt, machte er sich selbständig und war geschäftlich offensichtlich erfolgreich; sechs Jahre später hatte er einen gut gehenden Pelzhandel und eine Kürschner-Werkstatt im heutigen Berlin-Mitte, zeitweilig mit sechs Angestellten, gab er in seinem späteren Entschädigungsverfahren an.

1934 heiratete er Klara Fleckmann und zog mit ihr – eigenen Angaben nach – in eine Dreieinhalb-Zimmer-Wohnung in der

Schöneberger Motzstraße 43. Gemeldet war er dort nie, die Berliner Adressbücher führten ihn seit 1931 unter der Adresse Berchtesgadener Straße 37. Wie sich dieser Widerspruch erklären lässt, weiß ich nicht. Möglich, dass in einer der beiden Wohnungen Hermanns Eltern, Salomon und Syma Bratt, wohnten. Oder die Eltern seiner Ehefrau Klara, die die Wohnung in der Motzstraße im Entschädigungsverfahren als ihr in die Ehe eingebrachtes Eigentum reklamierte.

Abgeschoben

An diesem frühen Oktobermorgen 1938 musste Hermann Bratt sich umgehend anziehen und dem Polizeibeamten folgen, Klara blieb zurück. Zehn Mark und einen kleinen Koffer durfte er mitnehmen – mehr nicht –, die einzupackenden Sachen waren in Windeseile zusammenzusuchen. Was aber sollte er mitnehmen, wenn er nicht einmal wusste, wofür er jetzt verhaftet worden war und wie lange er fort sein würde? Den Rasierpinsel? Einen Füller? Die Zahnbürste? Der Polizist erklärte ihm nichts, vielleicht war er selbst auch nicht weitergehend informiert.

Hermann wurde zum Sammelpunkt Sophie-Charlotte-Platz gebracht, er könnte dort auf den ebenfalls bei der »Polen-Aktion« verhafteten Marceli Reich getroffen sein, später unter dem Namen Reich-Ranicki der wohl einflussreichste Literaturkritiker der Bundesrepublik. Der lebte mit Mutter und Geschwistern in der Güntzelstraße im Bayerischen Viertel, 1938 aber waren die anderen Familienmitglieder bereits emigriert oder nach Warschau zurückgekehrt, nur Marcel wartete noch auf die nötigen Papiere, um seiner Schwester nach England folgen zu können. Mit seinen achtzehn Jahren war er der jüngste unter den vielen Hundert Männern, die am Sophie-Charlotte-Platz zusammenstanden. Alle, so schreibt er in seiner Autobiografie, »sprachen tadellos Deutsch und kein Wort Polnisch. Sie waren in Deutschland geboren oder als ganz kleine Kinder hergekommen und hier zur Schule gegangen«.

So wie der in Hannover geborene Herschel Grynszpan, der am 7. November 1938 in Paris ein Attentat auf den deutschen Diplomaten Ernst vom Rath verübte. Er wollte ein Zeichen gegen die Abschiebung der polnischen Juden setzen, von der auch seine Eltern und sein Bruder betroffen waren. Joseph Goebbels diente Herschels Attentat als Vorwand für eine ganze Reihe inszenierter Pogrome. Wenige Stunden, nachdem der Tod des Diplomaten am 9. November bekannt geworden war, plünderten SA-Trupps und zivile Schlägerbanden jüdische Geschäfte, setzten Synagogen in Brand, brachen in Wohnungen ein, konfiszierten Geld und Wertgegenstände, mordeten und verschleppten Tausende in KZs. Drei Tage später, am 12. November 1938, wurden die Juden zu »finanzieller Sühneleistung« gezwungen – eine Milliarde Reichsmark mussten sie zahlen.

Auf Hermann Bratt und Marcel Reich-Ranicki wartete am späten Nachmittag des 28. Oktober 1938 ein langer Sonderzug am Schlesischen Bahnhof, in dem es Richtung Polen ging. »Wir froren«, schrieb Reich-Ranicki, denn die Waggons waren nicht geheizt, aber verglichen mit späteren Transporten seien es noch »nahezu luxuriöse Bedingungen« gewesen. An der deutsch-polnischen Grenze, im Niemandsland, zwang man die Deportierten, auszusteigen und sich in Kolonnen aufzustellen. Reich-Ranicki berichtet von lauten Kommandos, Schüssen, gellenden Schreien, bis ein polnischer Zug kam, »in den uns die deutschen Polizisten brutal hineinjagten«. Die Türen wurden zugeschlagen und die Waggons plombiert, der Zug fuhr ab. Am Abend fand Hermann sich, wie Tausende andere Ausgewiesene, in Zbąszyń wieder, einer polnischen 4000-Einwohner-Stadt, 100 Kilometer östlich von Frankfurt/Oder. Weiter kamen sie nicht, die polnischen Behörden hinderten sie daran. Zbąszyń wurde zum riesigen Flüchtlingslager, die Gestrandeten brachte man notdürftig in früheren Militärställen und Baracken unter. Hermann blieb sieben Monate in dem Lager.

Was sollte dort aus ihm werden? Polen war sein Geburtsland, ihm aber ganz fremd. Ob seine Eltern ihm Polnisch beigebracht hatten? Vielleicht verstand er die Sprache, aber selbst dann wird er sie nur mühsam gesprochen haben. Anders als sein Leidensgenosse Reich-Ranicki verfügte Hermann allerdings zumindest über einen Beruf, der ihm den Lebensunterhalt sichern konnte.

Verhaftet in Mailand

1939 durfte Hermann Bratt für drei Wochen nach Berlin zurückkehren, um persönliche und geschäftliche Angelegenheiten zu regeln. Sollten dabei Verkäufe getätigt und Erlöse erzielt werden, mussten diese auf ein »Liquidations-Conto polnischer Auswanderer« bei der Dresdner Bank eingezahlt werden.

Klara kam mit nach Polen. Frauen und Kinder mit polnischen Pässen mussten bis zum 31. Juli 1939 ebenfalls das Deutsche Reich verlassen haben. Wieder in Polen, arbeitete Hermann in Warschau in seinem Beruf als Kürschner, bis die Deutschen im September 1939 die Stadt besetzten. Marcel Reich-Ranicki kam bald darauf ins Warschauer Getto, Hermann floh zusammen mit Klara über Krakau und Wien nach Mailand – möglicherweise hatte die Familie Bratt in Mailand Geschäftspartner, Verwandte.

Hermanns Eltern Salomon und Syma sind offenbar in Polen geblieben, die letzte Nachricht, die er von ihnen erhielt, kam aus Sandomierz im Südosten Polens, wo die Nationalsozialisten die Juden in einem Getto zusammengetrieben hatten. Diese Information und die Stationen seiner Flucht gab Hermann am 19. Januar 1946 vor einer anglo-amerikanischen Untersuchungskommission des Jewish National Council zu Protokoll. Die Kommission sollte in einem Report für die UNO Empfehlungen erarbeiten, wo die vielen Flüchtlinge bleiben könnten, und bereiste zu diesem Zweck auch europäische Displaced-Persons-Camps, befragte Menschen wie Hermann Bratt nach ihrer Geschichte und ihren Zukunftsvorstellungen.

Hermann lehnte eine Rückkehr nach Deutschland oder nach Polen ab, er wolle in die USA (»if possible«), wo er Unterstützung bei seinem Schwager Jack Spira in Cincinatti, Ohio, finden werde.

Mussolinis Judengesetze

Unter dem »Duce« Benito Mussolini folgte Italien dem deutschen Beispiel, führte sogenannte Judengesetze ein und errichtete Internierungslager. Auch andere autoritäre Regime in Europa erließen solche Gesetze und Verordnungen, drohten mit Ausbürgerung, beschnitten die Rechte der Juden und entzogen ihnen mehr und mehr die Lebensgrundlagen. Die Journalistin Bella Fromm schrieb vom »Gift«, das die »ganze Welt bedrohte«.

Im Juni 1940, als Italien an der Seite Deutschlands in den Krieg eintrat, wurden Hermann und Klara Bratt in Mailand verhaftet, er kam ins Gefängnis San Vittore, sie ins Frauengefängnis. Einen Monat später wurde Hermann im größten italienischen Lager (*campo di concentramento*) für jüdische Gefangene interniert, im kalabresischen Ferramonti; Klara kam erst ins Frauen-KZ Casacalenda, ab 1941 dann auch nach Ferramonti.

Die Lebensbedingungen in Ferramonti waren allerdings nicht vergleichbar mit den Konzentrationslagern, die der nationalsozialistischen Regie unterlagen: Es waren weder Vernichtungslager, noch wurde dort Sklavenarbeit verrichtet. Familien durften zusammenbleiben, die Kinder zur Schule gehen, es gab eine Bibliothek und drei Synagogen, und die italienische Bevölkerung in den Dörfern ringsum tat viel, um das Leben der Inhaftierten zu erleichtern. Dennoch zog sich Klara etliche gesundheitliche Schäden zu, besonders in der malariaverseuchten Gegend um Ferramonti, die sie ihr Leben lang begleiten sollten. Sie verlor aufgrund der schlechten Ernährung nahezu alle Zähne, und ein stark vereiterter Kiefer bereitete ihr selbst Jahre später, als sie schon in Kalifornien lebte, immer noch erhebliche Schmerzen.

Es gibt einige Fotos von Inhaftierten, Porträts von Schulkindern und ein Bild einer Hochzeit in Ferramonti mit vielen Gästen. Ich studiere die Gesichter der Männer, versuche herauszufinden, ob ich bei irgendjemandem Ähnlichkeiten zu Hermann Bratt feststellen kann. Von ihm kenne ich ein winziges Passfoto, das sich auf einer Bescheinigung des brasilianischen Konsulats in Livorno findet. Nichts.

Nach ihrer Entlassung aus dem Lager durften Klara und Hermann die Region nicht verlassen und mussten sich zweimal täglich bei der Polizei melden. Klara tauchte bei einem italienischen Bauern unter, Hermann, so berichtete er der Kommission, schlug sich 1942 zur Royal Air Force in Bari durch, vermutlich allein, denn Klara ist erst ab Juni 1944 in der Via Dante Alighieri gemeldet. Vielleicht war der Versuch, zu zweit durchzukommen, zu gefährlich, vielleicht aber wollte Hermann auch nichts mehr von seiner Frau wissen. In ihrer eidesstattlichen Versicherung vor dem Entschädigungsamt erklärte Klara, bereits 1943 ebenfalls nach Bari gelangt zu sein. Da war die Beziehung der beiden Eheleute offensichtlich aber schon zerrüttet, wenige Monate darauf ließen sie sich scheiden. Später hatten beide neue Ehepartner, und Klara zog nach Kriegsende nach Kalifornien, wo ihre drei Geschwister Zuflucht vor der nationalsozialistischen Verfolgung gefunden hatten.

Im September 1946 machte Hermann einen ersten Versuch, zu seinem Bruder Siegfried Bratt nach Brasilien zu gelangen, der in Rio de Janeiro lebte. Er beantragte Unterstützung bei der IRO (International Refugee Organization), die ihm nicht gewährt wurde. Erst 1947 glückte ihm die Auswanderung nach Rio, seinen ursprünglichen Plan, zu seinem Schwager nach Ohio zu ziehen, hatte er nach der Scheidung offenbar aufgegeben. Zumal sich nach dem Krieg zwischen ihm und seiner Ex-Frau erhebliche Dissonanzen in der Frage auftaten, wer zu welchen Entschädigungen berechtigt war.

Antrag auf Entschädigung

1951 stellte Hermann Bratt einen ersten Antrag beim Entschädigungsamt in Berlin, der jahrelang gar nicht beantwortet wurde. Im September 1963 beschwerte er sich in einem Schreiben, dass er trotz der frühen Beantragung »bis heute noch keinerlei Entschädigung erhalten« habe. Schließlich ließ das Amt Hermann wissen, dass die Akte wohl verlorengegangen sei.

Hermanns Ex-Frau Klara, die nach neuer Eheschließung jetzt Gans hieß, zog 1958 mit Hilfe eines amerikanisch-deutschen Rechtsanwaltbüros nach und stellte ihrerseits Anträge. Beide forderten Entschädigungen für ihr einstiges Vermögen, für die Wohnungseinrichtung und die Behinderung beruflichen Fortkommens. Beide standen dabei vor dem Problem, dass sie ihre Ansprüche gegenüber der Bundesrepublik vom Ausland aus vertreten mussten – Klara von Kalifornien, Hermann von Rio de Janeiro aus. Das erschwerte und verlangsamte die Kommunikation. Und sie waren Konkurrenten in der Frage, wem was zustehe.

Für mich war die Lektüre der Entschädigungsakten von Hermann Bratt und anderen ein Déjà-vu. Bei den bundesdeutschen Behörden findet man schon damals das bürokratische Muster vor, mit dem etwaige Ansprüche bezweifelt, zumindest aber vertagt werden konnten, auch die von mir begleiteten syrischen und afghanischen Kriegsflüchtlinge hatten damit nach ihrer Ankunft in Deutschland noch im Jahr 2015 zu kämpfen. Wie Hermann Bratt sollten sie genau belegen, welche schulischen und beruflichen Abschlüsse sie geltend machten, entschied das doch über ihre beruflichen Perspektiven, im Fall von Hermann Bratt über seine Entschädigungsansprüche und Rentenanwartschaften. Wer allerdings vor Krieg und mörderischer Verfolgung flieht, hat kaum Gelegenheit, sich noch eine Mappe mit Klarsichthüllen zusammenzustellen, in denen die wichtigsten Papiere eines curriculum vitae stecken. Bei Hermann bezweifelte das Amt zudem, dass er in Italien im Konzentrationslager interniert war. Er musste einen Zeugen aus dem Lager Ferramonti auftreiben. Im Mai 1963 gab Jechiel Loewi eine eidesstattliche Erklärung zugunsten von Hermanns Angaben ab.

Klara war anfänglich erfolgreicher als ihr Ex-Mann, ihr wurden zügig mehr als 8000 DM Kapitalentschädigung gewährt, während Hermann sich mit 960 DM begnügen sollte. Das tat er aber nicht, denn inzwischen hatte er einen besseren Anwalt gefunden. Das Ergebnis war trotzdem beschämend – für die Bundesrepublik Deutschland. Für vier Jahre war man bereit, Hermann eine Entschädigung von monatlich 100 DM zuzubilligen für den ihm entstandenen »Schaden am beruflichen Fortkommen«; das Amt verwies darauf, dass man ihn bei Festsetzung dieser Summe doch schon dem »gehobenen bis höheren Dienst« gleichgestellt habe. Sein Antrag auf Entschädigung für den ihm verloren gegangenen Firmenwert wurde gänzlich abgelehnt.

Rosenkrieg

Zu den Frustrationen, die Hermann das Verfahren bescherte, kamen die Auseinandersetzungen mit seiner Ex-Frau. Besonders erbitterte ihn, dass Klara Wiedergutmachung für »beruflichen Schaden« einklagte – schließlich habe sie in den Unternehmen ihres Mannes mitgearbeitet, argumentierte sie. Das, so antwortete Hermann, habe ihn »überaus überrascht«. Es sei »absurd, an einen Berufsschaden« seiner Frau »zu denken«, sie sei doch »ausschließlich als Hausfrau tätig gewesen«. Höchstens »fallweise« habe sie bei den »Lohnauszahlungsvorbereitungen« mitgeholfen, dann aber habe er ihr genau angeben müssen, wie jede einzelne Lohntüte zu beschriften sei, mit der den Angestellten der Wochenlohn überreicht wurde, Klaras Rechenkünste hätten ja nicht einmal für die »Ausrechnungen« gereicht.

Für Hermann ging es in diesem Konflikt nicht in erster Linie um Geld, es hätte seine Ansprüche nicht gemindert, was immer ihr in diesem Punkt zugesprochen worden wäre. Die Vehemenz, mit der er einen beruflichen Schaden seiner Ex-Frau bestreitet, offenbart, dass er sich dadurch in seiner Mannesehre gekränkt fühlte. Klara habe den Haushalt versorgt, »sie hatte zu kochen und war eine gepflegte Frau«, die »von der Firma sehr weit entfernt war«.

Und im Übrigen habe er sich seiner Frau gegenüber doch schon großzügig gezeigt, als er seine anteiligen Entschädigungsansprüche für die Wohnungseinrichtung in der Motzstraße 43 an Klara abgetreten hatte. Das allerdings wollte Klara keinesfalls als einen Akt der Großzügigkeit anerkennen, die Wohnung sei doch ohnehin ihr Eigentum gewesen. Sie stammte aus wohlhabendem Haus, ihr Vater Alfred Fleckmann, der später »in den Osten« deportiert wurde, war Pelzhändler in Oranienburg bei Berlin gewesen. Durch den Boykott-Aufruf der Nationalsozialisten (»Kauft nicht bei Juden!«) vom 1. April 1933 war sein Geschäft, für das Klara die Buchhaltung machte, durch marodierende SA-Truppen schwer beschädigt worden. Der Boykott, wenige Wochen nach Hitlers Ernennung zum Reichskanzler, war der für alle sichtbare Auftakt der Verdrängung der Juden aus dem Wirtschaftsleben. So hoffte man, sie zur Auswanderung nötigen zu können. Alfred Fleckmann aber dachte gar nicht daran, Deutschland zu verlassen. Er machte in der Lindenstraße/Ecke Ritterstraße ein neues Geschäft auf, die Familie zog um nach Berlin.

Möglicherweise hatte Klara die Wohnung in der Motzstraße als Mitgift erhalten, als sie im Jahr darauf Hermann Bratt heiratete. Im März 1939 – da war Hermann noch in Polen – erhielt sie die Anordnung, diese Wohnung sofort zu räumen: Ein Major der Luftwaffe erhob Anspruch darauf. Klara musste alles zurücklassen, das Mobiliar, Wäsche, Geschirr, Besteck, Kleidung und ihre drei Pelzmäntel. Den Verlust der Wohnung bezifferte sie vor dem Entschädigungsamt mit 15 000 Mark.

In dem Rosenkrieg mit ihrem Ex-Mann machte Klara 1964 einen Rückzieher und bezog ihre berufliche Tätigkeit jetzt nur noch auf das elterliche Unternehmen. Hermann hatte in einem Schreiben an das Entschädigungsamt ohnehin gemutmaßt, dass es sich bei Klaras »Anspruchsstellung« eher um »eine Initiative« ihres Anwalts als um eine eigene »gewollte Aktion« gehandelt habe.

Klaras Rückzug hatte möglicherweise auch damit zu tun, dass die Geschwister Fleckmann jetzt Entschädigung für ihren Vater beanspruchten, der in einem Konzentrationslager ermordet worden war – in welchem, wüssten sie leider nicht. Die Erbengemeinschaft der vier einigte sich untereinander 1964 auf einen Vergleich, Hermann kämpfte da immer noch um seine eigene Entschädigung.

Ins Warschauer Getto

Hermann und Klara Bratt waren, bald nachdem die Wehrmacht in Warschau einmarschiert war, aus Polen geflohen. Damit war ihnen der Umzug in einen »jüdischen Wohnbezirk« erspart geblieben, den die ss für alle in der polnischen Hauptstadt lebenden Juden verfügte. Innerhalb von drei Tagen mussten sie in das Getto ziehen und durften sich fortan nur noch in bestimmten Bezirken der Stadt aufhalten – was einen Aufruhr auslöste, denn die Viertel waren wie überall gemischt: In den sogenannten jüdischen Bezirken gab es zahlreiche Fabriken, Betriebe, Büros mit nichtjüdischen Angestellten. Das hatten die deutschen Dienststellen nicht bedacht. Ein Proteststurm, besonders von Seiten zahlreicher Betriebe, brach los, ihnen fehlten plötzlich die Arbeitskräfte. Die Besatzer waren gezwungen, diese Anordnung zurückzuziehen.

Marcel Reich-Ranicki, der bis zum Aufstand im Warschauer Getto gelebt hatte, berichtet in seinen Memoiren von dieser blamablen Fehleinschätzung der Okkupationsbehörden. Wie konnte es dazu kommen, fragt er, und gibt eine für ihn so typische Antwort: »… sehr einfach: Die in Warschau amtierenden und mit großen Vollmachten ausgestatteten SS-Führer waren Menschen von kümmerlicher Bildung.«

Wenig später wurde der von Juden bewohnte Bezirk zum »Seuchensperrgebiet« erklärt und mit einer drei Meter hohen Mauer umgeben, die von einem Stacheldraht gekrönt wurde. Ab November 1940 schloss die ss die Eingänge zu diesem Getto, das man nicht Getto nennen durfte, und ließ es fortan Tag und Nacht bewachen.

Dorthin wurden Jakob und Helena Berger am 2. April 1942 deportiert.

Vermögenserklärung und »Abtransport«

Am 30. März 1942, zwei Tage nach dem »Abtransport« von Hertha Glücksmann, in deren Wohnung sie untergebracht waren, unterschrieben Helena und Jakob Berger ihre »Vermögenserklärung«, die alle Jüdinnen und Juden vor ihrer Deportation bei der Jüdischen Gemeinde abgeben mussten. Manchmal wurde diese auch erst in den Sammelunterkünften ausgefüllt, wo die zum Transport Eingeteilten sich einzufinden hatten. Die Erklärung ermöglichte der Vermögensverwertungsstelle, vorab einen Überblick über die persönliche Habe oder etwaige »Sperrkonten« der Deportierten zu gewinnen, die dann vom Deutschen Reich einkassiert werden konnten.

Für jedes Mitglied im Haushalt, auch für Ehefrauen und Kinder, musste jeweils eine eigene Erklärung ausgefüllt werden. Das Dokument war sechzehn Seiten lang und forderte »genaue Angaben« zu jeglichen Details des noch vorhandenen Besitzstandes: ob es Warmwasser in der Wohnung gab, Fahrstuhl oder »Dampfheizung«, wie hoch die monatliche Miete war, welche Guthaben bei welchen Geldinstituten vorhanden waren, ob etwaige Kinder ein eigenes Vermögen besäßen, es fragte nach Rentenanwartschaften, Versicherungs- und Erbschaftsansprüchen, hinterlegten Kautionen, Nießbrauchrechten, nach Steuerschulden und Pfändungen, nach Lampen, Teppichen, Bettgestellen, Tafelgeschirr, Besteck, Handtüchern – die Liste war endlos, buchstäblich jedes Regalbrett, jeder Kohlenkasten war darin einzutragen. Wenn es um die finanzielle Ausplünderung der Juden ging, waren die nationalsozialistischen Behörden penibel.

Zwei Tage nachdem sie ihre Unterschriften unter ihre Vermögenserklärungen gesetzt hatten, wurden Jakob und Helena Berger deportiert. Da lag eine Periode klirrender Winterkälte hinter den Juden, in denen sie kein Brennholz und keine Kohlen mehr erhielten, Heizkissen, Heizöfen, Bügeleisen oder Toaster hatten sie abgeben müssen – alles, was ein bisschen Wärme ausstrahlte. Die in die Berchtesgadener Straße 37 Zwangseingewiesenen hatten mehr

Glück: Die Zentralheizung, mit der das Haus ausgestattet war, kam auch ihnen zugute.

Das Ehepaar Berger gehörte zur »Welle 12«, zum Osttransport in das Warschauer Getto. Mit den beiden waren 643 Jüdinnen und Juden aus Berlin, ferner eine große Anzahl aus dem Regierungsbezirk Frankfurt/Oder und acht Bewohner des sogenannten »Dauerheims für jüdische Schwachsinnige« in Berlin-Weißensee in den Transportzug gepfercht worden. Drei Tage dauerte die Fahrt für die Hungernden, Frierenden, Durstenden.

»Umsiedlung« nach Treblinka

Im Juli 1942 begannen die Deutschen, das Warschauer Getto aufzulösen, den Getto-Bewohnern wurde die Aktion als »Umsiedlung« verkauft. Anfänglich gab es für freiwillige Meldungen zum »Transfer« eine Sonderration Brot und Marmelade. Hunderte meldeten sich, die hofften, wieder mit ihren bereits »ausgesiedelten« Familienangehörigen zusammenzukommen. Je mehr sich aber herumsprach, dass der Transport ins Vernichtungslager Treblinka führte, wo ihr Leben qualvoll beendet wurde, desto häufiger versteckten sich die noch Überlebenden in Ruinen, Kellern, verlassenen Häusern. Polnische und ukrainische Polizisten durchkämmten die geräumten Behausungen auf ihrer Suche nach versteckten Juden.

Die Bergers wurden auf dem berüchtigten »Umschlagplatz« zusammengetrieben, dort in geschlossene Güterwaggons gejagt und nach Treblinka deportiert. Von diesem kleinen Platz aus, dereinst das Zentrum des jüdischen Großhandels, schickten die deutschen Besatzer mehr als 300 000 Juden in den Tod. Wer zu fliehen versuchte, wurde erschossen.

Marcel Reich-Ranicki und seine Frau Teofila (»Tosia«) wagten die Flucht. Sie wussten, auf jene, die aus der endlosen Kolonne ausscherten, wurde sofort geschossen – »nicht wenige blieben auf dem Straßendamm liegen. Aber dieses Risiko musste man in Kauf nehmen«, schrieb der Autor in seinen Erinnerungen. Die beiden entkamen und retteten so ihr Leben.

Teofila und Marcel waren jung, Helena Berger hingegen fast sechzig, ihr Mann Jakob fast siebzig. Die Kraft und der Mut, die für eine solche Flucht erforderlich waren, werden die beiden nach Monaten der physischen und psychischen Drangsalierung wohl kaum noch gehabt haben.

Im Vernichtungslager Treblinka dürften sie, nachdem sie aus den Güterwaggons getrieben worden waren, die Schilder gesehen haben – der Erfindungsreichtum, den die nationalsozialistisch geschulten Lagerleitungen an solchen Vernichtungsstätten für ihre jeweiligen Scharaden aufbrachten, war erstaunlich, es wurde kumpelig geduzt: »Ihr befindet Euch hier in einem Durchgangslager, von dem aus der Weitertransport in Arbeitslager erfolgen wird. Zur Verhütung von Seuchen sind sowohl Kleider als auch Gepäckstücke zum Desinfizieren abzugeben. Gold, Geld, Devisen und Schmuck sind gegen Quittung der Kasse zu übergeben. Sie werden später gegen Vorlage der Quittungen wieder ausgehändigt.«

Am 19. April 1943 brach im Warschauer Getto der Aufstand aus, »eine heroische und hoffnungslose Rebellion gegen die Unmenschlichkeit«, hielt Marcel Reich-Ranicki später fest. Am 16. Mai wurde der Aufstand von den Deutschen niedergeschlagen.

Da werden Helena und Jakob Berger schon längst ermordet worden sein, umgekommen in den »Duschräumen« von Treblinka, aus deren Röhren an der Decke kein Wasser, sondern das mit einem Dieselmotor erzeugte Gas strömte. Das genaue Todesdatum ist nicht bekannt.

Im Tower

Irgendwann, es muss 2004 oder 2005 gewesen sein, durfte ich Marcel Reich-Ranicki persönlich erleben. Die Commerzbank in

Frankfurt hatte zu einem Empfang ihm zu Ehren geladen. Wie mein Name auf die sorgfältig ausgewählte Gästeliste geraten war, weiß ich nicht. Ich war keine Bewunderin der theatralischen Auftritte von Reich-Ranicki im Literarischen Quartett, wohl aber seines Selbstbehauptungswillens.

Der Kritiker war müde an diesem Abend, er war ein alter Mann, der viel gekämpft hatte in seinem Leben. Er saß in einem Sessel im 64. oder 65. Stockwerk des Commerzbank-Towers, umschwirrt von Menschen, die ihn loben, ihn etwas fragen, ihm etwas sagen oder mit ihm fotografiert werden wollten. Behagen bereitete ihm das sichtlich nicht, er reagierte barsch und unwirsch.

Vor dem Abendessen an festlich gedeckter Tafel lud der damalige Repräsentant des Vorstands der Commerzbank eine kleine Gruppe von uns Gästen zum Rundgang im 260 Meter hohen »Tower« ein, der von dem Star-Architekten Norman Foster errichtet worden war. Des Vorstandsmitglieds ganzer Stolz war die Herrentoilette, in der eine Reihe schwarzer Granit-Stelen vor einer gigantischen Glasfront zum geselligen Beisammensein in Zeiten der Notdurft einlud. Wer dort sein Geschäft verrichtete, hatte freien Blick von ganz weit oben auf die Frankfurter Stadtlandschaft, den Main, den Taunus. Über allen zu thronen, war offensichtlich durchaus beabsichtigt. Kein Zufall auch, dass diese Herrentoilette in jedem Kino-, Fernseh- und Serienfilm auftaucht, in dem es um die Spur des Geldes geht, achten Sie mal darauf!

Unvermeidlich nach dieser eindrucksvollen Führung, dass die Damen in der geführten Gruppe nun darum baten, auch die Damentoilette zu besichtigen. Das Ergebnis war erwartbar: keine Glasfront, keine Stelen, kein Granit. Eine ganz gewöhnliche Damentoilette mit schlechter Belüftung durch schmale Klappfenster.

Der Vorstandsvertreter entschuldigte sich, man habe eh nur wenige Damen im Vorstand, ich glaube, er sprach von einer einzigen. Und nur die obersten Gremien der Bank tagten hier oben. Damals konnte man sich offensichtlich noch erlauben, so wenig gender-gerecht zu denken, zu sprechen und zu handeln.

Der Appetit auf das anschließende Abendessen wollte sich bei mir danach nicht mehr einstellen. Ich kriegte die Granit-Stelen und die Klappfenster nicht aus dem Kopf. Auch nicht das Warschauer Getto. Hier passte nichts mehr zusammen. Nach der Vorspeise floh ich. Es waren genug Menschen da, um dem zu Ehrenden zu Füßen zu liegen.

Sein Buch »Mein Leben« hatte meine Freundin, die Autorin Carola Stern, mir geschenkt. Die beiden, Stern und Reich-Ranicki, bewunderten und respektierten einander. Beide waren durch die Nazi-Diktatur gegangen, Reich-Ranicki als Verfolgter, Carola Stern als »gläubiges BDM-Mädel«. Und beide waren nach der Befreiung für Geheimdienste tätig gewesen, Reich-Ranicki für den polnischen Auslands-Nachrichtendienst, der ihm den zusätzlichen Nachnamen Ranicki empfahl, den er bis dahin nicht geführt hatte; Carola für die Amerikaner – dass sie weder Carola noch Stern mit Geburtsnamen hieß, hatte nichts mit der Arbeit für die Amerikaner zu tun. Reich-Ranicki schrieb, er habe sich nach dem Krieg gegen das nazistische Deutschland einem solchen Auftrag nicht entziehen können; Carola Stern brauchte Morphium für ihre todkranke Mutter, und als ein Mr. Becker sie mit dem Versprechen anwarb, ihr das zu besorgen, schlug sie ein.

Sie zögerte lange, in ihren autobiografischen Büchern von dieser schwarzen Zeit zu erzählen, so wenig sie sich sonst im Rückblick auf ihre Vergangenheit in Nazi-Deutschland schonte. Wiederholt fragte sie Reich-Ranicki um Rat – der machte sich keinerlei Illusionen, dass die öffentlich so bewunderte couragierte Frau Stern, die mit ihrem Engagement das zivile Grundmuster der späten Nachkriegsrepublik entscheidend mitgestaltet hatte, bei vielen in Ungnade fallen würde.

Er sollte recht behalten.

Herbert Marcuse und die »Feindabwehr«
Auch der von mir verehrte Herbert Marcuse, intellektueller Mentor der Studentenbewegung und der weltweiten Revolte gegen »Spätkapitalismus« und »Konsumterror«, hatte für Geheimdienste gearbeitet.

Ich hatte so ziemlich alle von Marcuses Büchern gelesen, sie waren Teil meiner in Arbeit befindlichen Dissertation. Mich beschäftigten hauptsächlich seine frühen Essays, ganz besonders »Der affirmative Charakter der Kultur«, in denen er sich noch mit Martin Heideggers Verpflichtung der Kunst auf Wahrheitsfindung auseinandersetzte. Als Heidegger sich mehr und mehr vom nationalsozialistischen »Aufbruch« vereinnahmen ließ, brach Marcuse mit ihm und verließ im Mai 1933 das Deutsche Reich. Eine akademische Karriere wäre ihm, dem Juden, in Deutschland nicht möglich gewesen.

In den Kriegsjahren wurde er für den amerikanischen Dienst OSS, den Vorläufer der CIA, und danach für das Office of Research and Intelligence im US-Außenministerium tätig. Er gehörte zu einer Gruppe von Intellektuellen, die wissenschaftliche Studien zum Nationalsozialismus und nach dem Krieg Expertisen über den Sowjetkommunismus und die von ihm beherrschten Satellitenstaaten erstellten. In Kriegszeiten, so sagte er einmal, existierten besondere Bedingungen: »You have to play the rules of the game, while still maintaining your intellectual integrity.«

Auf einer Veranstaltung an der Universität Freiburg hatte ich Marcuse 1976 kennengelernt. Um ihn ansprechen zu können, musste ich mich rabiat durch einen ganzen Kordon von Groupies kämpfen. Marcuse, groß und immer leicht gebeugt, hörte freundlich zu: Ich wollte mit ihm über einige seiner Texte diskutieren, die für meine Doktorarbeit eine Rolle spielten. Dafür solle ich doch besser an die Universität San Diego kommen, schlug er vor, da hätten wir mehr Zeit, darüber zu sprechen.

Monate später fuhr ich also ins kalifornische La Jolla und erhoffte mir Aufklärung über diverse Widersprüche in seinen Schriften. In dem winzigen Büro, in dem kaum mehr als zwei Menschen Platz finden konnten, legte ich ihm meine sorgfältig formulierten kritischen Einwände vor. Marcuse fragte ungläubig nach, ob das denn wirklich er gewesen sein sollte, der das geschrieben hatte, er könne sich daran gar nicht mehr erinnern. Vielleicht war das ein Ausweichmanöver, vielleicht hatte er keine Lust, darüber zu diskutieren, er wirkte jedenfalls leicht gelangweilt. Ich sah meinen Besuch schon in einem deprimierend ergebnislosen Ausgang enden.

Aber dann wurde unser Gespräch doch noch richtig lebendig, als er hörte, dass ich in dem Kampf gegen das Atomkraftwerk Brokdorf engagiert war, das interessierte ihn, darüber wollte er alles wissen. Er hatte die ikonografischen Bilder von den Protestdemonstrationen gesehen, die Phalanx martialisch gekleideter und gerüsteter Polizisten, die in einer endlos langen Reihe durch die nebligen Felder der Wilster Marsch auf die Demonstranten zumarschierten; die im schwarzen Talar gewandeten Pastoren, die, wie schwarze Engel, mit ausgebreiteten Armen ihrem Vormarsch Einhalt gebieten wollten und, als das nicht gelang, den Demonstranten einige unter den Talaren versteckte Bolzenschneider aushändigten, damit diese den Zaun durchschneiden und sich Zugang zum Platz verschaffen konnten, auf dem bereits an dem Atomkraftwerk gebaut wurde. Marcuse witterte revolutionäre Morgenluft, meine Fragen waren da gänzlich vergessen.

Irgendwann schlug er vor, das Universitätsgelände zu verlassen und »an die Beach« zu gehen. Er kenne da eine Stelle, da bekäme man einen guten Scotch. Bevor wir aufbrachen, zeigte er mir, was sich in den Schubladen seines Schreibtisches verbarg: Hunderte erlesener Zigarillos. Ich war erfreut, die rauchte ich zu der Zeit ebenfalls. Seine Frau Erica, die ihn später am Strand abholte, schien über diese Zigarillo-Scotch-Fraternisierung wenig begeistert zu sein.

Ich beendete die Dissertation auch ohne Marcuses Auskünfte. Doch ich gab sie nie ab. Mein Professor tobte. Aber es schien mir einfach nicht mehr wichtig, was ich zu Papier gebracht hatte. Und als ich die in einem geschlossenen Karton aufbewahrten Seiten nach vielen Jahren zum ersten Mal wieder für diesen Text hervorkramte, habe ich entdeckt, dass Motten sich an ihnen vergriffen hatten.

Die Schwestern

Am 20. Februar 1930 vermeldete das Polizeiamt Grunewald den Tod von Kurt Steiner. Sein Leichnam war in einer Kleingartenkolonie im Grunewald gefunden worden, Im Jagen 154.

Ich hatte noch nie von dieser Adresse gehört, aber Berlin ist groß, es dauert, bis man sich auskennt in dieser Stadt. Ich fand die »Datschen«-Kolonie auf Google Maps, mitten im Wald, ganz in der Nähe vom populären Teufelssee, auf dessen Liegewiese die Badegäste mit dem Besuch von Wildschweinen rechnen müssen, die ihnen nicht nur Essbares, sondern auch schon mal das T-Shirt oder den Laptop entführen.

Die Kolonie Im Jagen mit ihren abgezirkelten Grundstücken existiert auch heute noch, auf der Parzelle 154 steht ein Blockhaus. Vielleicht hatte die Familie Steiner/Herzfeld dort eine Laube.

Tod im Grunewald

Kurt Steiner suchte jedenfalls diesen von der Stadt selbst heute noch völlig abgeschiedenen Ort auf, um seinem Leben ein Ende zu setzen. In unmittelbarer Nähe, Im Jagen 135, befindet sich der »Friedhof der Namenlosen«, 1878/79 entstanden, als man Selbstmördern noch ein christliches Begräbnis verwehrte.

Kurt Steiner war bei seinem Tod erst 42 Jahre alt. Der Crash vom 29. Oktober 1929 an der New Yorker Börse, der einen Tag später auch die europäischen Börsen erschütterte und die Weltwirtschaftskrise auslöste, muss für ihn, den Börsenmakler, ein Alptraum gewesen sein. Die Aktienkurse im freien Fall – auf eine Zukunft in seinem bisher ausgeübten Beruf durfte er nicht mehr hoffen. Hinzu kam der »Gesichtsverlust« vor dem weitläufigen Clan der Herzfelds, aus der Verwandtschaft waren mehrere im Bankensektor tätig.

Kurt Steiner ließ seine Frau Hedwig zurück und die beiden Kinder Lilly und Gerald, damals elf und sieben Jahre alt. Hedwig wird Trost bei Else Herzfeld, ihrer fünf Jahre älteren Schwester, gesucht haben, die keine fünf Minuten entfernt am Bayerischen Platz, wohnte, bis Else – vermutlich 1939 oder 1940 – zu ihrer Schwester zog, die seit 1934 Mieterin in der Berchtesgadener Straße 37 war. Aus Elses Wohnsitz in der Salzburger Straße 14 wurden ab 1942 sehr viele jüdische Bewohner deportiert, möglicherweise sollten dort Wohnungen freigemacht werden für »arische« Abrissmieter oder für Nazi-Größen. Die »entmieteten« Bewohner wurden auf »Judenhäuser« oder auf »Juden-Wohnungen« verteilt – fast konnte Else Herzfeld da von Glück sagen, dass es ihre Schwester Hedwig war, bei der sie einziehen konnte.

Auch Elses Ehe endete nicht glücklich. Sie hatte drei Jahre nach Hedwig 1919 den bereits 47-jährigen Heymann Herzfeld geheiratet. Es war Heymanns zweite Ehe, vorher war er mit seiner Cousine Alma Jacobsohn verheiratet gewesen.

Heymanns Trauzeuge bei der Heirat mit Else war sein Bruder, Professor Dr. Joseph Herzfeld, der mit Margarete Rathenau, Nichte des Gründers der Allgemeinen Elektricitäts-Gesellschaft (AEG) Emil Rathenau, verheiratet war. Das Ehepaar Herzfeld-Rathenau, in der Landshuter Straße 29 beheimatet, vergiftete sich am 2. Oktober 1942 und entzog sich so der drohenden Deportation. Im Februar 1943 meldete das Schöneberger Polizeirevier 173 die »Judenwohnung« in der Landshuter Straße 29 als »verfügbar«.

In der Zeit der Deportationen nahmen die Selbstmorde sprunghaft zu, jeder neu anberaumte »Transport« löste eine Welle an Selbsttötungen aus, meistens verübt mit Veronal, »jüdisches Drops« nannte Victor Klemperer das Barbiturat. Auf dem Schwarzmarkt musste man mit Preisen bis zu 1000 Reichsmark für die tödliche Dosis von 30 Tabletten rechnen.

Charlotte Herzfeld, die Tochter des Ehepaars Herzfeld-Rathenau, entging der Deportation nur knapp, als sie auf dem Heimweg in der Straße, in der sie wohnte, gerade noch rechtzeitig Fahrzeuge der Gestapo entdeckte und sich sofort auf den Rückzug machte. Sie überlebte mit Hilfe ihrer langjährigen Freundin Liesl Gansz, die ihr zu immer neuen Verstecken im Untergrund verhalf. Ohne Hilfe nichtjüdischer Mitbürger war ein Überleben in der Illegalität nicht möglich.

Deutsch-argentinische Beziehungen

Elses Ehemann Heymann gelang im Januar 1941 von Lissabon aus die Flucht nach Buenos Aires. In manchen Vierteln von Buenos Aires existierten bereits zahlreiche Einrichtungen, Clubs, Synagogen, Schulen der jüdischen Gemeinde, als Heymann dort ankam. Das verdankte sich der Politik der am Ende des 19. Jahrhunderts gegründeten Jewish Colonization Association, die große Flächen in dem lateinamerikanischen Land erworben hatte, um dort russische Juden vor den antisemitischen Pogromen unter dem Zaren in Sicherheit zu bringen. Viele von ihnen aber waren längst in die Stadt gezogen.

Bis in die frühen 1930er Jahre war Argentinien ein klassisches Einwanderungsland, das Siedler brauchte, am besten mit landwirtschaftlicher Erfahrung. Das änderte sich mit dem Aufstieg der Nationalsozialisten, die Migrationspolitik wurde restriktiv gegenüber jüdischen Flüchtlingen. 1938 wurden die Diplomaten des Landes durch ein geheimes Dekret (Circular 11) angewiesen, keine »Unerwünschten«, so bezeichnete das Dokument die Juden, mehr ins Land zu lassen. Einem Großteil der danach Zuflucht Suchenden gelang es nur durch Bestechung von Konsuln und Regierungsbeamten, durch illegalen Grenzübertritt aus den Nachbarländern oder durch Verschweigen ihrer jüdischen Herkunft, argentinischen Boden zu betreten.

Die Regierung machte jetzt Geschäfte mit den Nationalsozialisten. In Berlin wurde die argentinische Gesandtschaft zur Botschaft erhoben und erhielt von den Deutschen »eines der prächtigsten Palais der Tiergartenstraße zum Geschenk«, klagte die Journalistin Bella Fromm in ihren Tagebucheinträgen. Der Lateinamerikareferent des Auswärtigen Amtes, Otto Reinebeck, bestätigte in seinem Nachkriegsverhör durch US-amerikanische Offiziere die engen Beziehungen des Auslandsgeheimdienstes der SS zu offiziellen Vertretern Argentiniens. Deutschland bezog kriegswichtiges Material wie Platin, Industriediamanten, Eisen und Stahl von dort.

Nach dem Krieg bewährten sich diese Beziehungen. Viele NS-Kriegsverbrecher flohen über die »rat line« in das lateinamerikanische Land – der später vom israelischen Geheimdienst Mossad entführte Adolf Eichmann ist das prominenteste Beispiel. Auch der berüchtigte Auschwitz-»Arzt« Josef Mengele tauchte dort zeitweilig unter.

Vielleicht ist Heymann Herzfeld irgendwann in den Straßen von Buenos Aires an dem Mann vorbeigelaufen, der für so unendliches Leid verantwortlich war.

Buenos Aires oder Auschwitz

Heymann Herzfelds Schiffspassage wurde bezahlt vom Jewish Transmigration Bureau, einer im Sommer 1940 in den USA gegründeten Organisation, die Jüdinnen und Juden mit Spendengeldern bei der Flucht unterstützte. In Buenos Aires wartete schon seine Tochter Käte auf ihn, der mit ihrem Mann Otto Behr rechtzeitig die Ausreise geglückt war. Heymann hatte Glück, dass er zu Verwandten kam. Andere mussten in ein Zimmer der ziemlich heruntergekommenen Mietskasernen ziehen, den sogenannten *conventillos*, wo man sich Bad und Küche mit anderen Flüchtlingsfamilien teilen musste.

Else Herzfeld blieb zurück im Deutschen Reich. Ob es zwischen ihr und ihrem Mann Diskussionen gegeben hat, wer gehen durfte?

Wollte Else nicht gehen? Schon gar nicht zu ihrer Stieftochter? Oder glaubten beide Ehepartner, die Chancen, Else später nachzuholen, wären größer, wenn Heymann erst Fuß gefasst hatte? Sehr wahrscheinlich ist das nicht, denn Elses Ehemann war fast siebzig, als er entkam. Ob die beiden überhaupt noch über ein Wiedersehen gesprochen haben? War Elses Ehe bereits zerrüttet? Oder hatte sie ihre Schwester Hedwig nicht allein lassen wollen? Vermutlich hatten beide Frauen nicht mehr die finanziellen Mittel für eine weitere Flucht. Hedwig hatte das Entkommen ihrer Kinder Lilly und Gerald finanzieren müssen, Else das ihres Mannes.

Für Else bedeutete das Bleiben den Tod. Am 9. Dezember 1942, wenige Tage vor Bertha Sternson, wurde sie zum Güterbahnhof Putlitzstraße in Berlin-Moabit getrieben und von dort nach Auschwitz deportiert.

Gefangenennummer 95448

Ihre Schwester, die Modistin Hedwig Steiner, war schon Monate vorher abgeholt worden, am 13. Januar 1942 wurde sie ins Getto Riga deportiert. Das Getto war ursprünglich für 30 000 lettische Juden von dem Arbeiterviertel »Moskauer Vorstadt« abgetrennt worden. Als Platz geschaffen werden musste für die ersten »reichsdeutschen Juden«, wurden mehr als 25 000 lettische Jüdinnen und Juden erschossen.

Hedwig überlebte das Getto und auch das zugehörige KZ Riga-Kaiserwald, vielleicht weil Riga im Kriegsverlauf von strategischer Bedeutung für die Wehrmacht wurde, um den Nachschub für die Ostfront sicherzustellen. Hier brauchte man Arbeitskräfte. Ab August 1944 wurden die noch lebenden Jüdinnen und Juden ermordet oder »umgesiedelt«, das KZ musste aufgegeben werden, als die Rote Armee ihm bedrohlich nahekam.

Im Oktober 1944 tauchte die inzwischen 55-jährige »Schneiderin« Hedwig Steiner mit der Gefangenennummer 95448 im Lager

Stutthof auf, etwa 40 Kilometer östlich von Danzig. Im Januar 1945 sollte auch dieses Lager aufgelöst werden, die 11 000 Internierten schickte man auf grausame Todesmärsche, auf denen die begleitenden SS-Männer 4000 Häftlinge ermordeten. Ob Hedwig darunter war, wissen wir nicht.

Ihre Kinder Gerald und Lilly hat sie nie wiedergesehen. Gerald entkam im August 1939 als Sechzehnjähriger noch rechtzeitig nach London. Wie hatte er das geschafft? War er noch auf einen der Kindertransporte gekommen? Lilly, vier Jahre älter als Gerald, gelang 1937 als Achtzehnjährige die Auswanderung nach Palästina. Wer 500 Britische Pfund an Vermögen vorweisen konnte, durfte einen Pass für Palästina beantragen. Alle anderen mussten von der Zionistischen Organisation, die jährlich mit den Briten die Einwanderungsquote aushandelte, ausgewählt worden sein.

Hedwig Steiner verfügte über Vermögen, das zeigt der Kampf ihrer Kinder mit der Entschädigungsbehörde im Verlauf des Verfahrens zur »Wiedergutmachung«. Möglich, dass davon für Lillys Flucht Gebrauch gemacht werden konnte, denn als sie emigrierte, unterstützte das Nazi-Regime noch die zionistische Auswanderung, sie schien ihm nützlich, um das Land »judenrein« zu machen. Wer in der Reichspogromnacht ins KZ gesperrt worden war, aber schon gültige Einwanderungspapiere für Palästina besaß, wurde freigelassen.

Für die älteren unter den assimilierten deutschen Juden kam eine Auswanderung nach Palästina nicht in Frage. »Wir sind doch keine Zionisten!«, wehrten die Eltern des einstigen US-Finanzministers und Gründungsdirektors des Jüdischen Museum Berlin, Michael Blumenthal, eine solche Möglichkeit ab. Mit dieser Haltung waren sie nicht allein. Für jüngere Leute wie Lilly Steiner aber war die zionistische Bewegung attraktiv, sie hatte eine Mission – in Palästina, dem »Land der Väter«, eine Heimstatt zu errichten – und bereitete die künftigen Einwanderer in zahlreichen

Hachschara-Schulen auf die Alija, die Einwanderung, und die Arbeit in der Landwirtschaft oder einem Handwerksbetrieb vor. Die Zionistische Vereinigung unterrichtete alle Altersgruppen in Hebräisch; die ersten Auflagen des Heftes »1500 Worte Hebräisch« waren schnell vergriffen. Solche Angebote befreiten von dem lähmenden Gefühl des Ausgeliefertseins.

Den Engländern hingegen bereitete der zunehmende jüdische Zuzug nach Palästina große Sorgen, sie fürchteten wachsende Spannungen zwischen Arabern und Juden in ihrem Mandatsgebiet.

Kampf um ein Todesdatum

Lilly und Gerald stellten nach dem Krieg sowohl für sich selbst als auch für ihre Mutter den Antrag auf Entschädigung. Lilly hatte sich in Haifa bis 1943 als Haushaltshilfe durchgeschlagen, 1944 wurde sie arbeitslos. Da sie über diese Jahre keine Unterlagen vorweisen konnte, weigerte sich die Entschädigungsbehörde zunächst, ihre Ansprüche anzuerkennen. Auch bezweifelte sie, dass aus dem Vermögen von Hedwig Steiner je die Judenvermögensabgabe gezahlt worden sei, dass sie ein Konto bei der Berliner Bank gehabt und Schmuck besessen habe: Es seien »keinerlei Anhaltspunkte dafür gegeben, dass die Erblasserin ein entsprechendes Vermögen besaß«. Vermutlich war dieses Geld längst nach ihrer »Evakuierung« (sic!) – auch die bundesrepublikanische Behörde verwendete tatsächlich dieses Wort, wenn es um Deportationen ging – an das Deutsche Reich gefallen. Der zynisch-verschleiernde Sprachgebrauch der NS-Behörden war mit dem Ende des »Dritten Reiches« noch nicht aus der Mode gekommen. Es waren ja auch meist dieselben Beamten, die wenige Jahre zuvor noch für die erklecklichen »Entjudungsgewinne« gesorgt hatten.

Der Hauptstreit im Entschädigungsverfahren zwischen den von den Kindern betrauten Rechtsanwälten und den deutschen Behörden drehte sich um das Todesdatum von Hedwig Steiner. Um überhaupt Entschädigungsansprüche stellen zu können, musste für Hedwig ein fiktives Todesdatum amtlich gesetzt werden, auch wenn niemand wusste, wann sie tatsächlich gestorben war. Für Hedwig Steiner wurde im Zuge des Verfahrens der 1. März 1942 formal als Todestag angenommen, nur anderthalb Monate, nachdem die Gestapo sie aus ihrer Wohnung gezerrt hatte. Warum es diese sechs Wochen sein sollten, die Hedwig noch gelebt hatte, weiß niemand.

Die Anwälte der Kinder stellten diese willkürliche Festsetzung in Frage und argumentierten, solange kein exaktes Datum bekannt sei, müssten alle Entschädigungsansprüche auf den 8. Mai 1945, auf das Ende, die Kapitulation des Deutschen Reiches als Endpunkt ausgerichtet sein – was einen erheblichen Unterschied in den finanziellen Ansprüchen machte. Die deutschen Behörden mussten schließlich nachgeben, denn eine Zeugin war aufgetaucht.

Johanna Rosenthal bestätigte in einer eidesstattlichen Erklärung vom kanadischen Toronto aus, dass sie zusammen mit Hedwig Steiner nach Riga deportiert worden war. Befreundet waren die beiden Frauen nicht, auch vor ihrer Deportation nicht miteinander bekannt gewesen. Vom 16. Januar 1942 bis zum 11. November 1943 hätten sie, erklärte Johanna Rosenthal, im Getto Riga überlebt, sie arbeiteten beide im Armeebekleidungsamt. Anschließend seien sie zusammen bis zum August 1944 ins KZ Riga gekommen, danach habe sie Hedwig Steiner aus den Augen verloren. Damit war bezeugt, dass Hedwig auf jeden Fall noch nach dem zugeschriebenen Todestag vom 1. März 1942 gelebt hatte. Ab 1. Oktober 1944 war sie dann im Lager Stutthof registriert, darüber findet sich in den Arolsen Archives ein handschriftlich ausgefülltes Registerblatt. Ob sie dort zu den mehr als 60 000 Ermordeten zählte oder auf einem der Todesmärsche umkam, wissen wir nicht.

Die Entschädigungsbehörde hielt sich fortan an das von Johanna Rosenthal angegebene Datum als Todestag von Hedwig – nicht bis zum 8. Mai 1945 habe Hedwig gelebt, sondern nur bis August 1944.

Die schriftlich vorliegende Registrierung von Hedwig in Stutthof ignorierte die Behörde.

Schließlich aber setzten die Kinder sich durch. Im Oktober 1958 wurde als Hedwigs Todestag das Kriegsende am 8. Mai 1945 anerkannt.

Gefangen im »Deutschtum«

Vielen der älteren deutschen Juden erschien bis zum Pogrom vom 9. November 1938 eine Flucht oder eine Emigration, trotz der Gewalt, die sie bis dahin schon erlitten hatten, nicht zwingend. Sie konnten sich nur schwer mit dem Gedanken anfreunden, Deutschland, mit dem sie sich so leidenschaftlich identifizierten, aufzugeben und sich einer ungewissen Zukunft auszusetzen. Trotz aller Verfolgung, schrieb der Ullstein-Journalist Moritz Goldstein, der 1933 aus Deutschland floh, sei das Judentum mit dem Deutschtum »in den Wurzeln so eng verwachsen, dass beide nicht mehr voneinander gelöst werden können. Welches sind unsere Vorbilder? Goethe und Lessing, Kant und Beethoven. Wir wollen das nicht aufgeben: Es hieße, uns das Blut unseres Lebens abzapfen«.

Deutschland zu verlassen, eine solche Vorstellung musste ihnen wie ein Dementi ihrer hart erkämpften Lebensgrundlage erscheinen – gesellschaftliche Anerkennung und bürgerliche Gleichstellung. »Mein Volk ist das deutsche Volk, meine Heimat ist das deutsche Land«, hatte der einstige Außenminister Walther Rathenau geschrieben – und war 1922 ermordet worden. Selbst Victor Klemperer notierte: »Aus dem Deutschtum kann ich nicht heraus.«

Hinzu kam die Furcht vor dem Unbekannten, das da draußen wartete. Wie wären die Überlebenschancen in einem Land, das man nicht kannte? Wie würde es einem dort ergehen? Wie sähen die Einheimischen einen an? Zweifel begleiteten die Frage, ob gehen oder bleiben die bessere Wahl war.

Auch verstärkten Verwandte und Freunde, die bereits emigriert waren, mit ihren Berichten die Ängste und Befürchtungen, da draußen wieder ein »Niemand« zu sein, ein Bittsteller, und ganz von vorn anfangen zu müssen. Man wollte die Vergangenheit festhalten, das Leben, das man einst gehabt hatte in einer großbürgerlichen

Wohnung, einem erfolgreichen Berufsleben, gerade weil die Gegenwart so schrecklich und die Zukunft gar nicht mehr recht vorstellbar war. Und so wurde die Entscheidung, Deutschland zu verlassen, immer wieder vertagt, bis es zu spät war.

Dazu kamen die finanziellen und bürokratischen Schwierigkeiten einer Ausreise, dann die wachsende Unwilligkeit der potentiellen Aufnahmeländer, jüdische Flüchtlinge ins Land zu lassen. Für jene, die zurückblieben, wurde das Deutsche Reich zur Todesfalle. Der Gewaltexzess am 9. November 1938 war dazu das Vorspiel, er steht, schreibt der Historiker Dan Diner, »für den Anfang vom Ende des deutschen Judentums«, jener deutsch-jüdischen Symbiose, für die Marthas Mann Hermann Cohen so leidenschaftlich gekämpft und an die auch seine Frau so lange geglaubt hatte.

Ausreiseverbot

Erkannten Martha, Alfred, Oskar, Bertha, Else und all die anderen die tödliche Bedrohung, ahnten oder wussten sie, was sie mit der »Evakuierung in den Osten« erwartete? Zu diesem Zeitpunkt waren die Juden, die es noch gab im Deutschen Reich, von nahezu jeder gesellschaftlichen Teilhabe ausgeschlossen, sie waren isoliert, verarmt, mehrheitlich überaltert, sie hatten kaum noch Zugang zu Informationen. Zeitungen waren ihnen verboten, Rundfunkgeräte hatten sie abgeben müssen. Dass die Deportationen zur Ermordung führten, wollten viele sich gar nicht vorstellen, auch wenn entsprechende Gerüchte irgendwann kaum noch zu überhören waren – zu unglaublich schien eine solche Vorstellung, selbst dann noch, als ab Herbst 1941 und verstärkt mit Beginn 1942 die Massendeportationen anrollten.

Die ersten »Wellen« nach Minsk, Łódź, Riga im Oktober 1941, denen Pauline Zander, geb. Brandus, zum Opfer fiel, waren noch nicht als Beginn der systematischen Vernichtung geplant, vielmehr sollte die Vertreibung das Land von Juden »säubern«. Dass dabei der eine oder die andere den Tod fand, war in Kauf zu nehmender Kollateralschaden.

Die mörderische »Endlösung« zeichnete sich im Laufe des Jahres 1942 immer deutlicher ab, Hitler machte in seinen öffentlichen Reden auch keinen Hehl daraus. Am 20. Januar 1942 hatte die Wannsee-Konferenz stattgefunden, für die der Chef des Reichssicherheitshauptamts Reinhard Heydrich einen »Gesamtentwurf zur Durchführung der angestrebten Endlösung« vorlegen sollte.

Im Oktober 1941 waren alle Gestapo-Dienststellen bereits über Heinrich Himmlers Ausreiseverbot informiert worden, das Verbot wurde nur deshalb nicht publik gemacht, um die gerade erst eingeleiteten Deportationen nicht zu gefährden. Spätestens ab diesem Zeitpunkt gelang es nur wenigen Jüdinnen und Juden, doch noch zu entkommen. Klara Seldis schaffte es gleichsam in letzter Minute.

Damit ihnen niemand entkam, wurde eine enge Zusammenarbeit der Behörden angeordnet. Die Post sollte Alarm schlagen und das Finanzamt informieren, falls jemand einen Nachsendeantrag aufgab; die Reichsbahn verdächtiges Gepäck, das zur Versendung aufgegeben wurde, der Zollfahndung melden, Spediteure die Gestapo bei bevorstehenden Umzügen benachrichtigen.

Trennung und Trauma

Vorzugsweise den Jüngeren gelang noch die »Auswanderung«, sofern ihre Familien die finanziellen Mittel dafür aufbringen konnten und sie sich rechtzeitig zum Verlassen des Landes entschlossen. Auch bei den jüdischen Bewohnern unseres Hauses war das so. Zu ihnen gehörten Werner und Max Brandus, Heinz Marcus, Heinz Sternson, Lilly Steiner, Kurt Leopold und Ludwig Heinrich Seldis, Erna, Else und Hermann Lewin. Bis 1939 waren mehr als achtzig Prozent der Jüngeren unter vierundzwanzig Jahren geflüchtet. Selbst die Jüngsten, wie Hanns-Stephan Günther Jacob oder Hedwig Steiners Sohn Gerald, entkamen.

Aber das bürokratisch schikanöse und für sehr viele nahezu unbezahlbare Verfahren, das man durchlaufen musste, bevor man tatsächlich auswandern durfte, zwang zu qualvollen Entscheidungen – wer durfte gehen, wer musste bleiben?

Unter jenen Zurückgelassenen, die in den Tod geschickt wurden, waren die älteren Frauen – aus dem Haus in der Berchtesgadener Straße Clara Marcus, Else Herzfeld und Bertha Sternson – besonders zahlreich vertreten. Bereits 1938 hatte der Hilfsverein der Juden in Deutschland unter den Emigranten »einen deutlichen Männerüberschuss« registriert. Möglich, dass die Frauen ihre Männer, die nach dem November-Pogrom stärker gefährdet waren, dazu gedrängt hatten, vorerst allein zu gehen, um sich in Sicherheit zu bringen. 30 000 Juden, überwiegend Männer, die meisten als »vermögend« eingestuft, waren im Deutschen Reich in den Tagen nach der Pogromnacht in Konzentrationslager verschleppt worden. Der Unternehmer Ludwig Heinrich Seldis, Edith Jacobs Bruder, gehörte dazu.

Vielleicht war es aber auch dem traditionellen Rollenverständnis vieler Frauen geschuldet, den Männern den Vortritt bei der lebensrettenden Flucht einzuräumen. Zumindest ist die Überzahl der Frauen unter den Zurückgebliebenen erstaunlich, denn aus der Forschung gibt es Hinweise, dass die Frauen dem Gedanken an Emigration offener gegenüberstanden, sie schätzten die Lage oft illusionsloser ein als ihre Ehepartner, die stärker von der Sorge um Statusverlust in einem fremden Land umgetrieben wurden.

Möglich aber auch, dass das Band zwischen manchen Eheleuten längst schon so dünn, so brüchig geworden war, dass sie sich das Abenteuer einer gemeinsamen Flucht und die Kraft zu einem Neuanfang gar nicht mehr zutrauten. Schon das elende Leben vor der Trennung dürfte manche Partnerschaft vor eine Zerreißprobe gestellt haben – nicht immer ließ sich noch von der Zuneigung zehren, die man einst für die Ehefrau oder den Ehemann empfunden haben mochte, nicht jeder, nicht jede verkraftete den Anblick des gedemütigten oder misshandelten Partners, der doch Jahre zuvor noch eine vermögende, eine bedeutende, eine fröhliche Persönlichkeit gewesen war, jetzt aber hilflos und ohnmächtig fremden Befehlen zu gehorchen hatte. Viele Männer empfanden das als Schmach.

Die Verheirateten unter den Entkommenen überstanden noch die Flucht, vielleicht auch die schwierigen Jahre des Ankommens, die materielle und kulturelle Notgemeinschaft hielt eine Zeit lang. Häufig aber fanden einige Jahre später dann Trennungen, Scheidungen statt, unter anderen bei Hermann und Klara Bratt, Kurt Leopold Seldis und seinen beiden Ehefrauen Friedel und Irma, Werner Brandus und seiner Frau Marianne. Viele Männer waren durch die Emigration in ihrer Rolle, ihrem Selbstbild als Versorger und Beschützer stark verunsichert, so dass es oft die Frauen waren, die durch ihre Arbeit in fremden Haushalten einen bescheidenen Lebensunterhalt sicherten, was wiederum am Selbstbild der Männer nagte. Veränderungen, die ihnen das »Ankommen« abverlangte, waren sie dann oft nicht mehr gewachsen.

Ungewöhnlich ist das alles nicht: Resignation, Einsamkeit, Trauer, Zukunftsangst nehmen nach der Ankunft in der Fremde sogar noch zu. Es sind Symptome einer Verletzung, einer tiefen Entwurzelung. Das neue Leben ist bestenfalls ein »Dazwischen« – zwischen dem verlorenen Gestern und dem ungewissen Morgen. Und für die Männer oft verbunden mit einem demütigenden Verlust ihres Selbstbildes. Der Verlust ihres Berufes, ihrer Arbeit, ihrer Aufgabe als Versorger raubte ihnen das Vertrauen, so drückte es die Philosophin Hannah Arendt aus, »in dieser Welt irgendwie von Nutzen zu sein«.

Auch bei den Flüchtlingen aus Syrien und Afghanistan kam das vor, für die ich 2015 einige Jahre lang eine gesellschaftliche Lotsin war. Die einen wuchsen, andere schrumpften. Die Frauen entdeckten hier, in diesem Land, Freiheiten für sich, die nicht mehr dem traditionellen Frauenbild ihrer Herkunftskultur entsprachen und Irritationen, oft Aggressionen bei ihren Männern auslösten. Das brachte ständige Konflikte mit sich. Bei manchen Männern führte das zur kategorischen Entscheidung, Europa wieder den Rücken zu kehren.

Vom Leben im »Dazwischen«

Aziz und Rana aus Kabul waren die Ersten, die ich im Flüchtlingsheim näher kennenlernte. Aziz kam regelmäßig zu meinem Deutschunterricht, Rana lag häufiger heimwehkrank im Bett, traurig, depressiv, den Verlust ihrer Familie verkraftete sie nicht. Dabei hatte Ranas Vater seiner Tochter den Anlass zur Flucht gegeben.

Rana sollte mit einem Mann verheiratet werden, der erheblich älter als sie war. Er hatte bereits gezahlt für die Achtzehnjährige, gut gezahlt. Da aber hatten Aziz und Rana einander schon entdeckt. Aus der Ferne. Von einer Straßenseite zur anderen. Und nur mit den Augen. Eines Tages wagten sie, sich heimlich zu treffen. Rana erzählte von der geplanten Verheiratung. Aziz bat sie inständig, sich zu widersetzen, vielleicht würde der Vater ja nachgeben. Das tat er aber nicht.

Aziz traf Vorbereitungen zum Abtauchen. Er lieh sich Geld, viel Geld. Von seinen Brüdern, dem Vater, von Nachbarn und Freunden. Eines Abends floh er mit Rana in ein Versteck, das ihm sein Schwager besorgt hatte. Dort gingen die beiden jungen Menschen eine Imam-Ehe ein, für 100 Euro war der Imam bereit, sie zu trauen. Sie wollten Fakten schaffen, an eine Flucht nach Europa hatten sie da noch nicht gedacht.

Am Abend desselben Tages erzählte Ranas Schwester ihr am Telefon, der Vater habe gedroht, Rana beide Füße abzuhacken, sollte er ihrer habhaft werden. Damit sie nie wieder fliehen könne. Da nahm Aziz dann doch Kontakt zu Schleppern auf.

Vier Tage später wurden sie zu einem vereinbarten Treffpunkt einbestellt. Danach waren sie fünf Monate auf der Flucht, tagelang mussten sie manchmal auf den nächsten teuer bezahlten Menschenhändler warten. Die Flucht war kostspielig – 11 000 Euro. Im August 2015 hatten sie es geschafft. Sie waren in Berlin.

Rana lernte schnell Deutsch, unterstützt von einem Berliner Ehepaar, ihren »Paten«. Sie machte ihren Schulabschluss und bestand danach ihre Ausbildung zur Großhandelskauffrau, ihr Ausbildungsbetrieb bot ihr eine unbefristete Festanstellung an.

Da konnte Aziz nicht mithalten. Er tat sich schwer mit dem Lernen, brach seine Ausbildung ab, arbeitete als Hausmeister, Pizza-Ausfahrer und Verkäufer. Aber er hing auch viel mit seinen Kumpeln ab. Die fanden nicht gut, was sie immer häufiger an Rana beobachteten.

Rana legte ihr Kopftuch ab. Das sei jetzt vorbei, erklärte sie. Aziz lächelte etwas hilflos dazu. Er hatte mir schon mehrfach gesagt, dass er nicht so wie viele andere afghanische Männer sei, die ihre Frauen als ihr Eigentum betrachteten und ihnen alles vorschrieben; aber in Deutschland, meinte er, sei das Verhältnis ja geradezu umgekehrt, da hätten die Frauen offensichtlich das Sagen. Er lachte dabei und trug das vor wie einen Joke, aber ich hörte seine Ängste durch.

Am Anfang hielt Aziz noch selbstbewusst zu seiner Frau, aber auch er spürte, dass sie sich von ihm entfernte. Sie war ambitionierter, sprach besser Deutsch, war beruflich erfolgreicher, und sie wurde immer selbstsicherer. Sie konnte in diesem Land nur gewinnen. Irgendwann, als Aziz meinte, sie träfe sich mit einem anderen Mann, schlug er sie. Das änderte alles. Rana setzte durch, dass er die gemeinsame Wohnung verlassen musste und sich ihr nicht mehr nähern durfte. Heimlich beobachtete er sie doch, wie er mir beichtete.

Für Rana gab es kein Zurück zu den alten Verhältnissen. Für Aziz auch nicht: Seine Frau bekam er nicht wieder, bei der deutschen Polizei galt er jetzt als »Gefährder«, und nach Kabul konnte er nicht zurück. Dort hatte er riesige Schulden, außerdem stünde er in den Augen seiner ganzen afghanischen Familie als Loser da, der es zu nichts gebracht hatte und obendrein auch noch ein Weichei war, jemand, der seine Frau nicht im Griff hatte.

Nun wurde Aziz depressiv, er sah keinen Ausweg, keine Perspektive für sich. Er konnte nicht bleiben und nicht gehen.

Entwurzelt

Wer physisch in Sicherheit ist, der ist noch lange nicht in der Freiheit angekommen. Viele Überlebende hatten Jahre, gar Jahrzehnte nach dem Krieg noch mit dem Trauma zu kämpfen, mit schuld an dem Tod der Lieben zu sein, die nicht mehr der Verfolgung entkommen konnten. Auf den Entkommenen lastete die Erwartung, alles zu tun, um die Eltern aus dem Deutschen Reich herauszuholen, was aber, spätestens mit Kriegsbeginn, selten gelang. Nur etwa 20 000 deutsche Jüdinnen und Juden kamen noch außer Landes. Etliche von ihnen hatten keine andere Wahl als den illegalen Grenzübertritt, der immer das Risiko barg, abgeschoben und an die Gestapo ausgeliefert zu werden.

Solange der Postverkehr noch zulässig war, erhielten diejenigen, die bereits im Ausland in Sicherheit waren, verzweifelte, manchmal auch vorwurfsvolle Briefe der Zurückgebliebenen, die nicht verstanden, warum es nicht gelingen wollte, auch ihre Auswanderung vom gesicherten Ausland aus mit der Beschaffung eines gültigen Einreisevisums oder zumindest eines Affidavits zu organisieren. Es sind herzzerreißende Dokumente. Für jene, die nicht mehr wegkamen, ging oft der Kontakt selbst zu den eigenen Kindern verloren, und später wurde er brutal unterbunden. Botschaften konnten nur als kurze Nachrichten über das Rote Kreuz vermittelt werden, sofern das überhaupt noch gelang.

Und selbst wenn es zuweilen doch glückte, die Älteren noch außer Landes zu bringen, mussten sie oft – wie Klara Seldis – ein

Visum für einen anderen Staat akzeptieren als den, in den sie eigentlich hatten gehen wollen, um ihre Kinder oder Enkel wiederzusehen. Die Verfolgung riss so viele auseinander, durch Tod, Gewalt oder durch die erzwungene Emigration, sie trennte Ehepaare, Eltern von ihren Kindern, Brüder und Schwestern – Bertha und Simon Siegmund Sternson sahen sich nie wieder, auch Else und Heymann Herzfeld nicht, ebenso wenig wie die Brandus-Söhne und ihre Eltern, Heinz Marcus konnte seine Mutter Clara nie wieder in die Arme schließen und Lilly und Gerald nicht ihre Mutter Hedwig Steiner.

Besonders traumatisch muss die Trennung von dem Zuhause gerade auch für die Kinder gewesen sein, die 1938 und 1939 ganz allein in ein ihnen fremdes Land geschickt wurden. Am 15. November 1938 informierte der britische Botschafter in Berlin, Sir Neville Henderson, der nicht frei von Bewunderung für einige Nazi-Größen war, das Auswärtige Amt in London: Die Nationalsozialisten hätten angekündigt, nach dem »ruthless murder in Paris« – gemeint ist das Attentat von Herschel Grynszpan auf den Botschaftsrat Ernst vom Rath – könne es keinem deutschen Lehrer und keinem deutschen Schüler mehr zugemutet werden, »to sit in the same classroom with Jews«. Die Briten handelten: Im Dezember 1938 rollten die ersten Kindertransporte auf die Insel.

Hanns-Stephan Günther Jacob fuhr mit einem davon in eine ungewisse Zukunft. Wie mag ihm, wie seinen Eltern angesichts eines Abschieds mit völlig unsicherem Fortgang zumute gewesen sein? Er kam als Zwölfjähriger nach England, aber sein Lebensfaden scheint die ständigen Abschiede nicht unbeschadet überstanden zu haben: Erst im Kinderheim, dann bei einer englischen Pflegemutter untergekommen, häufige Schulwechsel, Umzüge, dazu die Trennung von Mutter und Vater, Howard Stephen Grant Jacob, wie er sich irgendwann nannte, scheiterte in den Schulen ebenso wie in der Ausbildung. Er wurde »Bücherrevisor«, ein Beruf mit schmalem

Gehalt und kaum Chancen auf einen Aufstieg. In seinem im November 1963 für seinen Entschädigungsantrag verfassten Lebenslauf schrieb er den traurigen Satz: »Ich bin sicher, dass ich mit einer Schulbildung, die durch die Vorgänge der Nazizeit ungestört geblieben wäre, mehr aus meinem Leben hätte machen können.«

Howard Stephen Grant konnte nicht mehr Wurzeln schlagen, die ihm das Lebensnotwendige hätten geben können. Er konnte nicht mehr ankommen. So wie ihm wird es etlichen Flüchtlingen ergangen sein. Die Brüche, die sie in diesen Jahren durch die Verfolgung erlitten, hinterließen Wunden, die nicht geheilt werden konnten – auch nicht, wenn sie in Sicherheit waren. »Es ist nicht gut, wenn der Mensch aus seinem Heimatboden herausgerissen wird«, schreibt Bella Fromm. »Aber manchmal wird man entwurzelt und ist machtlos dagegen.«

Und manchmal wehrt sich einer erfolgreich gegen eine solche Ohn-Macht.

Senat, zwölf Jahre

Ich denke oft an Senat. Er war groß und ein bisschen übergewichtig, ein Zwölfjähriger, der mit seiner Mutter Fikreta und seiner neunjährigen Schwester Selma zu mir kam. Wie Safed und seine Familie waren sie vom Roten Kreuz aus dem Inferno des Jugoslawienkrieges gerettet worden.

Fikreta war Safeds Cousine. Sie war klein, zierlich und schwer traumatisiert, eingefroren und unerreichbar in ihrer Schockstarre. Sie sprach kein Wort, auch mit mir nicht, lächelte nur zaghaft, wenn wir uns sahen. Sie war von den Serben gezwungen worden, der brutalen Ermordung ihres Mannes beizuwohnen. Ebenso ihre Kinder. Selma stotterte.

Senat nahm ganz selbstverständlich, so schien es zumindest, den Platz seines Vaters ein. Auf seinen Schultern ruhte nun die Verantwortung, er nahm sie klaglos an. Er führte, er bestimmte, er entschied. Er trat auf, als sei er völlig gewiss, dass es immer ein Morgen geben wird. Ich weiß nicht, ob er wirklich robuster war als die beiden Frauen oder sich das Zupackende wie eine nötige Medizin verordnet hatte. Manchmal, wenn er stöhnte, wusste ich nicht, ob das der Sommerhitze geschuldet war oder seinen Seelenschmerzen.

Senat war ehrgeizig, und er lernte schnell. Er wusste früh: Für ihn und die Seinen gab es kein Zurück nach Bosnien. Nie wieder. Er würde in der Fremde für die beiden Frauen sorgen müssen. Sein Schulabschluss war erfolgreich, er fand ohne Schwierigkeiten einen Ausbildungsplatz als Anlagenmechaniker bei der »Gasag«, dem Berliner Energieunternehmen.

In seinem letzten Lehrjahr sprach er immer häufiger davon, Deutschland zu verlassen. Als wolle er meinen Mann und mich schon mal auf den Abschied einstimmen. Wir redeten auf ihn ein, dass doch gerade qualifizierte Techniker und Handwerker wie er zurückgehen müssten nach Bosnien, um das Land wieder aufzubauen, wir würden ihm das Startkapital zur Gründung einer eigenen Firma mitgeben. Senat war ein höflicher junger Mann, der glaubte, uns zu Dankbarkeit verpflichtet zu sein, so leicht mochte er uns nicht widersprechen. Unseren Vorschlag aber lehnte er geradezu brüsk ab. Er würde mit Mutter und Schwester nach Amerika auswandern. Wir zweifelten, dass er das schaffen würde. Wir irrten.

Senat hatte längst Kontakt zu einer bosnischen Community in Minnesota geknüpft. Die stellte die Bürgschaften, besorgte eine Wohnung, meldete alle in Sprachkursen an und versprach, bei der Arbeitssuche behilflich zu sein. Wir waren skeptisch, als wir den Chef der Community kennenlernten, der nach Deutschland kam, um die drei abzuholen. Er ließ sich von Senat und den Frauen die Hand küssen. Ein »Don«, der vermutlich »Schutzgeld« für seine Protektion einforderte, argwöhnte ich.

Zwei Monate nach dem Abschied von uns und Deutschland rief Senat das erste Mal fröhlich aus Minnesota an, zusammen mit Selma.

Sie seien glücklich, »happy«, sagten sie. Ihre Mutter redete wieder, Selma stotterte schon längst nicht mehr. Sie fühlten sich sicher und hatten gerade die ersten englischen Sätze gelernt, die sie uns stolz durchs Telefon vorsprachen. Sie hatten ein Zuhause, ein bisschen Heimatluft durch die vielen bosnischen Nachbarn, sie blickten voller Zuversicht in die Zukunft. Es wird immer ein Morgen geben.

Ich denke oft an Senat. Seine Anrufe fehlen mir, zuletzt meldete er sich nur noch an Weihnachten. Dann noch einmal, als Selma heiratete. Da schickte Senat ein Foto: Selma auf seinem Rücken, Fikreta, die er umarmt, vor ihm stehend.

In letzter Minute

Zu jenen, die gerade noch rechtzeitig entkamen, gehörte Klara Seldis, die Schwiegermutter des Eigentümers. In der Personenkartei der »Reichsvereinigung der Juden in Deutschland« findet sich mit dem Datum vom 8.10.1941 eine Karteikarte: »Seldis, Clara, geb. Labus; bisherige Wohnadresse: Bln W 30 Berchtesgadener 37«, »Ziel: Ecuador«.

Ecuador? Klaras erste Wahl war das bestimmt nicht. Aber in der Hauptstadt Ecuadors war bereits ihr jüngerer Sohn Kurt Leopold Seldis, er betrieb mit Verve von Quito aus die Auswanderung seiner Mutter. Sie musste weg aus Deutschland, so schnell wie möglich, solange es noch ging, irgendwohin, wo sie vor dem drohenden »Abtransport« in Sicherheit war. Es war ein Wettlauf mit der Zeit, der Ausgang knapp, nur acht Tage vor dem von Reichsführer-ss Heinrich Himmler verhängten Ausreiseverbot erhielt Klara die Genehmigung.

Als sie Deutschland verließ, war Klara Seldis bereits 69 Jahre alt, nicht unbedingt ein Alter, in dem man noch auf ein ganz neues Leben in der Fremde erpicht ist. Und dann Ecuador, das den meisten Europäern zu der Zeit kaum bekannt gewesen sein dürfte. Nach dem Pogrom im November 1938 und dem »Anschluss« Österreichs aber wurde das lateinamerikanische Land als Fluchtziel immer wichtiger. 4000 europäische Flüchtlinge hatte es bis 1942 schon aufgenommen. Allerdings: Wer das begehrte Visum erhielt, lag ganz im Ermessen ecuadorianischer Diplomaten in Europa. Und manche von ihnen ließen sich diesen Dienst teuer bezahlen.

Viele Jüdinnen und Juden versuchten längst, das Land, egal wie, auch auf illegalen Wegen, zu verlassen – was der »Reichsvereinigung der Juden in Deutschland« missfiel, die täglich im Reichssicherheitshauptamt rapportpflichtig war und nach wie vor für eine legale Emigration plädierte. Einige ihrer Bezirksstellen hingegen waren dazu übergegangen, ihren Mitgliedern – mit Bestechungen, gefälschten Pässen und Visa – zur Flucht zu verhelfen. Vielleicht war auch Klara Seldis so an die nötigen Papiere gekommen.

Für die Auswanderungsgenehmigung musste sie, wie alle »Emigranten«, zahlen – 19 000 Reichsmark, um dafür eine Schiffspassage von 336,50 Dollar zu erhalten, »spenden« nannten die Nationalsozialisten das. Das Geld wanderte auf ein »Sonderkonto für Judenumsiedlungen«, das vorgeblich dem Erhalt des Gettos Theresienstadt zugutekam. Geld dürfte auch an den ecuadorianischen Ehrenkonsul in Berlin geflossen sein, der – entgegen den Zusicherungen seiner Regierung auf der Konferenz von Évian – jegliche jüdische Einwanderung in sein Heimatland zu verhindern trachtete.

Am Genfer See

Regierungen fast überall auf der Welt versperrten den Juden die Fluchtwege. Nicht nur die Einwanderungsvorschriften wurden verschärft, auch die finanziellen Hürden erhöht, das machte es für die von den Nationalsozialisten rabiat Ausgeplünderten immer unmöglicher, noch zu entkommen.

Am 6. Juli 1938 berief der amerikanische Präsident Franklin Roosevelt eine Konferenz im eleganten französischen Kurort Évian-les-Bains am Genfer See ein, die über Einwanderungsquoten und Zufluchtsmöglichkeiten für jüdische Flüchtlinge beraten sollte. Die von den Bedrängten mit großer Hoffnung erwartete Tagung wurde ein Fiasko: Die Vertreter etlicher eingeladener Staaten erschienen gar nicht erst, und die 32 anwesenden waren nur gekommen, so spottete die spätere israelische Ministerpräsidentin Golda Meir, um zu erklären, wie gern sie eine größere Anzahl an Flüchtlingen aufnehmen würden und wie leid es ihnen täte, dass sie das leider nicht könnten. Kaum einer wollte die Verzweifelten ins Land lassen – zur höhnischen Belustigung der NS-Presse. Auch Versuche, weit entlegene Siedlungsmöglichkeiten in Britisch Guayana oder Nord-Rhodesien aufzutun, scheiterten am Widerstand der dortigen Einheimischen. Hitler sah sich bestärkt in seiner Ansicht, dass andere Nationen für das Überleben der Juden bestimmt nicht in den Krieg ziehen würden.

Für Ecuador nahm der Gesandte Gastelú Concha an der Konferenz teil. Sein Staat galt als »jüdisches Niemandsland«, bis 1936 waren dort nur 100 Jüdinnen und Juden registriert. Concha versprach die Aufnahme weiterer Flüchtlinge, vorzugsweise Landwirte und, bitte, so trug er vor, »nicht so viele intellektuelle Arbeiter«. Akademiker konnte man in seinem Land nicht gebrauchen, Landwirte waren gefragt. Und so mussten auch der Wiener Rechtsanwalt und der Berliner Kunsthistoriker umschulen und lernen, Kartoffeln anzubauen oder Hühner zu schlachten, mit dem Rechtssystem Österreichs oder der Kunstgeschichte der Romantik war hier nichts anzufangen.

Fake-Visum

Kurt Leopold Seldis und seine Frau Friedel waren 1939 aus Berlin entkommen, als Klara gerade Zuflucht im Haus ihres Schwiegersohns gefunden und ihre eigene große Wohnung in der Martin-Luther-Straße 44 verlassen hatte. Ihre Söhne, die dort mit ihr gewohnt hatten, waren fort, ebenso ihre Tochter Edith und ihr Enkelsohn Hanns-Stephan Günther.

Kurt und Friedel Seldis hatten eine Einreiseerlaubnis für Bolivien. Die beiden saßen aber seit Februar 1939 in New York fest. Sie wollten eigentlich weiter nach Chile, erklärte Kurt Seldis den amerikanischen Einwanderungsbehörden, er und seine Frau hätten derzeit allerdings nur ein Visum für Bolivien, der bolivianische Staat verweigere ihnen aber die Einreise. Als sie die Schiffspassage buchen wollten für die Weiterreise nach Südamerika, wurde das bolivianische Visum für »wertlos« erklärt, da es nicht von der dortigen

Regierung autorisiert worden war. Der bolivianische Konsul in Berlin hatte ihnen ein Fake-Visum verkauft.

Sie beantragten eine »extension« ihrer Transitvisa und durften bis zum Dezember in New York bleiben, um die Einreisemöglichkeit in ein anderes Land zu erwerben. Der ecuadorianische Gesandte in New York erteilte sie ihnen schließlich – ohne Bestechungsgeld zu verlangen, stellte Kurt erstaunt fest, wie es doch alle anderen Konsulate taten. Dann konnte das Ehepaar weiterziehen nach Guayaquil, Ecuador.

Comandante Che

Natürlich war er auch in Guayaquil gewesen, der Comandante Che, immer auf der Suche nach einer kurz bevorstehenden Revolution. Ecuador schien sich dafür anzubieten, das Land war politisch extrem instabil, in zwanzig Jahren hatte es siebenundzwanzig Regierungen verschlissen. Aber der argentinische Großbürgersohn entschied sich anders, er zog weiter nach Guatemala.

In unserer Küche hängen drei Bilder von Ernesto »Che« Guevara, die ihn in unterschiedlichen Phasen seines politischen Lebens zeigen: den siegesgewissen Revolutionär, den auf dem Zenit seiner politischen Karriere befindlichen kubanischen Industrieminister mit seiner dicken Zigarre und den Guerillero im bolivianischen La Higuera, dem die Todesahnung schon ins Gesicht geschrieben steht; 1967 wurde er dort vom bolivianischen Militär exekutiert.

Ich hatte den charismatischen Revolutionär in meiner bewegten Jugendzeit bewundert, immerhin hatten er, Fidel Castro und einige Tollkühne den kubanischen Diktator Batista gestürzt, ein Zeichen der Hoffnung für die unter lauter Diktatoren ächzenden Staaten Lateinamerikas. Erst später, als ich viel über den Comandante, seine Tribunale und Exekutionen gelesen hatte, war es vorbei mit der Idealisierung von Scheeehh, wie mein Enkel Ilias ihn nennt, wenn er andächtig auf die Bilder in meiner Küche starrt. Neuerdings ahmt er mit gespreizten Fingern die Geste des Rauchens nach, es wird Zeit, ihm von den Schattenseiten des Rebellen zu erzählen.

In Bolivien, diesem südamerikanischen Armenhaus, in dem El Che die letzten tristen Monate seines Lebens als Gejagter verbrachte, lernten mein Mann und ich Señor A. kennen. Er erzählte uns eines Abends in seinem Arbeitszimmer im bolivianischen La Paz die Geschichte, wie Ches an einem geheim gehaltenen Ort in Bolivien verscharrte Gebeine (»Keinen Märtyrer schaffen!«) in einer nächtlichen Aktion nach Kuba geschafft wurden.

Señor A. hatte Jahre im argentinischen Exil zugebracht und sicherlich in seinen jungen Jahren dem bis heute in Lateinamerika Verehrten »Hasta siempre, comandante!« zugerufen. Aufgrund guter Kontakte, die Señor A. später zu Fidel Castro unterhielt, sorgte er dafür, dass der Comandante dahin kam, wo ein Staatsbegräbnis und ein eigenes Mausoleum auf den hingerichteten Volkshelden warteten.

Auf Kuba

Klara Seldis strandete fast zwei Jahrzehnte, bevor es Fidel Castro und seiner Bewegung des 26. Juli gelang, den Diktator zu stürzen, auf Kuba. Es dürfte ihr nicht gefallen haben dort. Sie und ihre etwa 120 Mitreisenden, unter denen auch Edith Jakob (mit »k«) war, die Namensvetterin ihrer Tochter, kamen in ein Lager und mussten warten, bis ein gecharterter Frachter eintraf.

Klara war mit ihrer Schwägerin geflüchtet – in verriegelten Eisenbahnwaggons in sechs (!) Tagen bis Paris, von dort aus per Zug nach Barcelona, acht Tage später traf der Frachter ein, der sie nach Havanna brachte. Einige der Mitreisenden überstanden die Fahrt nicht mehr, so geschwächt waren sie. Klara aber hielt durch und kam über Caracas und Kolumbien schließlich zu Kurt nach Quito. Mehr als drei Monate hatte ihre strapaziöse Flucht gedauert.

Die meisten, die mit Klara in das »jüdische Niemandsland« Ecuador gekommen waren, blieben nicht – Klara aber kam nicht mehr weg. Zwei Jahre nach ihrer Flucht aus Deutschland starb sie in der ecuadorianischen Hauptstadt. Vielleicht hatte Heimweh sie gequält – »das Weh ist geblieben, das Heim ist fort«, dichtete Mascha Kaléko, ebenfalls eine Geflohene. Vielen europäischen Flüchtlingen erging es so: Die »Heimat« war unerreichbar und doch ständig präsent mit ihren Gerüchen, die man auch nach Jahrzehnten noch vermisste, den Bildern, dem Geschmack des Essens. Heimat ist das Land der Kindheit, »ist dort«, so hat es der deportierte Berliner Publizist Heinrich Mühsam dereinst festgehalten, »wo man Murmeln gespielt hat«.

Vielleicht konnte Kurt sogar von Glück sagen, dass sein Visum für Bolivien sich als Niete erwiesen hatte. La Paz war für viele Europäer inmitten der indigenen Mehrheit der Bevölkerung sehr fremd, das Leben schwer auszuhalten, die Stadt liegt 4000 Meter über dem Meeresspiegel – Sauerstoffmangel dürfte ihnen zugesetzt haben. Und viele aus der deutschen Kolonie im Land sympathisierten mit dem Hitler-Regime.

Illimani

Meistens ist es mir in meinem Leben relativ egal gewesen, wo ich geografisch gerade landete – ob in der Wilster Marsch, in Hamburg-Eppendorf, im Mittleren Westen der USA oder an Santa Monicas *beach front*. Anders erging es mir mit Bolivien. Es ist, obwohl so rau und unwirtlich, ein Sehnsuchtsort geblieben, dessen Bilder sich einen Stammplatz in meinem Kopf erobert haben. Vielleicht lag das an der kargen Mondlandschaft des Altiplano mit seinen urplötzlich auftauchenden schroffen Felsen, durch die ich nachts im Bus gefahren bin, so erbärmlich frierend, dass mir die Ziege der Aymara-Frau auf dem Schoß neben mir durchaus willkommen war. Oder an den schneebedeckten Gipfeln, die der Illimani so dramatisch dem stahlblauen Himmel entgegenreckte, als ich ihn das erste Mal sah. Ein solcher Anblick macht demütig.

Vor einigen Jahren arbeiteten mein Mann und ich an einer großen Schule im Armenviertel von La Paz, in Villa Fatima. La Paz liegt hoch, Villa Fatima noch etwas höher, die Luft ist sehr, sehr knapp dort oben. Und es war lausig kalt in unserem Apartment, vier oder fünf Grad und keine Heizung. Nur wenn wir mit dem Teleférico, der Schwebebahn, 2000 Meter hinunter zu Señor A. glitten, wurde es erträglich. Aber da lebten nicht unsere indigenen Schüler. Die waren bewundernswert robust: Vor dem Unterricht standen sie frühmorgens zum Fahnenappell an, in kurzen Hosen die Jungen, in Faltenröcken und weißen Söckchen die Mädchen, danach fand der Sportunterricht auf dem nackten eiskalten Betonboden des Schulhofs statt.

Gegenüber der kleinen Küche unseres Apartments lagerte jeden Morgen einer der vielen umherstreunenden Hunde, die die Stadt ernährt, und bewachte ein zweistöckiges Haus, in dem nur ein Raum Fensterscheiben hatte, durch die anderen Öffnungen pfiff der harte Andenwind. Der Aymara, der morgens wie abends die zugigen Räumlichkeiten inspizierte, war der sichtlich stolze Erbauer und Besitzer. Es war eine Szenerie, wie der kanadisch-britische Autor Doug Saunders sie in seinem Buch »Arrival City« beschrieben hat: Nach und nach würden andere Mitglieder der indigenen Familie in die Stadt kommen, vielleicht eine Arbeit finden, sozial aufsteigen, Fenster und Türen einbauen und sich hier ein Zuhause schaffen. So funktionieren dynamische Migrationsgesellschaften, deren Menschen sich auf die Suche nach einem besseren Leben machen.

Auf eine solche Zukunft konnte Klara in Quito nicht hoffen. Ihr »besseres Leben« lag da nicht mehr vor, sondern hinter ihr. Sie hatte sich ein Leben in dieser Stadt auch nicht ausgesucht, sie war dahin, hätte Bertolt Brecht gesagt, »vertrieben, verbannt« worden, um ihr Leben zu retten.

Aber zumindest für Sohn Kurt wurde 1954 doch noch ein Traum wahr: Er wurde US-Bürger. In den Staaten arbeitete er als Handelsvertreter, wurde aber 1950 arbeitslos. Der 62-Jährige starb im Juli 1964 in Dallas, Texas, an Herzproblemen, und wurde auf dem jüdischen Friedhof Temple Emanu-El begraben.

»Most loyal enemy alien«

Kurts Bruder Ludwig Heinrich, der 1939 nach England entkommen war, legte seinen deutschen Namen ab und nannte sich fortan Leslie Henri Seldis. In Berlin war er noch ein vermögender Mann gewesen, der alleinige Inhaber der von seinem Vater Max Seldis gegründeten Firma, die »Damen- und Herren- und Backfisch-Mäntel« am Hausvogteiplatz produzierte und im In- und Ausland vermarktete. Sein Bruder Kurt Leopold und seine Mutter Klara waren stille Teilhaber. Die Firma, so die vielen eidesstattlichen Versicherungen nach dem Krieg, hatte einen exzellenten Ruf. Beide Brüder, Ludwig und Kurt waren als Reisende für das Unternehmen tätig und sehr erfolgreiche Verkäufer gewesen.

1938 mussten sie unter dem Zwang der »Arisierung« alle Warenbestände verkaufen. Die Preise, die dabei erzielt wurden, lagen erheblich unter dem Wert der Waren. Die Käufer wussten, dass Ludwig verkaufen *musste,* er hatte keine Wahl. Ebenso entzogen sich nahezu alle Schuldner ihren Verpflichtungen. Der Vermögensverlust der Familie Seldis war gigantisch.

Am 12. November 1938 kam Ludwig ins Konzentrationslager Sachsenhausen bei Oranienburg, wo einige Jahre später Max Markus aus unserem Haus ermordet wurde. Ludwig gehörte zu jenen vermögenden Juden, die während der Reichspogromnacht vom 9. November von SA und Gestapo-Leuten rabiat verhaftet und in die Konzentrationslager verschleppt wurden. Unter der Zusicherung, das Land zu verlassen, wurde er freigelassen, die Gestapo machte Hausbesuche bei ihm, um die Ausreise zu beschleunigen.

Die Briten stuften Ludwig, wie so viele jüdische Flüchtlinge, als »enemy alien« ein, er wurde jedoch erstaunlicherweise noch Ende des Jahres 1939 aus der Internierung entlassen (»exempted from internment«). Das war der Zeitpunkt, als er der Royal Army beitrat. Vielleicht gehörte er zu »the King's most loyal enemy aliens«, zu den Deutschen und Österreichern, die freiwillig auf Seiten der Briten gegen Nazi-Deutschland kämpften und dafür den Treueschwur auf König Georg VI. leisteten.

Nach der Entlassung aus der Army hatte er Schwierigkeiten, in England beruflich Fuß zu fassen. Er war arbeitslos wie sein Bruder Kurt und betrieb ab 1954 sein Entschädigungsverfahren. Auch Ludwigs Lebensfaden war irreparabel gerissen – er hatte sein altes Zuhause, seine Heimat, verloren und kein neues gewonnen. Ob er den britischen Kinderreim zu Humpty Dumpty kannte? All the king's horses and all the king's men couldn't put Humpty together again!

Dass er die Reichsfluchtsteuer, die Judenvermögensabgabe, die Transferzahlungen (bei der Ausreise), die von seinem Anwalt mit fast 55 000 Reichsmark beziffert wurden, tatsächlich geleistet hatte, wurde mit hinhaltender Zähigkeit lange vom Entschädigungsamt angefochten. Ich kannte dieses Muster schon aus den Akten anderer Verfolgungsopfer. Das Einzige, was von der Behörde bald als entschädigungswürdig anerkannt wurde, war der Schmuck seiner Mutter im Wert von etwa 12 000 Reichsmark. Klara Seldis hatte ihn, wie alle Gegenstände aus Silber oder Gold, auf Anordnung der Nazis abliefern müssen und dafür im Gegenzug 350 Reichsmark erhalten.

Im »Paradiesgetto«

Fünf Monate nachdem Hertha abgeholt worden war, hämmerte die Gestapo erneut an die Glücksmann-Tür. Zu dem Zeitpunkt lebten in der Wohnung noch Ida Wolle und das Ehepaar James und Elsbeth Brandus. Die drei werden mit dem Kommen der Geheimen Staatspolizei gerechnet haben, und doch werden es Monate voller Ängste und ständiger furchtsamer Erwartung gewesen sein – sie müssen gewusst haben, dass ihnen das Gleiche wie Hertha Glücksmann blühte: die Deportation. Haben die drei noch Hoffnung auf ein Überleben gehabt? James Brandus wird über seine Beziehungen zur jüdischen Gemeinde geahnt oder gar gewusst haben, was eine Deportation bedeutete. Es muss eine klaustrophobische Situation gewesen sein: zu wissen, dass man zu seiner Ermordung abgeholt wird.

Ida Wolle wurde am 24. August abtransportiert, drei Tage später war es Alfred Rosenbaum, der zur »Abwanderung ins Protektorat« geholt wurde, und dann das Ehepaar Brandus. Nicht nur diese vier – die Mehrzahl der aus unserem Haus Deportierten kam ins Getto Theresienstadt. In seiner Datenbank finden sich die Sterbeurkunden von Alfred Rosenbaum, Oskar Mendelsohn, Ida Wolle und Martha Cohen, das aber sind noch nicht alle aus unserem Haus, die dort ermordet wurden. Nicht immer sind die Sterbeurkunden noch vorhanden.

Die ärztlich bescheinigten Todesursachen auf den Urkunden sind nahezu bei allen im Getto Umgekommenen identisch: Enteritis – Darmkatarrh, wahrscheinlich entsprach eine solche Diagnose den tatsächlichen Ursachen, denen die Verschleppten im Lager ausgesetzt waren, die hygienischen Verhältnisse dort waren tödlich.

27. August 1942

Der Sanitätsrat Dr. Alfred Rosenbaum gehörte zu den fast 2000 deutsch-jüdischen Medizinern, die nicht ausgewandert sind. Er selbst hätte fliehen können, die finanziellen Mittel dazu hatte er eigentlich, aber sein Vermögen war auf »Sperrkonten« eingefroren. Nur für eine bescheidene Lebensführung durften noch kleinere Beträge abgehoben werden.

Der Arzt war im April 1939 ins Haus gekommen. In seiner zwei Wochen vor seiner Deportation ausgefüllten Vermögenserklärung gab er an, eine Fünf-Zimmer-Wohnung gemietet zu haben. Zu diesem Zeitpunkt standen nur die Wohnungen von Hermann und Klara Bratt leer, die nach Italien geflohen waren, und die von den Kallmanns, die nach Lankwitz gezogen waren.

Es muss sich um eine Wohnung im Erdgeschoss oder im ersten Stock gehandelt haben, denn Rosenbaum beantwortet die Frage nach der Renovierung der Wohnung (auch das musste in der Vermögenserklärung angegeben werden) mit der Beschreibung zerbrochener Fensterscheiben, Fußbodenausbesserungen, Austausch von Schlössern, Malerarbeiten, die bei seinem Einzug erforderlich gewesen waren. Das lässt Vandalismus vermuten, wahrscheinlich im Zuge des Novemberpogroms 1938. Einen Teil der Renovierungskosten hat Siegfried Kurt Jacob übernommen. Damals war Jacob noch unbestrittener Eigentümer des Hauses.

Als Rosenbaum am 11. August 1942 seine Vermögenserklärung unterschreibt, gibt er als Eigentümerin Frau Jenny von Bering, geb. Hauckwitz, aus Königsberg an. Im Grundbuchamt hatte ich in der Akte unseres Hauses eine im Juli 1939 eingetragene Auflassungsvormerkung entdeckt; eine solche Vormerkung soll den Anspruch auf Eigentumsübertragung sichern und verhindern, dass der Verkäufer, also Siegfried Kurt Jacob, noch irgendeinen Nutzen aus der Immobilie ziehen kann. 5000 Reichsmark hatte Frau von Bering dafür gezahlt. Offensichtlich hatte Siegfried Kurt Jacob das Haus verkauft, denkbar, dass er Geld für die Flucht seiner Frau Edith brauchte.

In der Rosenbaum-Wohnung lebte als seine »Untermieterin« die fast siebzigjährige Martha Steinitz. Acht Tage vor Rosenbaums

Deportation nahm sie sich das Leben mit einer Überdosis an Schlaftabletten. Es war inzwischen aufgrund zahlreicher Selbstmorde nicht so einfach, an die nötige Menge an Tabletten zu kommen, und teuer waren sie auch. Aber Rosenbaum dürfte gewusst haben, wie man sich diese beschaffen konnte.

Er besaß laut seiner Vermögenserklärung noch 35 000 Reichsmark auf dem Sperrkonto bei der Deutschen Bank. Er war nicht verheiratet. Und ihm war völlig klar, was ihn in Theresienstadt erwartete. Und wohl auch, dass er die »Evakuierung« ins Getto nicht überleben würde. Zu viele waren schon vor ihm aus dem »Judenhaus« in der Berchtesgadener Straße 37 weggebracht worden und danach nicht wieder zurückgekehrt. Kurz vor seiner Deportation änderte er sein Testament zugunsten seiner langjährigen Haushälterin Bertha Jähner. Wie Martha Cohen, so wollte auch er verhindern, dass die Nazis sein Vermögen einfach an sich reißen konnten.

Der Arzt war bereits 72 Jahre alt, als die Nationalsozialisten 1933 an die Macht kamen, und über achtzig, als er deportiert wurde. Wir wissen nicht, ob er vorher vielleicht noch versucht hat, ein Visum zu bekommen – sehr wahrscheinlich ist das nicht. Wovon sollte er leben in einem fremden Land? Dessen Sprache er vielleicht gar nicht sprach? Und welches Land wäre denn überhaupt bereit, einen alten Juden wie ihn noch aufzunehmen?

Alfred Rosenbaum überlebte das Getto nur zwei Wochen. Am 11. September 1942 wurde sein Tod im Gebäude G Raum 610 offiziell festgestellt. Hunger, Infektionen, Typhus, Ruhr und qualvolles Gedränge in dem überbelegten Lager erfüllten die von den Nationalsozialisten angestrebte »Dezimierungsfunktion« des Altersgettos.

Vielleicht hat Rosenbaum aber auch selbst entschieden, seinem Leben ein Ende zu setzen. Als Arzt wusste er, wie man das bewirken konnte.

Oskars Tod

Ida Wolle stammte aus dem Ort Kedainiai in der Nähe von Vilnius, der zur Zeit ihrer Geburt noch zu Russland gehörte, nach dem Ersten Weltkrieg dann zu Litauen. Ihr Mann Oskar Wolle war am 17. Januar 1940 im Jüdischen Krankenhaus im Wedding gestorben. Die auf der Sterbeurkunde angegebenen Todesursachen »Herzschwäche« und »Lungenentzündung« lassen Zweifel aufkommen, ob er wirklich eines »natürlichen« Todes gestorben ist.

Auch Louis Kayser und Erna Mendelsohn waren im Jüdischen Krankenhaus an »Herzschwäche« gestorben. Oft wollten die Ärzte mit dieser Diagnose verschleiern, dass der Patient durch physische Gewalt zu Tode gekommen war oder Selbstmord begangen hatte. Seit der Pogromnacht vom 9. November 1938 wurden immer mehr Patienten in das Krankenhaus im Berliner Wedding eingeliefert, die Opfer von Gewaltexzessen geworden waren. Das Krankenhaus, eine weithin anerkannte Institution mit einem großen Patientenkreis, geschätzt auch von Nichtjuden, die sich dort jetzt nicht mehr behandeln lassen durften, war ständig mit der Brutalität des Nazi-Regimes konfrontiert. Aber es überstand die Nazi-Zeit trotz der Polizei- und Gestapo-Dienststellen, die sich in seinen Gebäuden eingenistet hatten.

Vielleicht hatte die Ankündigung der Wohnungsräumung zu Oskar Wolles schlechter physischer und psychischer Verfassung beigetragen. Depressionen, psychosomatische Erkrankungen und Suizidbereitschaft nahmen seit Beginn der »Entjudung« des Wohnungsbestandes rapide zu. Viele jüdische Familien ahnten, dass mit den Zwangsräumungen und den bereits gemachten Gewalterfahrungen noch nicht das Ende ihrer Leidensgeschichte erreicht war; und oft entschieden auch die Ärzte im Jüdischen Krankenhaus, ältere Patienten wie den über achtzigjährigen Oskar Wolle eher sterben zu lassen, als sie noch weiterhin solch leidvollen Erfahrungen auszusetzen.

Gleich nach seinem Tod wurde seine Frau Ida »entmietet«, sie musste die gemeinsame Wohnung in der Meraner Straße 6 räumen und in die Berchtesgadener Straße umziehen. Im August 1942 wurde Ida Wolle nach Theresienstadt geschickt. Drei Wochen später war sie tot.

Ihre Schwester Lina meldete sich in den 1950er Jahren aus Kapstadt und stellte den Antrag auf Entschädigung für das ihrer Schwester geraubte Vermögen. Auch Idas Persianermantel machte sie in dem Verfahren geltend, der sei ihrer Schwester durch die »Zwangsablieferung« geraubt worden.

Am 10. Januar 1942 hatten die Juden alle Wollsachen und Pelzmäntel abgeben müssen. Drei Tage später war Hedwig Steiner auf die Todesreise geschickt worden. Es herrschte Frost im Januar 1942. Auch Hedwigs Kinder haben auf Erstattung der von der Mutter geschneiderten Mäntel bestanden.

Die Reichsvereinigung

Mit den Deportationen kamen auf die »Reichsvereinigung der Juden in Deutschland« ganz neue Aufgaben zu. Sie musste schon an der Aufstellung der Namenslisten mitwirken, aus denen die Gestapo die nächsten Deportationskandidaten aussuchte. Über diese Mitwirkung an der Verfolgungspraxis, die die Philosophin Hannah Arendt später so heftig kritisierte, hatten alle Beteiligten selbstverständlich strengstes Stillschweigen zu bewahren.

Die Reichsvereinigung war eine 1939 von den Nationalsozialisten angeordnete Zwangsorganisation, der alle nach der rassischen Definition als »Juden« geltenden Einzelpersonen und alle jüdischen Organisationen im »Altreich« angehören mussten. Sie sollte »die Auswanderung der Juden« vorbereiten. Damals ging es dem Regime noch darum, Deutschland durch Vertreibung »judenfrei« zu machen – die nationalsozialistische Mordmaschine setzte erst später systematisch ein.

Ferner trug die Reichsvereinigung Verantwortung für die Fürsorge der zurückbleibenden Juden, die inzwischen von allen staatlichen Leistungen ausgeschlossen waren. Unter ihnen waren immer mehr Alte und Kranke, deren Versorgung den Großteil der materiellen Ressourcen der Reichsvereinigung verschlang. Das machte die ständige Erhöhung der Beiträge der Zwangsmitglieder erforderlich.

Bisher hatte die Reichsvereinigung Mitgliederkarteien geführt, abgabepflichtige Gegenstände – Fahrräder, Schreibmaschinen und anderes – eingesammelt, den Judenstern ausgegeben, Kleiderkammern, Schulen und Suppenküchen eingerichtet und antijüdische Verordnungen bekanntgegeben und umgesetzt. Im März 1941 wurde sie vom Reichssicherheitshauptamt angewiesen, alle »jüdischen Wohnungen in arischen Häusern« aufzulisten, danach folgten die fristlosen Kündigungen jüdischer Mieter und anschließend deren Einweisung in die »Judenwohnungen«. Für solche »Zusammenzüge« war die im Frühjahr 1939 von der jüdischen Gemeinde gegründete Wohnungsberatungsstelle zuständig, sie unterstand aber seit Juli 1939 der Gestapo.

Präsident der Reichsvereinigung und damit direkter Ansprechpartner der nationalsozialistischen Behörden war der Rabbiner Leo Baeck, der das Land nicht verlassen wollte, »solange in Deutschland auch nur noch ein einziger Jude lebt«. Er organisierte internationale Hilfen für die Auswandernden, gründete Schulen, als jüdische Kinder vom Unterricht an öffentlichen Schulen ausgeschlossen wurden, und initiierte die Kindertransporte nach England, die auch Hanns-Stephan Günther Jacob das Leben retteten.

Mit den Deportationen wurde die Reichsvereinigung für etliche mit dem »Abtransport« verbundene Tätigkeiten verantwortlich: den Betroffenen den Deportationsbefehl zukommen lassen, sie einbestellen, Merkblätter für das »Reisegepäck« verfassen und das Gepäck transportieren. »Am Nachmittag des 17. Januar 1942 wird Ihre Wohnung durch einen Beamten versiegelt werden. (...)

Wohnungs- und Zimmerschlüssel sind dem Beamten auszuhändigen.« Abschließend mahnte die Jüdische Kultusvereinigung die »ordnungsgemäße Erfüllung aller Anweisungen« an, um einen »reibungslosen Ablauf des Transports« zu gewährleisten.

Manchmal waren es mehr als tausend Menschen, die, in den Sammellagern zusammengedrängt, tagelang auf ihren »Transport« warteten. Die Reichsvereinigung stellte Ordner und sorgte für die Verpflegung der eintreffenden Juden, für ihre medizinische Behandlung und für die Betreuung der Kinder.

Anfänglich hatte sie noch gehofft, dadurch bei den Deportationen Schlimmeres zu verhindern. In Einzelfällen gelang es ihr auch, Deportationszusammenstellungen zu durchkreuzen: Dass er sich vor der nationalsozialistischen Verfolgung noch in den Untergrund retten konnte, verdankte Siegfried Kurt Jacob einem heimlichen Tipp von Philipp Kozower, Vorstandsmitglied der Reichsvereinigung, der Jacob rechtzeitig vor seiner anstehenden »Evakuierung« warnte. Tatsächlich aber diktierte in den allermeisten Fällen die Gestapo das Geschehen, die Einflussmöglichkeiten der Reichsvereinigung waren gering – selten nur konnte sie eine temporäre Rückstellung vom Transport aus gesundheitlichen Gründen erwirken oder jemanden für eine gewisse Zeit noch als unentbehrlich reklamieren.

1942 erhielt die Reichsvereinigung die Anweisung, alle in ihrem Besitz befindlichen Synagogengrundstücke und Friedhöfe zu verkaufen. Nachdem sie die damit verbundenen bürokratischen Vorgänge abgewickelt hatte, wurde sie nicht mehr gebraucht.

Es war ein niederträchtiger Schachzug der Nationalsozialisten, Vertreter der jüdischen Organisationen für ihre verbrecherischen Taten als Komplizen zu instrumentieren. Zur »Belohnung« für ihre Kooperation stellte ihnen das Reichssicherheitshauptamt in Aussicht, sie in das »bevorzugte« Lager Theresienstadt zu deportieren. Das Amt hielt Wort. Im Juni 1943 wurde die Reichsvereinigung aufgelöst, ihre noch verbliebenen Vorstandsmitglieder wurden deportiert. Von ihnen überlebte nur Leo Baeck das Lager.

Heimeinkaufsverträge

Manche Jüdinnen und Juden waren geradezu überglücklich, wenn sie erfuhren, dass der Zielort ihres Transports Theresienstadt war. Selbst unter ihnen galt das Lager als bevorzugter Deportationsort, besser als die Vernichtungslager weiter im Osten, so glaubte man. Die Propaganda der Nationalsozialisten schürte diesen Glauben.

Unermüdlich pries sie das »Altersgetto« an, in dem man sich mit einem Heimeinkaufsvertrag angeblich ein angenehmes und sicheres Leben in einer Wohnung erkaufen konnte. Die »Reichsvereinigung der Juden in Deutschland« wurde gedrängt, die »Ausgesiedelten« für den Abschluss solcher »Heimeinkaufsverträge« zu gewinnen, für die das gesamte Vermögen abzugeben war. Dafür, so täuschte der Vertrag vor, werde dem Unterzeichnenden »auf Lebenszeit Heimunterkunft und Verpflegung« gewährt, »Wäsche (ge)waschen«, »erforderlichenfalls« ärztliche Betreuung zugesichert und »für notwendigen Krankenhausaufenthalt« gesorgt. Zahlreiche deportierte Juden haben diesen Versprechungen geglaubt, auf dem Konto – so haben Forschungen ergeben – muss umgerechnet mehr als eine halbe Milliarde Euro zusammengekommen sein. Das Geld wurde dann von der Reichsvereinigung nach Prag auf ein Sonderkonto überwiesen.

Selbst eine Kommission des Internationalen Roten Kreuzes ließ sich bei seinem Besuch 1944 von der Potemkinschen Kulisse aus Cafés, Zentralbad und anderen Angeboten täuschen – Theresienstadt, ein »Vorzeigelager«. Dabei war das Getto Teil der nationalsozialistischen Vernichtungspolitik, etwa ein Viertel der Inhaftierten starb dort, fast 90 000 Menschen wurden von Theresienstadt weiter nach Osten in die Todeslager geschickt.

So wie Hermann Salomon Hirsch Kriss.

Zum Sterben nach Sobibór

Sobibór war ein 1942 im südöstlichen Polen an der Grenze zur Ukraine errichtetes Lager, das im Verbund mit den nahegelegenen Vernichtungslagern Treblinka und Belzec die im Januar 1942 auf der berüchtigten Wannsee-Konferenz diskutierte und »angestrebte Endlösung« organisatorisch und technisch vorantreiben sollte. Hier aber wehrten sich die Inhaftierten: Im August 1943 brach in Treblinka ein Aufstand unter den Häftlingen aus, im Oktober in Sobibór.

Thomas »Toivi« Blatt stammte aus einem jüdischen Schtetl in Polen und kam als Fünfzehnjähriger, der Kindheit kaum entwachsen, nach Sobibór. Er erzählt, dass der erste Blick bei der Ankunft ein »wunderschönes Dorf« mit »bunten Häuschen, umgeben von makellosem Rasen, herrlichen Bäumen und Blumen« offenbarte. Ganz ähnlich lässt der ungarische Nobelpreisträger Imre Kertész, der im gleichen Alter wie Blatt von Budapest nach Auschwitz verschleppt wurde, seinen Protagonisten Gyuri Köves in dem »Roman eines Schicksallosen« bei seinem Eintreffen schwärmen, wie »schmuck, gepflegt« hier alles sei und wie bewundernswert »ruhig und fest« ihm die SS-Posten »als einzige in diesem ganzen Durcheinander« vorkamen.

»Toivi« Blatt kannte die »bittere Wahrheit«, die sich hinter der idyllischen Kulisse von Sobibór verbarg: »Ich wusste, dass ich zum Sterben hergekommen war.« Aber er überlebte. Dem Aufstand verdankte er sein Leben, er gehörte zu jenen, die bei der Revolte entkommen konnten.

Himmlers Schmach
Hermann Salomon Hirsch Kriss, im polnischen Kolomyia, in Galizien, geboren, war über Koblenz und Düsseldorf nach Berlin gekommen. Am 13. Juni 1942 wurde er – zusammen mit dem Ehepaar

Betty und Kurt Rechnitz – ins erst wenige Monate zuvor fertiggestellte Lager Sobibór deportiert. Der im Wald gelegene Ort verdeckte auf den ersten Blick seine wahre Aufgabe: die Ermordung der Jüdinnen und Juden aus dem »Generalgouvernement« sowie der niederländischen Juden. Der Generalgouverneur Hans Frank plädierte unablässig dafür, »die Juden zu vernichten (…), wo immer es möglich ist«. Zwischen dem Frühjahr 1942 und dem Herbst 1943 wurden hier bis zu 250 000 Menschen ermordet. Die Mordserie kam erst ins Stocken, als einige der Gefangenen am 14. Oktober 1943 den Aufstand wagten und damit das Ende des Lagers beschleunigten.

Seit Wochen schon geisterte das Gerücht durch die Baracken, dass Sobibór demnächst geschlossen und alle Gefangenen ermordet werden sollten. Im September traf ein Häftlingstransport mit Juden aus Minsk ein. Unter ihnen war Alexander Petsjerski, ein sowjetischer Kriegsgefangener, Offizier der Roten Armee. Er wurde, so »Toivi« Blatt, zum Anführer des Widerstands. An einem späten Nachmittag im Oktober, kurz vor Einbruch der Dämmerung, wenn der Wald Schutz zu bieten versprach vor den Suchtrupps der SS, gab er das Zeichen zum Aufstand. Für die Geflüchteten waren nicht nur die nach ihnen suchenden Wachposten eine Gefahr, auch die Bauern aus der Umgebung des Lagers halfen, die Entlaufenen wieder einzufangen, denn »für jeden abgelieferten Juden gab es fünf Kilo Zucker«, erzählte »Toivi« Blatt später.

Es gelang den Aufständischen, drei Gewehre aus dem Waffendepot zu entwenden, elf SS-Männer, zwei Wachleute und den stellvertretenden Lagerkommandanten zu töten – für Heinrich Himmler war diese Nachricht eine unvorstellbare Schmach, die nach »Vergeltung« schrie.

Die meisten der Entflohenen wurden wieder aufgegriffen und ermordet, nur wenigen gelang es zu entkommen. »Toivi« Blatt war unter ihnen. Im Lager war er für das Sortieren der Kleidung der eingelieferten Jüdinnen und Juden zuständig gewesen. Als ein neuer

Transport mit niederländischen Juden eintraf, unter denen auch die Tochter und Enkeltöchter des Ehepaares Rechnitz gewesen sein müssen, hatte er ein Messer, Schmuck und Geld für die Flucht aus den Koffern entwendet.

Was mag Hermann Salomon Hirsch Kriss von diesen Geschehnissen mitbekommen haben? Auch er wird sich, wann immer Häftlinge aus dem Lager flüchteten, vor den Nazis gefürchtet haben, die unter den Zurückgebliebenen willkürlich Menschen aussuchten, die zur Vergeltung sterben mussten. In diesem Fall waren es viele, mit deren Tod Heinrich Himmler die Demütigung zu rächen gedachte.

Die Nationalsozialisten quittierten die Rebellion mit einer regelrechten Mord-Orgie: Das Massaker, das sie nicht nur in Sobibór, sondern auch in Majdanek-Lublin, Trawniki und Poniatowa anrichteten, nannten sie zynisch »Aktion Erntefest«, mehr als 40 000 Jüdinnen und Juden kamen dabei zu Tode.

Hermann Salomon Hirsch Kriss hat das alles noch überlebt, er wurde nach dem Abriss des Lagers von Sobibór nach Majdanek überstellt. Vermutlich galt er immer noch als »arbeitsfähig«, als »Arbeitsjude«. Als die Rote Armee näherrückte, wurde er auf den Todesmarsch gen Westen geschickt.

Im Juli 1944 befreiten die Sowjets das Lager Majdanek. Drei Monate vorher war Hermann Salomon Hirsch Kriss in Theresienstadt für tot erklärt worden.

Bettys blaues Sofa

Wenn die Jüdische Kultusvereinigung den Transporttermin schickte, dann legte sie dieser Benachrichtigung ein »Merkblatt« mit Empfehlungen für die »Reisekleidung« bei: Zwei Mäntel waren erlaubt, auch »doppelte Unterwäsche«, das »Reisegepäck« durfte 50 Kilogramm nicht überschreiten, Barvermögen und Wertgegenstände mitzunehmen war – außer den Eheringen und einer »einfachen Uhr« – nicht erlaubt.

Ein solches Schreiben werden auch Betty und Kurt Rechnitz wenige Tage vor dem 13. Juni 1942 erhalten haben, ihrem Transport-Termin. Sie müssen es als Hohn empfunden haben. Zwei Mäntel? Barvermögen und Wertgegenstände? Sie hatten doch gar nichts mehr!

Die beiden wurden nach Sobibór, dann weiter nach Majdanek deportiert. Anders als für den aus Sobibór entkommenen Thomas »Toivi« Blatt, der aus seinem polnischen Schtetl Armut und Verelendung kannte, glich die Welt, in die Kurt und Betty Rechnitz jetzt hineingeworfen wurden, in nichts, in gar nichts dem, was sie kannten und wie sie bisher gelebt hatten. Sie mussten glauben, in der Hölle gelandet zu sein.

Zwei Töchter und die Hoffnung auf Zukunft

Alice Brigitta, ihr einziges Kind, war mit ihrem Mann Lothar Leyser und der Schwiegermutter Gertrud Leyser-Schwarz nach Holland geflohen. Das war nicht risikolos, noch 1938 drohte illegalen Immigranten die erbarmungslose Auslieferung nach Deutschland. Das Pogrom vom 9. November 1938 führte zur politischen Kursänderung in Holland. Aber der Frühling politischer Duldung jüdischer Immigranten im Land endete, als die deutsche Wehrmacht am 10. Mai 1940 das Nachbarland überfiel. Da zog sich die Schlinge zu um die Leysers, alles, was sie glaubten, an Drangsalierungen hinter sich gelassen zu haben, schien wieder von vorn zu beginnen. Und trotzdem müssen Alice Brigitta und Lothar Leyser noch voller Hoffnung gewesen sein, die mörderische Jagd der Nationalsozialisten überleben zu können.

Am 27. Oktober 1940 wurde ihre Tochter Gabrielle Rebecca, am 23. Januar 1943 Tochter Judith Lea geboren. Es hat mich sehr berührt, als ich das auf den Karteikarten des Internationalen Roten Kreuzes las – diese Sehnsucht nach wenigen Momenten des Glücks, das auch Alice und Lothar Leyser beim Anblick eines neugeborenen Kindes empfunden haben werden. Vielleicht wollten sie der Politik der Nationalsozialisten mit der Geburt ihrer Töchter ein Zeichen entgegensetzen, sich und anderen zeigen, dass sie trotz dieser Finsternis an eine Zeit danach, an ein Morgen glaubten.

Vielleicht hat ihnen die Geburt von Judith auch eine Atempause in der Verfolgungsgeschichte verschafft, eine einstweilige Rückstellung von den Deportationen, die ab 1942 auch die niederländischen Juden und Flüchtlinge aus Deutschland trafen. Im Juli wurden alle jüdischen Emigranten von der »Zentralstelle für jüdische Auswanderung« schriftlich aufgefordert, sich für einen »Arbeitseinsatz in Deutschland« bereitzuhalten und sich dafür im »Durchgangslager« Westerbork zur gesundheitlichen Untersuchung einzufinden. Das war ein infames Täuschungsmanöver, hinter dem sich nichts anderes als die geplante Deportation verbarg. Der niederländische Judenrat verhandelte mit der »Zentralstelle« über erforderliche Freistellungen, so konnte er Tausende Jüdinnen und Juden vorerst vor der Deportation retten. Im Folgejahr wurden die Bescheinigungen des Sonderstatus' nach und nach annulliert und auch die noch Verbliebenen »abtransportiert«. Nach Sobibór. Von März bis Juli 1943 waren es 34 000, nur neunzehn von ihnen überlebten.

Unter den 34 000 war auch die Familie Leyser. Am 6. Juli 1943 kam sie nach Westerbork. Sie wurde auf den gleichen Weg wie Alices

Eltern geschickt. Ob Betty und Kurt Rechnitz ihre Tochter und Enkelinnen noch sahen, ob sie noch lebten, als die Leyser-Familie in Sobibór eingeliefert wurde oder schon in Majdanek ermordet worden war, wissen wir nicht. Ich weiß auch nicht, ob ich ihnen ein Wiedersehen wünschen sollte – die Vorstellung, dass das eigene Kind wie auch die Enkelkinder hier umgebracht werden würden, ist vielleicht noch schlimmer als die Erwartung des eigenen Todes.

Bettys Mutter Julie Machnitzki-Lewin kam am 17. März 1943 nach Theresienstadt und überlebte dort bis zum 26. April 1944. Bettys jüngere Schwester, Edith Esther Salomon, die nur wenige Straßen von dem Ehepaar Rechnitz entfernt in der Prager Straße 33 wohnte, konnte mit Ehemann Hermann und der 1922 geborenen Tochter Brigitte rechtzeitig untertauchen, die drei überlebten die NS-Zeit; 1946 wanderten sie nach Kalifornien aus.

Von dort aus betrieb Edith – auch im Namen von Bettys Bruder, dem Arzt Dr. Ernst Georg Machnitzki, der inzwischen in Tel Aviv lebte – das Entschädigungsverfahren. Aber auch Kurts Brüder Ernst (»Ernesto«) aus Chile und Walter aus San Francisco erhoben Wiedergutmachungsansprüche.

Ausgeplündert

Bis 1940 oder 1941 hatte das Ehepaar Rechnitz in der Münchner Straße 14 gelebt, dann erhielten sie die Räumungsaufforderung. Offensichtlich sollte das Haus »judenrein« gemacht werden, denn ein Jahr später findet sich nur noch eine einzige jüdische Mieterin unter dieser Adresse.

In der Berchtesgadener Straße wurden den Rechnitz' zwei Zimmer zugewiesen, die sie mit anderen teilen mussten – ein Schock für Betty, die bisher einen großbürgerlichen Lebensstil in der geräumigen Altbauwohnung in der Münchner Straße gewohnt war. Ihre wertvollen Möbel, darunter viele Antiquitäten, die Bettys Vater Adolph Abraham Lewin seiner Tochter für die Aussteuer gekauft hatte, musste Betty zu »Schleuderpreisen« versteigern lassen, klagte ihre Schwester Edith Salomon später vor dem Entschädigungsamt. Bei Ediths Angaben von Wohnungsgegenständen, für die sie Entschädigung beanspruchte, bekommt man einen Eindruck davon, was der Zwangsumzug für das Ehepaar Rechnitz bedeutet haben muss: In ihrer Wohnung in der Münchner Straße gab es einen Perserteppich, fünf mal vier Meter groß, eine vier Meter lange Bibliothek voller »wertvoller antiker Klassiker«, im Wohnzimmer eine alte französische Goldbronzekrone, Armsessel, die mit Lyoner Seide bezogen waren, im Esszimmer einen Ausziehtisch aus Nussbaum für achtzehn Personen – die Wohnung war mit allen Insignien einer wohlhabenden bürgerlichen Existenz, des Dazugehörens ausstaffiert.

Materiell muss es den Rechnitz' sehr gut gegangen sein, und trotzdem war den Aussagen Edith Salomons folgend die Ehe der beiden eine von Beginn an unglückliche Verbindung, zumindest für Betty. Ihr Mann Kurt hatte eine Fischmehl-Fabrik in Lübeck besessen, die in Konkurs gegangen war. Danach hatte sein Schwiegervater ihn zum Geschäftsführer des angesehenen Lewinschen Getreidegeschäfts gemacht, laut Edith Salomon ein »Millionen schweres Unternehmen«. 1930 geriet die Firma – teils als Folge der Weltwirtschaftskrise, teils als Folge einer verfehlten Geschäftspolitik – in Turbulenzen und wurde in eine Kommanditgesellschaft umgewandelt und an den langjährigen Prokuristen verkauft. Diesen Niedergang konnte Adolph Lewin, der auch stellvertretender Präsident der Handelskammer war, nicht verkraften und setzte seinem Leben ein Ende.

Einige Jahre später wollte seine Tochter Betty es ihm nachtun, aber ihr Suizidversuch misslang. Ehemann Kurt allerdings, so Bettys Schwester, habe die danach einsetzende Apathie seiner Frau genutzt, um in dieser Zeit das ganze Vermögen an sich zu reißen, das doch – laut Edith – ausschließlich Betty in die Ehe eingebracht hatte.

Bettys Schwester
Edith Esther Salomon ließ in ihren Auslassungen vor dem Entschädigungsamt kein gutes Haar an Kurt Rechnitz. Es ging in dem Streit mit Kurts Brüdern, welche Seite erbberechtigt sei – die von Betty oder die von Kurt –, um beträchtliche Vermögenswerte. Kurt Rechnitz waren nach seinem Rückzug aus der Getreidefirma vertraglich für zehn Jahre monatlich 416,66 RM zugesichert worden; ferner hatte es ein Hauskonto bei der Deutschen Bank und Wertpapierkonten bei der Deutschen und bei der Dresdner Bank auf seinen Namen gegeben, von denen auch die Judenvermögensabgabe für beide Eheleute in Höhe von 15 000 RM bestritten worden war.

Edith Salomon machte darüber hinaus die Entschädigung für die von den drei Geschwistern Betty, Edith und Ernst geleisteten Firmen-Einlagen in Höhe von mehr als 300 000 RM geltend, ferner für Bettys Möbel mehr als 31 000 Mark, für Geschirr und Besteck über 6000 Mark und für Kleidung – von den Abendkleidern ihrer Schwester bis zu ihren eleganten »Nachmittagskostümen« – mehr als 20 000 Mark.

Die aus der Erinnerung rekonstruierten Angaben von Edith Salomon erweisen sich allerdings nicht immer als zuverlässig. Sie gibt als Erklärung ihrer äußerst detailliert aufgelisteten schwesterlichen Besitzstände an, mit Betty in ihren Berliner Jahren täglich zusammen gewesen zu sein, und benennt doch eine falsche Hausnummer in der Münchner Straße Nr. 5 (das Ehepaar wohnte aber in der Nr. 14), die dann von allen, die zu ihren Gunsten aussagten, wiederholt wurde. Auch die Angaben zu den Wohn- und Besitzverhältnissen in Stolp, wo das Ehepaar Rechnitz bis mindestens 1930 gelebt hatte, schwanken. Natürlich verblassen Erinnerungen, und das Gedächtnis liefert Fehlinformationen, aber diese Widersprüche tauchen in Ediths Aussagen schon 1951 auf, also wenige Jahre nach dem Kriegsende.

Wie – und ob – sich Edith Esther Salomon und Kurts Brüder Walter und Ernesto schließlich einigten, weiß ich nicht, die Entschädigungsakte endet 1963, ohne eine definitive Entscheidung zu enthalten.

»Entjudungsgewinne«

Auf den Transportlisten der Deportation war vermerkt, wer von den Verschleppten über Vermögen verfügte. Diese Information war dem personenbezogenen Fragebogen zu entnehmen, der vor der »Evakuierung« bei der Jüdischen Gemeinde auszufüllen war. Er gab Auskunft über Familien-, Verwandtschafts- und Vermögensverhältnisse – eine wichtige Informationsquelle für den finanziellen Raubzug der Nationalsozialisten und ein Dokument, das dem Abgleich bei der protokollarischen Bestandsaufnahme nach der Abholung diente.

Fast ungläubig hatte ich in Martha Cohens Vermögenserklärung gelesen, die sie einige Tage vor der »Abholung« ausgefüllt hatte, dass sie noch ihren Steinway-Flügel bei sich hatte, als sie in unser Haus kam. Wie hatte sie den im Jahr 1939 von ihrer vormaligen Wohnung im Tiergarten in die Schöneberger Berchtesgadener Straße transportieren können? Wie ihn vor den Zugriffen anderer retten können? Oder hatte ihre Vormieterin Edith Jacob ebenfalls einen Flügel besessen, den sie bei ihrer Flucht nach England zurücklassen musste? Vielleicht war der zu ungeeignet für die »Lifts« gewesen, Container, in die ihre Möbel, Bilder und andere Wertgegenstände aus der Wohnung verpackt und zur Verschiffung nach Holland gebracht wurden. Wer hatte Marthas Flügel später erhalten? In welcher Wohnung, in welcher Straße, bei welchen »Besitzern« stand er nach Marthas »Evakuierung«? In welcher steht er möglicherweise noch heute?

Nach der »Evakuierung«

Nach »Räumung« einer Judenwohnung, so das übliche Verfahren, wurde die Wohnung versiegelt. Die Vermögensverwertungsstelle erhielt alle nötigen finanziellen Unterlagen. Möglichst bald wurde ein

Schätzer, begleitet von einem Beamten der Finanzbehörde, in die Räume geschickt, um ein Protokoll über die verbliebenen Gegenstände anzufertigen und deren Wert zu taxieren. Für die Schätzung von Martha Cohens Möbeln stellte der Schätzer dem Oberfinanzpräsidenten inklusive aller Auslagen (Fahrkosten, Telefon etc.) 37,45 Reichsmark in Rechnung.

Auf einem Extra-Fragebogen der Finanzbehörde musste vermerkt werden, ob die »Entwesung« stattgefunden hatte, über deren Kosten es oft Streit zwischen den privaten Vermietern und der Oberfinanzdirektion gab. Auch im Fall des Hauses Berchtesgadener Straße 37 erhob die Hausverwaltung Hermann Brack noch zwei Jahre nach Martha Cohens Deportation gegenüber der Oberfinanzdirektion Anspruch auf Zahlung einer »Restschuld«: Martha Cohen habe Miete nur bis einschließlich August gezahlt, danach sei die Wohnung aber noch bewohnt gewesen – von Bertha Sternson und der Haushälterin Marie Wiebach; für die bereits versiegelten Cohen-Räume fiele aber noch Mietzins von September bis Dezember 1942 an. Abzüglich der »Heizungseinschränkungen« und der »Warmwassereinschränkungen« sowie der Zahlungen von Sternson und Wiebach bleibe eine »Restschuld« von 192 RM. Auch der Stromlieferant, die Berliner Bewag, trieb noch im September 1944 für die Wohnung nicht gezahlte Stromkosten in Höhe von 10,72 RM ein.

Der Verkauf der Wohnungseinrichtung erfolgte auf der Basis des Schätzpreises, der Erlös wurde nach Abzug der Provision für den Verkäufer an die Finanzkasse abgeführt. Dass bei den »Entjudungsgeschäften« auch private Profiteure ihren Anteil erhielten, war einkalkuliert, es sicherte die Loyalität der Bevölkerung. Das ganze Verfahren sollte möglichst zügig abgewickelt werden, damit nicht noch eine weitere Monatsmiete für die Wohnung fällig wurde, denn das führte zu Auseinandersetzungen mit den Eigentümern. So beschwerte sich beispielsweise die Hausverwaltung Alfred Schaefer aus Berlin-Wilmersdorf am 20. Oktober 1942 über den »rückständigen

Mietzins« der Wohnung der jüdischen Mieterin Marta Gerechter, die doch schon am 2. Oktober 1942 »evakuiert« worden sei. Die Hausverwaltung meldete »hiermit die Forderung an, die Mietzinsen ab 1. Oktober 1942 bis zu dem Zeitpunkt, in dem entweder die Wohnung mit Genehmigung des Generalbauinspektors wieder vermietet oder auf Grund des Reichsleistungsgesetzes beschlagnahmt wird, laufend auf das Postscheckkonto des Hauseigentümers, Herrn Rechtsanwalt und Notar Dr. Hans Kuntze, Magdeburg, Otto-von-Guericke-Str. 18, Konto Berlin Nr. 553 32 zu überweisen«.

Nach dem Verkauf der Wohnungseinrichtung traten Mitarbeiter des Finanzamtes, des Wohnungsamtes und des städtischen Ernährungsamtes in Aktion, zogen Lebensmittelkarten, Rentenbescheide, Sparbücher und Wohnungsschlüssel ein, lösten Konten auf, trieben Mieten ein, beglichen Strom- und Gasrechnungen – die Beamten hatten viel zu tun. Für die Durchsuchung der Opfer und ihres Gepäcks, meist an den Sammelstellen, war die Gestapo zuständig. Was dabei an noch Verwertbarem vereinnahmt werden konnte, wurde Soldaten zum Kauf angeboten. Fotos, die vermutlich viele Opfer bei sich hatten, wurden vernichtet. Auch Elsbeth Brandus wird Fotos von Werner und Max, ihren Söhnen, im Koffer gehabt haben. Sie werden in irgendeinem Papierkorb oder im Feuer gelandet sein.

Die Profiteure

Verfolgung, Stigmatisierung und Ausplünderung der Juden veränderten auch die Nichtjuden: Denunziationen waren an der Tagesordnung, man versprach sich Vorteile davon, andere anzuschwärzen; materielle Begierden konnten ungeniert geäußert werden. Besonders deutlich zeigte sich das bei der Versteigerung der Wohnungseinrichtungen ausgewanderter oder deportierter Jüdinnen und Juden, zu denen auch per Zeitungsannonce eingeladen wurde. Man wusste, dass aus dem Zuhause der »Reichsfeinde« oft

Wertvolles zu holen war. Und wer immer sich an dieser Fledderei beteiligte, ging offensichtlich davon aus, dass die tatsächlichen Besitzer nicht mehr zurückkehren würden. Eine Mutmaßung musste das seit Beginn des Krieges ohnehin nicht mehr sein. Den an die Ostfront geschickten Soldaten blieb die Ermordung der Juden nicht verborgen.

Betty Rechnitz' Nichte berichtete im Entschädigungsverfahren, wie schwer ihre Tante sich bei der Räumung ihrer Wohnung in der Münchner Straße von den Möbeln trennen konnte, die ihr Vater ihr zur Heirat geschenkt hatte. Für sie war es mehr als ein Schrank, eine Kommode, ein Tisch – es waren Gegenstände, die eine Geschichte hatten und sie noch mit ihrer Familie verbanden. Jetzt, unmittelbar vor dem erzwungenen Auszug, musste alles zugunsten der NS-Volkswohlfahrt versteigert werden. Die Bücher aus der großen Bibliothek mit antiken Klassikern, mit Kunstbüchern und historischen Werken wurden allerdings erst zum Verkauf freigegeben, wenn sie von der Gestapo auf mögliche indizierte Autoren überprüft worden waren.

Eine gut ausgestattete Wohnung, wie die von Betty und Kurt, versprach reiche Beute. Der Erlös der Versteigerung der Möbel und etlicher anderer Gegenstände betrug 2875 RM, bestenfalls ein Bruchteil des eigentlichen Wertes. Manchmal fand eine solche Versteigerung schon direkt in der Wohnung für alle Interessenten statt. Und nicht immer ging es dabei friedlich zu, es wurde geschubst, gedrängt, geschoben, wie Jahre später beim Sommerschlussverkauf. Die Konkurrenz war hart: Es gab viele, die von der Vertreibung ihrer Mitbürger profitieren wollten.

Die Volkswohlfahrt war nicht die einzige Institution, die erpicht war auf die Hinterlassenschaften der »Abgewanderten«. Zwar lautete die offizielle Propaganda, dass Opfer von Luftangriffen (»Fliegergeschädigte Volksgenossen«) vor allen anderen bedacht werden sollten; tatsächlich aber bedienten sich erst einmal Dienststellen von

Gestapo und Partei an Teppichen, Sitzmöbeln, Bücherschränken, Schreibmaschinen und anderen geraubten Besitztümern, selbst der Zollgrenzschutz reichte Wunschzettel ein, was die dort arbeitenden Kollegen gern abgezweigt sehen würden – das Spektrum reichte von Besteck, Geschirr, Bettwäsche, Gardinen bis zu Plattenspielern und Handtüchern. An dem Raubzug waren viele beteiligt: Steuer-, Verwaltungsbeamte, Bankangestellte, Spediteure, Lagerverwalter, Unternehmer, Privatpersonen, Parteifunktionäre.

Aber es wurden auch Ansprüche angemeldet: Die »Judenmöbel« aus dem Osten, klagten einige Bürgermeister gegenüber den NS-Behörden, würden ihrer »minderwertigen Qualität« wegen nur »zögernd angenommen«. Man hoffe mit den Lieferungen aus dem Westen auf bessere Ware. Die sollten bald kommen.

Im Herbst 1941 gab es beträchtlichen Nachschub, als das »jüdische Umzugsgut« aus den eroberten oder besetzten Ländern zur Versteigerung freigegeben wurde. Allein was den französischen Jüdinnen und Juden geraubt worden war, belief sich auf Tausende Eisenbahnwaggons, aus den Niederlanden kamen fast 30 000 Tonnen, zudem standen dort noch 4000 Frachtkisten mit dem Besitz emigrierter Juden, die nicht mehr verschifft worden waren, nachdem der Krieg begonnen hatte. Darunter werden sich vermutlich auch die zwei »Lifts« mit den Möbeln von Edith Jacob befunden haben, die ihr Mann im Entschädigungsverfahren vergeblich einzuklagen versuchte.

Die Finanzverwaltungen fühlten sich bald durch die vielen Kaufinteressenten überrannt und in ihren Arbeitsabläufen gestört. Berlin ordnete deshalb ein anderes Vorgehen an: Die Oberfinanzdirektion legte die Verkäufe in die Hände des Einzelhandels; die in seinen Verbänden organisierten Gebrauchtwarenhändler übernahmen die Möbel und Einrichtungen von der Finanzverwaltung, die diese zuvor durch den Gutachter mit Schätzpreisen versehen hatte. An die Finanzverwaltung mussten dann sämtliche Erlöse nach Abzug der Händler-Courtage abgeführt werden.

Später, als die Bombardements schon eingesetzt hatten und immer mehr Ausgebombte versorgt werden mussten, nahm der Bedarf an »Judenmöbeln« sprunghaft zu. Nun erwarb die Stadt komplette Einrichtungen von »Judenwohnungen für Obdachlose nach Luftangriffen«, musste dafür aber 700 RM an die Oberfinanzkasse zahlen, ein »Untermieter«-Zimmer war preiswerter, es kostete 175 RM. Der Verkauf der kärglichen Ausstattung von Bertha Sternsons Zimmer dürfte diesen Preis schon gar nicht mehr egalisiert haben.

»Judenhäuser« zum Schnäppchenpreis

Besonders begehrt und heiß umkämpft waren Grundstücke und Häuser aus jüdischem Besitz. Die Behörden, denen man einen Einfluss auf die Vergabe solcher Grundstücke zutraute, wurden mit Briefen bombardiert, die die besonderen Verdienste der Schreibenden herausstellten. Da wurde auf die gefestigte und bereits mehrfach unter Beweis gestellte nationalsozialistische Gesinnung verwiesen, auf den vorbildlichen Kinderreichtum oder eine Kriegsverletzung. Auch hier rettete sich das Finanzministerium vor dem Ansturm der Bittsteller schließlich mit einer Verkaufssperre – die Frontsoldaten, derzeit nicht in der Heimat, dürften nicht übergangen werden, erst nach dem Krieg werde verkauft. Das Argument half nicht immer. Die meisten Interessenten waren hartnäckig.

Siegfried Kurt Jacob verkaufte das Haus in der Berchtesgadener Straße schon 1939. Nur mit diesem Erlös, so erklärte er im Entschädigungsverfahren, habe er die Judenvermögensabgabe für seine Frau Edith und sich zahlen können. Auch für die Flucht von Edith im Januar 1939 war Geld gebraucht worden. Vermutlich waren große Teile seines Barvermögens konfisziert worden, nachdem er wegen nicht vollständiger Vermögensangaben 1938 zu einer Gefängnisstrafe verurteilt worden war. Wie viel Geld für den Verkauf des Hauses geflossen ist, lässt sich leider aus der Grundbuchakte nicht ermitteln. In ihr ist nur die Auflassungsvormerkung von Frau

Jenny von Bering mit 5000 RM eingetragen, aber weder der Kaufpreis noch die Eigentumsübertragung. Gegenüber den jüdischen Bewohnern des Hauses trat sie als neu Eigentümerin auf. Sie wird günstig an diesen Besitz gekommen sein, Jacob brauchte Geld und tauchte später ohnehin unter.

Nach dem Krieg kämpften Siegfried Kurt Jacob, Klara Bratt und Johanna Lewin um die Rückgabe ihrer Grundstücke und Häuser. Klara Bratt um ihre Wohnung in der Motzstraße, Siegfried Kurt Jacob um seine Häuser in der Berchtesgadener und in der Jagowstraße, Johanna Lewin und ihre Kinder um das Haus in der Spener Straße 49, das sie zu einem Spottpreis an den Fleischermeister Sauer und seine Frau Margarete verkaufen mussten, um ihre Auswanderung zu finanzieren. Hermann Sauer war wegen eines Vergehens gegen die »Verordnung zum Schutz von Volk und Staat« im Mai 1937 zu einem Jahr Gefängnis verurteilt worden – vielleicht erschien er den Lewins deshalb als durchaus geeigneter Käufer. Er hat seinen Besitz vermutlich aber nie angetreten, der von ihm mit dem Erwerb der Immobilie betraute Rechtsanwalt Iwan Goldschmidt wurde deportiert.

Die nachfolgenden Häuserbesitzer sprachen sich selbst von jeder Schuld und Verantwortung frei – sie hatten das jüdische Eigentum doch rechtmäßig erworben. Dass es sehr günstig gewesen war, das lag nicht in ihrer Verantwortung, das war »von oben« so geregelt worden.

»Station Z«: Max Markus

Angeführt von dem dreißigjährigen Elektriker Herbert Baum, einem jüdischen Zwangsarbeiter, flanierten zwölf junge Menschen am frühen Abend des 18. Mai 1942 durch die Anlagen des Berliner Lustgartens, seit 1935 Aufmarsch- und Kundgebungsplatz der Nationalsozialisten. In seinen Räumen wurde die Propaganda-Ausstellung »Das Sowjetparadies« gezeigt. Die zwölf waren zu einem Anschlag auf die Ausstellung verabredet. Das Attentat missglückte, nur ein leichter Schwelbrand entstand. Am nächsten Tag konnte die Ausstellung wieder eröffnet werden.

Joseph Goebbels hatte diese Propagandashow unter dem höhnischen Titel »Sowjetparadies« inszeniert. Sie zeigte Fotos von russischen Kriegsgefangenen, die in Sachsenhausen ermordet worden waren. Sie zeigte sie so, dass deren angebliche Primitivität, zivilisatorische Rückständigkeit und rassische Minderwertigkeit anschaulich zum Ausdruck kam – Goebbels beherrschte die Manipulation der Bilder. Vor allem aber sollte die Ausstellung dem Zweck dienen, die Sowjetunion als einen Raum vorzuführen, dessen »germanische Durchdringung« einer Kulturmission gleichkam. Mit ihr werde der 25-jährigen Herrschaft der grausamen »bolschewistisch-jüdischen Machtclique« ein Ende bereitet. Die Wehrmacht sah sich zu diesem Zeitpunkt im Russlandfeldzug noch auf der Siegesstraße. Aber der Wendepunkt des Zweiten Weltkriegs, die Niederlage bei Stalingrad, sollte nicht mehr lange auf sich warten lassen.

Herbert Baum hatte mit dem Brandanschlag auf die Ausstellung demonstrieren wollen, dass auch Juden entschlossenen Widerstand leisten konnten. Von kommunistischen Widerständlern wurden sie nicht gern aufgenommen, jüdische Mitglieder galten als Risiko. Alle aus der Gruppe Baum wurden wenige Tage später verhaftet, etliche von ihnen hingerichtet. Baum selbst erhängte sich in der Haft.

Dass es junge Juden waren, die ein solches Attentat gewagt hatten, erregte den besonderen Zorn der Nazi-Größen. Hitler konnte sich in einen Racherausch hineinsteigern, wenn er sich und die Seinen bloßgestellt sah. Der »Führer« habe ihm erlaubt, notierte Goebbels in seinem Tagebuch, »500 jüdische Geiseln zu verhaften«. Binnen Stunden hatten die Berliner Polizeibehörden eine Liste von jüdischen Männern zusammengestellt, die mit dem Sprengstoffanschlag in gar keiner Verbindung standen. 250 wurden sofort erschossen, 250 in Konzentrationslager deportiert.

Max Markus aus der Berchtesgadener Straße 37 war einer von ihnen.

Ich hatte lange nach ihm gesucht. Auf einer Deportationsliste war sein Name nicht zu finden, erst auf einer rätselhaften Zusammenstellung von Namen vieler Juden aus allen Teilen Berlins fand ich Max Markus mit seinem Geburtsdatum und Geburtsort und dem »letzten Wohnsitz« (Berchtesgadener Straße 37) wieder.

Das Datum vom 27. Mai 1942 erklärte, was sie untereinander verband. Es war das Namensverzeichnis von 154 Männern, das die Stapo(Staatspolizei)leitstelle Berlin auf Anordnung des Reichskanzlers und seines Propagandaministers zusammengestellt hatte. Mit der »Sonderaktion XIV/8671-8823« waren diese Männer in Geiselhaft genommen worden, die Vergeltungsmaßnahme für den Brandanschlag der Gruppe Baum. Max Markus, 49 Jahre alt, als er verhaftet wurde, war einer dieser 154 auf der Liste.

Ihn und die anderen Verhafteten brachte man in zwei Transporten am 28. und am 29. Mai ins Konzentrationslager Sachsenhausen. Vermutlich am Abend des 28. Mai tötete die Lager-ss die ersten der Selektierten in der »Station Z«, wo gerade eine neue Erschießungsanlage fertiggestellt worden war und jetzt erstmalig getestet werden konnte; am Morgen des 29. Mai setzte sie ihre mörderische Aktion fort. Die Verhafteten mussten sich – angeblich, um vermessen zu werden – an eine Wand stellen, in die eine Öffnung eingelassen war, durch die sie per Genickschuss getötet wurden.

Am 5. Juni meldete die Stapo-Leitstelle Vollzug. Sie schickte die Namen der Verhafteten an den »Herr Oberfinanzpräsident, Vermögensverwertungsstelle«; nicht mehr von allen, bedauerte sie, habe sie noch eine Vermögenserklärung beschaffen könne. Aber sie habe bereits »dem (sic!) Herrn Reichsminister des Innern gebeten, die Volks- und Staatsfeindlichkeit der in Frage stehenden Juden festzustellen und die Einziehung des Vermögens zu veranlassen«. »Kümmerliche Bildung« hätte Marcel Reich-Ranicki dem Schreiber angesichts solcher Grammatikfehler attestiert.

»Z«, der letzte Buchstabe des Alphabets, markierte das Ende im Leben von Max Markus. Am 27. Mai 1942 verhaftet, einen Tag später tot. Ermordet als Vergeltung für einen Anschlag, mit dessen Planung, Durchführung und Tätern er gar nichts zu tun hatte.

Niemand stellte für ihn einen Entschädigungsantrag. Seine Ex-Frau Gertrud Kronenberg war schon lange tot. Aber eine Frau namens Claudia Zweig, die sich als seine Verlobte bezeichnete, schickte nach 1945 einen Suchantrag an das »tracing office« des American Jewish Joint Distribution. 1946 erhielt sie die Antwort: Max Markus' Name sei auf keiner Liste der Zurückgekehrten aufgeführt.

»I desire the passport for the purpose of protection«

Als Paula Pauline Suransky in die Berchtesgadener Straße kam, war der aus Kolberg stammende Louis Kayser, der seit Jahren eine Wohnung in unserem Haus bewohnte, schon gestorben; aber Emmy, seine Ehefrau, lebte noch, als Paula bei ihr einzog. Und bald stießen weitere »Untermieter« dazu: Max Markus, möglicherweise auch das Ehepaar Max und Johanna Lewin. Emmys Kinder Gerda und Fritz Kayser, die Zwangsarbeit leisten mussten, waren vielleicht schon in das »Judenhaus« der benachbarten Landshuter Straße 4 eingewiesen. Dort fanden sie wieder zusammen mit Paula Suranskys Tocher Alice Klein, die ebenfalls Zwangsarbeiterin war und dort einquartiert wurde.

Alice war das einzige Kind von Paula und Joseph Suransky. Zwei Kinder, Berthold und Lilly, wurden nicht einmal ein Jahr alt, nur die 1904 geborene Alice überlebte. Da wohnte die Familie noch in der Rosenthaler Straße im heutigen Berlin-Mitte, ganz in der Nähe von Josephs Eltern.

Einige der in der Berchtesgadener Straße zur unfreiwilligen Gemeinschaft zusammengeführten Bewohner kannten einander schon. Max Markus und Joseph Suransky zum Beispiel – Joseph war Max' Trauzeuge gewesen. Auch die Familien Kayser und Suransky haben sich schon vorher gekannt, sowohl Paulas Mann als auch Louis Kayser waren im Textilgewerbe tätig gewesen, Louis als Vertreter, Joseph als Besitzer eines Versandhandels. Mit dem 1938 erlassenen Verbot für Juden, selbständig ein Unternehmen oder einen Handwerksbetrieb zu führen, wird es für beide mit den beruflichen Möglichkeiten vorbei gewesen sein. Mehr als zwei Drittel aller ehemals jüdischen Betriebe wurden bis zum Sommer 1938 arisiert oder aufgelöst.

Vom Gefängnis ins Lager

Joseph war amerikanischer Staatsbürger und während seiner amerikanischen Jahre mal in New York, dann in San Francisco, am Schluss in Philadelphia tätig gewesen. Dort lernte er modernere Vertriebsmethoden kennen, die er für seinen »Cottbus-Aachener-Tuch-Versandhandel« nutzte. In beiden Städten, Cottbus und Aachen, Ost und West, existierte seit dem 18. Jahrhundert eine florierende und hoch entwickelte Tuchindustrie, in der mehr als ein Drittel der beteiligten Unternehmen in jüdischer Hand lag. Anfänglich profitierten sie noch von der gestiegenen Nachfrage der Nationalsozialisten insbesondere nach Uniformen, bald aber wurden jüdische Unternehmen immer häufiger von den Aufträgen ausgeschlossen, bis sie mit der 1938 eingeleiteten »Lösung der Judenfrage auf wirtschaftlichem Gebiet« (Reichsminister des Innern Wilhelm Frick) ihre ökonomische Basis verloren und bis 1940 alle arisiert wurden.

Im August 1914, unmittelbar nach Ausbruch des Ersten Weltkriegs, stellte Joseph bei der amerikanischen Botschaft einen Eilantrag auf einen amerikanischen Pass (Emergency Passport Application) für seine Frau Paula und seine Tochter Alice, um sie während des Krieges durch die amerikanische Staatsbürgerschaft zu schützen (»I desire the passport for the purpose of protection in time of war«). Sein Antrag war wohl erfolglos, die Familie blieb in Berlin. Fast drei Jahrzehnte später sollte Joseph die Erfahrung machen, dass ihn auch die amerikanische Staatsbürgerschaft nicht vor der Ermordung bewahren konnte.

Sein letzter Wohnsitz war in der Schöneberger Rosenheimer Straße, wenige Häuser von seiner in unserem Haus zwangseinquartierten Frau Paula entfernt, bis er verhaftet wurde – für welches Vergehen, ist leider nicht mehr zu ermitteln, es reichte ja schon, den Judenstern nicht getragen oder gegen die seit September 1939 für Juden erlassene abendliche Ausgangssperre verstoßen zu haben. Im Januar 1942 wird Joseph Suransky direkt aus dem Berliner

Polizeigefängnis zum Transportzug nach Riga gebracht, Paula wird am 11. September 1942 aus der Berchtesgadener Straße 37 nach Theresienstadt deportiert, von dort weiter ins Vernichtungslager Treblinka geschickt, wo sie Ende September ums Leben kommt.

»Schikanen-Promenade«

Ihre Tochter Alice, mit Martin Klein verheiratet, dürfte von Paulas Deportation erfahren haben, sie wohnte da schon – zwei Straßen von ihrer Mutter entfernt – in der Landshuterstraße 4, wo auch die Kinder von Louis und Emmy Kayser, Fritz und Gerda Johanna Luise, eingewiesen waren. Als Zwangsarbeiter blieben die drei für einige Monate von der Deportation verschont. Göring forderte immer wieder Aufschub, die Wirtschaft dürfe nicht gefährdet werden, mahnte er. In Berlin war der Bedarf an Zwangsarbeitern groß, besonders für die »kriegswichtigen« Betriebe. Allein 3000 waren bei Siemens tätig.

Die normalen Dienstzimmer des Berliner Arbeitsamtes durften Juden seit Ende des Jahres 1938 nicht mehr betreten. Für sie war eine gesonderte Zentraldienststelle geschaffen worden, die zum 1. Dezember 1938 ihre Tätigkeit aufnahm. Sie sollte dafür sorgen, »alle arbeitslosen und einsatzfähigen Juden« beschleunigt zur Beschäftigung zu zwingen. Alice, Gerda und Fritz mussten den Gang in die »Schikanen-Promenade« antreten – so nannten die Berliner Juden die »zentrale Dienststelle für Juden« an der Fontanepromenade in Kreuzberg –, um dort ihren Einsatzort zu erkunden. Hoffentlich war ihre Arbeitsstelle nicht allzu weit von ihrer Wohnung entfernt, denn schließlich durften sie keine öffentlichen Verkehrsmittel nutzen. Außerdem wurden ihnen bevorzugt körperlich schwere Tätigkeiten, wie Abbruch- und Planierungsarbeiten, zugewiesen, zumal sie grundsätzlich – unabhängig von ihren Qualifikationen – als »ungelernte Arbeiter« eingestuft wurden. Der Textilvertreter Kurt Baron war bei seinen Zwangsarbeitseinsätzen als Bauarbeiter, Transportarbeiter, Tiefbauarbeiter tätig.

Ohne die jüdischen, etwas später dann die ausländischen Zwangsarbeiterinnen und Zwangsarbeiter wären die nationalsozialistische Kriegswirtschaft und die Versorgung der deutschen Bevölkerung zu der Zeit nicht mehr möglich gewesen; sie ersetzten die an die Front beorderten Männer – als Fachkräfte wie auch am Fließband in der sich rapide ausdehnenden Rüstungsproduktion, sie wurden aber auch in der Landwirtschaft und im Handwerk, in der Privatwirtschaft und als Haushaltshilfen oder Kindermädchen eingesetzt. Jeder vierte in Industrie und Landwirtschaft Beschäftigte stammte aus dem Ausland, in manchen Rüstungsbetrieben lag ihr Anteil zwischen 70 und 80 Prozent. Jede Großstadt wies ein ganzes Netz von Lagern und Zwangsarbeiter-Unterkünften aus.

Mehr als zwanzig Millionen Menschen aus ganz Europa, Kriegsgefangene, KZ-Häftlinge, Juden, Roma, Sinti, arbeiteten unfreiwillig für den NS-Staat. Die größte Gruppe bildeten aus den besetzten Gebieten Europas verschleppte Zivilarbeiter – mehr als acht Millionen. Die Westeuropäer unter ihnen, Franzosen, Niederländer, Belgier, wurden sehr viel besser behandelt als etwa die Polen.

Ganz unten standen die »Ostarbeiter«, Menschen aus der Sowjetunion.

Iwan mit der Mundharmonika

Wenn meine Mutter von Iwan erzählte, den ich nie kennengelernt, von dem ich nie ein Foto gesehen habe, bekam ihre Stimme einen warmen Ton. Wer war Iwan?

Ein Zwangsarbeiter? Er taucht auf keiner Liste der in meiner schleswig-holsteinischen Heimatstadt überschaubaren Zahl an identifizierten Zwangsarbeitern auf. Meine Mutter hatte den österreichisch-ukrainischen Achtzehnjährigen als »Dienstverpflichteten« zugewiesen bekommen, zusammen mit dem »bärenstarken« Kleinkriminellen Joseph, der unter Alkoholeinfluss zum unberechenbaren Berserker wurde. Sie sollten ihr helfen, den »kriegswichtigen«

Lebensmittelgroßhandel ihres Mannes aufrechtzuerhalten, da dieser zu seinem anhaltenden Unmut für Hitler Wehrdienst leisten musste.

Zu den Jugendlichen aus der Ukraine zwischen achtzehn und zwanzig Jahren, für die 1942 ein zweijähriger Pflichtdienst im Reich eingeführt wurde, kann Iwan nicht gehört haben, er kam 1941 zu uns. War Iwan ein Zivilarbeiter, gehörte er zu jenen ausländischen Arbeitskräften, die von den Deutschen für den »Reichseinsatz« bereits vor dem Krieg angeworben wurden, nach Kriegsbeginn dann insbesondere in den besetzten Gebieten? Es waren nicht wenige, die dem Werben folgten, da sie im Deutschen Reich bessere Lebensbedingungen hatten als in ihren drangsalierten Herkunftsländern. Oder kam Iwan aus Österreich, dem Land seiner Mutter, zu meiner Mutter, weil er die Nationalsozialisten bewunderte?

Meiner Mutter jedenfalls war auch nach Jahrzehnten noch sehr bewusst, was sie ihm verdankte. Ohne seine Hilfe hätte sie die Arbeit in der Firma nicht bewältigen können. Zeitweilig gab es nur ihn und Joseph, die die fünfzig Kilo schweren Säcke mit Zucker oder Erbsen über die Treppen die Stockwerke hoch ins Lager tragen konnten. Alle anderen männlichen Angestellten waren zum Militärdienst eingezogen.

Weihnachten verbarrikadierte meine Mutter die Fenster vor den neugierigen Blicken möglicher Denunzianten und holte Iwan an den Familientisch, was verboten war – keine Fraternisierung mit den Fremdarbeitern. Nach dem Festessen, das am Heiligabend aus Karpfen blau mit Meerrettich bestand, spielte meine Mutter Weihnachtslieder auf dem verstimmten Klavier, und Iwan begleitete sie auf seiner Mundharmonika. Meine drei ältesten Geschwister, die damals schon geboren waren, liebten Iwan.

Für meine Mutter werden es tatsächlich Stunden des Schönen gewesen sein – sie schuftete, brieflich ermahnt von meinem Vater aus dem Feld, um »das Geschäft« am Laufen zu halten, ihre drei Kinder zu versorgen und die zahlreichen Verordnungen im Auge zu behalten, die besonders für knapper werdende Lebensmittel in Zeiten der Rationierung galten.

Meine Mutter und Iwan haben noch einige Jahre nach 1945 Briefe gewechselt, Iwans letztes Schreiben kam aus seiner neuen Heimat Australien.

Seine größte Tat aber war, so erzählte meine Mutter später, dass er polnische Kriegsgefangene oder Zwangsarbeiter, die nach ihrer Befreiung marodierend durch unsere schleswig-holsteinische Heimatstadt zogen, daran hinderte, das Lebensmittellager zu plündern. Wie er das genau gemacht hat, habe ich nicht erfahren. Ich vermute, dass er ihnen gab, was sie lange entbehrt hatten, und sie dann zum Abzug überredete.

Großrazzia

Ende des Jahres 1942 glaubte Hitler, für die jüdischen Zwangsarbeiter Ersatz gefunden zu haben, sie sollten durch ausländische Zwangs- und Zivilarbeiter ausgetauscht werden. Damit waren die bisher zurückgestellten Jüdinnen und Juden freigegeben für die Deportation. Alle Berliner Betriebe erhielten im Dezember 1942 die Nachricht, dass ihre jüdischen Beschäftigten bis spätestens Ende März 1943 »evakuiert« werden würden. Da waren noch rund 15 000 jüdische Zwangsarbeiter in der Stadt registriert.

Gestapo und bewaffnete SS-Angehörige riegelten am Morgen des 27. Februar 1943 in Berlin etwa 100 Betriebe ab und trieben die verhafteten jüdischen Zwangsarbeiter mit Kolbenhieben auf die Ladeflächen offener Lastkraftwagen, mit denen sie zu den Sammelstellen gebracht wurden. Die Niederlage in Stalingrad im Januar 1943, deutliches Indiz einer Kriegswende, beschleunigte die Deportationen.

Vielleicht wurde auch Alice Klein, geborene Suransky, wie andere, die durch den Judenstern kenntlich waren, an diesem kalten klaren Wintertag von der Schutzpolizei auf offener Straße aufgegriffen. Oder sie wurde mitgenommen, als die Gestapo Wohnungen durchsuchte. Insgesamt verhaftete sie bei dieser Großrazzia (»Fabrik-Aktion«) etwa 11 000 Jüdinnen und Juden, unter ihnen war auch Kurt Baron aus unserem Haus. Fast 4 000 gelang es, vorerst in die Illegalität abzutauchen. Viele von ihnen waren schon Tage vorher von Mitarbeitern, Chefs oder Polizisten vor einer »großen Aktion« gewarnt worden, sie sollten doch besser »irgendwo untertauchen«. Und manche ahnten, was kam, weil sie in den Wochen davor plötzlich polnische Zwangsarbeiter an ihren Arbeitsplätzen anlernen mussten.

In der Nacht vom 1. auf den 2. März 1943 bombardierten die Alliierten den Süden, den Westen Berlins und das Bayerische Viertel, es war einer der größten Luftangriffe auf die Stadt. Die noch nicht abgeholten Zwangsarbeiter, wie Alices Mitbewohner Fritz und Gerda Kayser oder das Ehepaar Moritz und Martha Kallmann, müssen dabei Hoffnung geschöpft haben, dass die Bomben die Deportationen unterbrechen könnten. 160 000 Menschen wurden durch den Großangriff obdachlos und irrten durch die von schwefelgelber Luft geschwängerten Straßen. Die nationalsozialistische Todesmaschinerie ließ sich davon nicht aufhalten: Am 1. März 1943 wird Gerda Kayser auf den Zug nach Auschwitz gesetzt, ihr Bruder Fritz folgt einen Tag später, mit ihm auch Gertrud Kolmar. »Ich sterbe wie die Vielen sterben«, das hatte sie schon lange gewusst.

Das Ehepaar Moritz und Martha Kallmann, viele Jahre Mieter in der Berchtesgadener Straße, bis sie nach Lankwitz zogen, wurde aus der Kaiserstraße, der späteren Karl-Liebknecht-Straße in Berlin-Mitte geholt, wo es bei Familie Gottlieb eingewiesen worden war, die das Schicksal der Kallmanns teilte. Nicht einmal auf ihrer Todesreise ins Vernichtungslager konnten Moritz und Martha sich noch gegenseitig beistehen; Moritz Kallmann wurde am 3. März 1943, seine Frau am 4. März nach Auschwitz deportiert.

Acht Tage später, am 12. März 1943, drei Tage vor ihrem 39. Geburtstag, wird auch Alice Klein nach Auschwitz-Birkenau deportiert.

Ausgeliefert

Alices Mann Martin Klein war schon Monate vor seiner Frau nach seiner Auslieferung an Frankreich nach Auschwitz gebracht worden. Ihm war offensichtlich noch die Flucht aus Berlin gelungen, oder er war rechtzeitig emigriert, darüber sind keine Dokumente auffindbar. Angeblich wurde er in Belgien aufgegriffen, von hier aus hofften die Flüchtlinge, ins unbesetzte Südfrankreich zu gelangen oder weiter nach Spanien, Portugal oder Palästina. Aber als die deutsche Wehrmacht im Mai 1940 Belgien überrollte, wurde jeder, den man aufgriff, nach Frankreich ausgewiesen. Das widerfuhr auch Martin Klein.

Die französischen Vichy-Behörden, die im unbesetzten südlichen Teil des Landes regierten, behandelten jüdische Flüchtlinge wie ihn als »unerwünschte Ausländer« und transportierte sie meistens in das Internierungslager Camp de Concentration de Saint-Cyprien. Fast 90 000 Gefangene wurden dort festgehalten, mehrheitlich Kämpfer der Internationalen Brigaden, die nach dem Sieg des faschistischen Franco-Regimes aus Spanien ins benachbarte Frankreich geflohen waren.

Martin Klein kam von dort in das unter französischer Bewachung stehende berüchtigte Sammellager Drancy, zwanzig Kilometer von Paris entfernt, und wurde dann an das Deutsche Reich übergeben. Am 17. August 1942 saß er im Zug, der das Vernichtungslager Auschwitz-Birkenau anlief – so die Recherchen von Serge und Beate Klarsfeld, die sie als »Mémorial de la déportation des juifs de France« 1978 veröffentlichten.

Wenige Monate später traf Martins Frau Alice Klein dort ein. Sie wird nicht gewusst haben, dass hier auch das Leben ihres Mannes endete.

Das »Wiener Modell«

Der »Judenexperte« Adolf Eichmann bezeichnete ihn als seinen besten Mann: SS-Hauptsturmführer Alois Brunner aus Wien, der gern damit prahlte, auch schon mal Menschen deportiert zu haben, die gar nicht deportiert werden sollten. In Berlin allerdings führte genau das zu seiner Ablösung.

Sein Aufstieg hatte mit dem »Anschluss« Österreichs an das Deutsche Reich begonnen. Als Mitarbeiter Eichmanns in der »Zentralstelle für jüdische Auswanderung« im Palais Rothschild hatte Brunner das sogenannte »Wiener Modell« entwickelt, das Schule machte: Er zwang die Jüdische Gemeinde zur Einhaltung von Deportationsquoten, plünderte seine jüdischen Opfer aus und »nationalisierte« ihren Besitz, um ihn anschließend zu verkaufen oder unter verdienten Parteigenossen zu verteilen.

Die einzige Tochter

Als Alice Heinrichsdorff, die bei den Schwestern Else Herzfeld und Hedwig Steiner untergekommen war, am 29. November 1942 von der Gestapo abgeholt und nach Auschwitz deportiert wurde, lag die Organisation der »Evakuierung« der Berliner Jüdinnen und Juden schon bei Alois Brunner, der seinem einstigen Chef Eichmann nach Berlin gefolgt war. Brunner hatte seine Wiener SS-Männer mitgebracht, um die »Entjudung« effizienter zu organisieren. Die Berliner Gestapo-Beamten galten als »schlapp«, etliche von ihnen als korrupt – sie hatten Wohnungen von Juden überfallen und Deportierte ausgeraubt.

Der SS-Hauptsturmführer praktizierte auch in Berlin seine »Wiener Methoden«, sperrte ganze Straßenzüge und Wohnblocks, ließ wahllos Menschen verhaften, die seine Greifer für Juden hielten, und ins Sammellager Große Hamburger Straße bringen. Dort hatte er seine Einsatzzentrale, und dort holte die Gestapo, assistiert von der Jüdischen Kultusvereinigung, alle bürokratischen Arbeiten für die Vermögensverwertung und den Abtransport nach. Das sparte Zeit und war genauer zu kontrollieren. Doch der Wiener Hauptsturmführer war zu ehrgeizig, bei seinen willkürlichen Verhaftungen kam es zu etlichen Fehlgriffen, die zu wütenden Protesten von Nichtjuden führten. Ende Januar 1943 wurde Brunner abgelöst.

Auch Alice Heinrichsdorff wurde vor ihrer Deportation ins Sammellager Große Hamburger Straße gebracht, sie kam auf den ersten Transport, der dort zusammengestellt wurde. Über sie konnte ich nur wenig in Erfahrung bringen. Die 1893 geborene Tochter des »doctor medicinae« und späteren Sanitätsrats Simon Heinrichsdorff und seiner Ehefrau Anna, geborene Cohn, war nach dem Tod ihrer Schwester Käthe die dem Ehepaar einzige verbliebene Tochter. Ihre Mutter Anna Cohn-Heinrichsdorff musste die mörderische Politik der Nazis nicht mehr erleben, sie starb 1933 in Kolberg im Krankenhaus.

Alices Cousine Recha Rebekka Frankenstein überlebte, sie war nicht weit entfernt von Alice in ein Haus der Bregenzer Straße 1–2 zwangseingewiesen worden, zusammen mit ihrem Mann Julius, der dort im Januar 1941 starb, angeblich an Angina pectoris. Im August 1942 wurde Recha nach Theresienstadt deportiert.

Ein Zug fährt durch die Nacht

Als sich das Ende des »Dritten Reiches« abzuzeichnen begann, nutzte Reichsführer-ss Heinrich Himmler Jüdinnen und Juden als Verhandlungsmasse gegenüber den Alliierten. Er glaubte tatsächlich, mit den Westmächten auf Augenhöhe verhandeln und im Schulterschluss mit Amerikanern wie Briten gegen Stalins Rote Armee marschieren zu können. Er nahm Kontakt mit dem ehemaligen Vorsitzenden des Schweizerischen Bundesrates Jean-Marie Musy auf, und am 15. Januar 1945 ordnete er die Abfertigung eines Transports von Jüdinnen und Juden aus Theresienstadt in die Schweiz an.

Tatsächlich verließ ein Sonderzug mit 1200 Jüdinnen und Juden am 5. Februar 1945 Theresienstadt. Weder die Ausreisenden noch die im Getto Verbliebenen wussten, was diese Aktion zu bedeuten und welches Ziel sie hatte. Viele hielten das Ganze für eine Scharade, ein Täuschungsmanöver der Nazis, erst als ausländische Rundfunksender meldeten, dass der unbeleuchtet durch die Nacht fahrende Zug tatsächlich in der Schweiz eingetroffen war, glaubte man das Unwahrscheinliche.

In Augsburg hatten alle mitfahrenden Häftlinge die Judensterne entfernen müssen, gegen Mitternacht übernahm die Schweizer Armee den Zug. Am Abend des 7. Februar 1945 trafen die Freigelassenen in St. Gallen ein. Sie wurden an verschiedenen Orten der Schweiz untergebracht, bis sie in die USA ausreisen durften.

Für Recha Rebecca Frankenstein wurde das am 24. März 1945 möglich. Da war sie 69 Jahre alt, vielleicht aber hat sie das Leben in einer anderen Kultur, mit einer anderen Sprache dann doch gescheut. Ihr letzter Wohnsitz vor ihrem Tod war Montreux in der Schweiz, das zumindest geht aus dem Antrag auf Entschädigung hervor, der für sie gestellt wurde.

Etwas Besseres als den Tod

Am 23. April 2021 konnte ich die Akte »Dr. Siegfried Kurt Jacob« in der Entschädigungsbehörde einsehen. Sie war umfangreich, das Verfahren hatte sich über Jahre hingezogen. Endlich löste sich das Rätsel, das mir ziemlich zugesetzt hatte: Was war aus Siegfried Kurt Jacob, dem Eigentümer unseres Hauses, geworden?

Lange hatte ich vergeblich nach einer Spur dieses Mannes gesucht, ausgerechnet von ihm ließ sich, außer dem Besitz des Hauses in Schöneberg und eines weiteren im Tiergarten, ferner der Adresse seiner Kanzlei im Berliner Wedding, nichts, aber auch gar nichts an Spuren finden. Ich war frustriert.

Erst aus seiner Akte erfuhr ich, dass er 1942 untergetaucht war und zweieinhalb Jahre bei verschiedenen mutigen Menschen ein Versteck gefunden hatte, hauptsächlich bei Frauen, die bereit waren, ihr Leben für ihn aufs Spiel zu setzen. Ihre Namen waren Hoffnungsschimmer in diesen finsteren Zeiten, die Jacob überstanden hatte.

Jetzt sah ich zum ersten Mal ein Foto von Siegfried Kurt Jacob – ein gutaussehender und dominant wirkender Mann, aus dessen Augen Abenteuerlust, Widerstandsgeist und eine gewisse Härte funkeln. Er war bestimmt nicht leicht einzuschüchtern, er strahlte Selbstsicherheit aus. Zwischen den vielen Seiten der Akte befand sich sogar ein von Jacob selbst verfasster Lebenslauf.

Verhaftung

Das Haus in Schöneberg hatte er Ende 1927/Anfang 1928 erworben. Der Rechtsanwalt und Notar, der in München, Heidelberg, Breslau und Berlin studiert hatte, kam aus dem preußischen Posen, das erst nach dem verlorenen Ersten Weltkrieg polnisch geworden war. Er führte eine Anwaltspraxis im Berliner Wedding und fiel, wie alle seine jüdischen Kollegen, unter das Berufsverbot, durch das ihm 1935 das Notariat genommen und 1938 der Rechtsanwaltstitel aberkannt wurde. Als ehemaliger »Frontkämpfer« des Ersten Weltkriegs durfte er anwaltlich länger tätig sein als andere. Und er kämpfte juristisch, wenngleich vergeblich, um seine »Belassung im Amt«.

Am 18. August 1938 wurde er verhaftet und im Juni vom Landgericht zu einem Jahr Haft verurteilt. Jacob hatte gegen die im April 1938 erlassene »Verordnung über die Anmeldung des Vermögens von Juden« verstoßen, als er sein »anmeldepflichtiges Vermögen« gegenüber dem Finanzamt nicht in vollem Umfang offenlegte. Vielleicht musste er Geld abzweigen, um seinen Sohn Hanns-Stephan Günther in Sicherheit bringen zu lassen. Vermutlich stand bereits seit Monaten auch die Flucht seiner Frau Edith fest, denn im Juni 1938 begehrte ihr Mann Auskunft über den Rückkaufwert seiner beiden Lebensversicherungen bei der Aachener & Münchner Lebensversicherungs- und Aktiengesellschaft.

Ebendiese Nachfrage bei der Versicherungsgesellschaft könnte ihm die Haftstraße eingetragen haben. Denn die Berliner Finanzämter hatten ein ganzes Informationsnetz mit Post, Polizei, dem Kreisleiter der NSDAP, der Devisen- beziehungsweise Zollfahndungsstelle, dem Passamt und der Gestapo geknüpft, um durch »persönliche Kenntnis« des Steuerpflichtigen jederzeit etwaige Steuersünden oder andere finanzielle Unterlassungen feststellen zu können. Möglicherweise hatte die Aachener & Münchner Lebensversicherungs- und Aktiengesellschaft Jacobs Nachfrage gemeldet, denn eine solche Bitte um Auskunft ließ den Verdacht aufkommen, hier habe einer geheime Auswanderungsabsichten.

Edith und die britische Dienstbotenkrise

Falsch war das in diesem Fall nicht ganz – nur war es nicht Jacob, sondern seine Frau Edith, die gehen wollte. Möglicherweise hatte Jacob noch Geschäfte zu erledigen, wollte vielleicht Teile seines Vermögens retten oder vor den Nationalsozialisten nicht aufgeben.

Sehr wahrscheinlich aber ist, dass die Ehe mit Edith bereits haltlos geworden war, das Paar wohnte seit Jahren nicht mehr zusammen.

Edith brach im Januar 1939 nach England auf, wo schon ihr Bruder Ludwig Heinrich Zuflucht gefunden hatte. Ihr Name findet sich auf einer Liste der in der Kleinstadt Chislehurst registrierten Flüchtlinge, wo auch ihr Sohn 1940 zu seiner britischen Pflegemutter kam. Bei der Registrierung gab Edith als Beruf »domestic servant«, Haushaltshilfe, an. Ich las das mit einiger Verwunderung. Haushälterin? Das schien so gar nicht zu der Ehefrau eines wohlhabenden Haus- und Grundeigentümers zu passen. Ich konnte mir auch nicht recht vorstellen, dass Edith von Haushaltsführung sehr viel verstand, aber sie hatte keine Wahl. Fast nur noch als »Haushaltshilfen« konnten jüdische Frauen auf die britische Insel kommen, es war eine der wenigen Arbeitsmöglichkeiten, die sich ihnen bot und sie von den Restriktionen der Einwanderung weitgehend verschonte. Wer allerdings gegen die Arbeitsauflage verstieß, konnte abgeschoben werden.

In Großbritannien herrschte seit Jahren eine »Dienstbotenkrise«. Der Beruf war selbst für Sprösslinge aus der Arbeiterklasse unattraktiv geworden – kniend den Boden schrubben, äußerst sparsam mit Mahlzeiten versorgt werden und lange Arbeitszeiten ohne Urlaubsanspruch, einen solchen Job wollte keiner mehr. Flüchtlingsfrauen sollten Abhilfe schaffen.

Der National Council of Women in Greater Britain, immerhin zwei Millionen Mitglieder stark, hatte noch vor dem Krieg eine Art Brandbrief an den Arbeitsminister verabschiedet. Die Frauen sahen ihren Lebensstandard bedroht durch den Mangel an Dienstboten. Man bekam einfach kein Personal mehr. Der Fehlbestand an Haushälterinnen gefährde die Gründung von Familien, warnten die Frauen; der Minister wurde aufgefordert, unverzüglich jungen Frauen aus dem Ausland großzügig eine Arbeitserlaubnis zu erteilen, die ihnen die Einreise ermögliche. Man liegt sicherlich nicht falsch mit der Vermutung, dass die Mehrheit der Mitglieder des National Council of Women zum Umfeld der Tories gehörten, für die ein Leben ohne »servants« unvorstellbar war.

Ab 1939 regelte das zum Innenministerium gehörende Domestic Bureau des Coordinating Committee for Refugees die Aufnahme der Hausangestellten. Pro Woche durfte es 400 Hausangestellte auch ohne Nachweis einer schon gesicherten Arbeitsstelle aufnehmen. Der Andrang war groß. Etwa 20 000 Frauen aus Österreich, Deutschland und Polen konnten sich so in England in Sicherheit bringen.

Bei welcher Familie Edith schließlich Arbeit fand, habe ich nicht herausfinden können. Aber die Tage waren hart für die neuen Haushaltshilfen. Auch Edith wird ihre Erfahrungen gemacht haben mit dem englischen Klassenbewusstsein – als Hausangestellte wurde man als Hausangestellte behandelt. Und das hieß, zwölf Stunden am Tag zu arbeiten und in der Woche nur einen halben Tag frei zu haben. Die englischen Arbeiter und die Gewerkschaften kündigten »energische Opposition« gegen die wachsende Aufnahme ausländischer Hausangestellten an, die die Löhne verdarben und die ohnehin schlechten Arbeitsbedingungen noch verschlechterten. Denn wehren konnten die Frauen sich nicht, der Verlust des Arbeitsplatzes konnte Ausweisung bedeuten. Mit Kriegsbeginn scheinen viele der Frauen auch noch als »nicht zweifelsfrei loyal« von der britischen Regierung eingestuft worden zu sein – was Internierung bedeutete.

Davon blieb Edith vermutlich verschont. Und immerhin war sie in der Nähe ihres Sohnes. Ob sie ihn an ihren freien Tagen sehen durfte? Ihn besuchen konnte? Ich hoffe es sehr, dass sie dieses Glück noch erlebt hat, es währte ohnehin nicht lange.

Im Oktober 1942 kam Edith Jacob in Bromley, das heute ein Stadtteil im Südosten von London ist und früher zur Grafschaft Kent gehörte, bei einer Bombardierung der britischen Insel durch die Deutschen um.

Hanns-Stephan und der Kindertransport

Ihr Sohn war 1939 nach Großbritannien gekommen, da saß sein Vater noch im Gefängnis. Leo Baeck, Präsident der »Reichsvereinigung der Juden in Deutschland«, hatte die internationale Hilfsaktion zur Rettung der Kinder organisiert. Nicht nur Großbritannien, auch die Niederlande, Belgien, Schweden und Frankreich beteiligten sich daran – etwa 20 000 jüdische Kinder entkamen so dem Tod. Bei der Auswahl wurden die Nachkommen besonders gefährdeter Eltern vorrangig berücksichtigt, der Gestapo-Häftling Siegfried Kurt Jacob gehörte sicherlich dazu, zumal Jacob sich gleich nach seiner Entlassung aus dem Gefängnis Lichtenberg propagandistisch gegen das Nazi-Regime betätigte. Und so wird der Name seines Sohnes auf die Liste des Kindertransports gekommen sein.

Hanns-Stephan Günther wurde, betreut vom jüdischen Flüchtlingskomitee, bis zum Sommer 1940 in einem englischen Kinderheim untergebracht, später zusammen mit einem anderen Flüchtling von seiner englischen Pflegemutter in Chislehurst aufgenommen, die für das Flüchtlingskomitee tätig war. Jüdische Jungen hatten es erheblich schwerer als die Mädchen, in einer englischen Pflegefamilie unterzukommen, besonders wenn sie keine Kleinkinder mehr waren. Mädchen zwischen sechs und zehn Jahren galten als unproblematisch, als »formbar« und waren leicht zu vermitteln, Jungen ab zwölf nur unter großen Mühen.

Hanns-Stephan Günther, der in England Howard Stephen Grant gerufen wurde, kam in der englischen Schule nicht gut mit, in Berlin hatte er erfolgreich das Hohenzollerngymnasium in der Martin-Luther-Straße besucht. Wegen des Krieges wurden die englischen Schulkinder oft evakuiert. Das bedeutete, dass auch die Schule gewechselt werden musste. Und: Bessere Schulen in England kosteten auch damals schon Geld. Die englische Pflegemutter, von der ihr Zögling sehr respektvoll und voller Dankbarkeit spricht, verfügte nicht über die finanziellen Mittel, ihn auf eine höhere Schule zu schicken. So wurde er Bücherrevisor, ohne allerdings über die formale berufliche Qualifikation dafür zu verfügen. In dieser Tätigkeit arbeitete er bis zu seiner Einberufung zum Militär. Nach dem Ausscheiden aus der Armee im Februar 1948 versuchte er, die entsprechende Ausbildung nachzuholen, scheiterte aber 1952 im Examen.

Seinen Vater wird er vermutlich gar nicht mehr wiedergesehen haben. Sein eigenes Entschädigungsverfahren setzte er von England aus in Gang. Wahrscheinlich fehlte Howard Stephen Grant das Geld für eine Reise nach Berlin. Als unqualifizierter Bücherrevisor verdiente er nicht viel. Vielleicht hatte er es auch nicht eilig mit einem Wiedersehen seines Vaters. Oder fürchtete er sich, deutschen Boden zu betreten? Oder vor der Begegnung mit Siegfried Kurt Jacob? Zuletzt gesehen hatten sie sich vermutlich, bevor Siegfried Kurt Jacob 1938 verhaftet wurde. Der Vater war inzwischen schwer herzkrank, der Sohn unglücklich, wie wenig er in England beruflich erreicht hatte – der Gedanke, mit der Bilanz seiner beruflichen Misserfolge vor den Vater zu treten, der sich dem mörderischen Tun der Nationalsozialisten so mutig entgegengestemmt hatte, dürfte ihn stark belastet haben.

Erst im Dezember 1956 kam Howard Stephen Grant nach Berlin. Da war sein Vater schon tot.

Untertauchen

Im August 1942 hatte Jacob von dem ehemaligen Anwaltskollegen Philipp Kozower erfahren, dass er für den Transport nach Theresienstadt eingeteilt worden war. Jacob zögerte offenbar nicht, unmittelbar nach Erhalt der Nachricht unterzutauchen, vielleicht hatte er auch längst schon alles für ein Leben im Untergrund vorbereitet. Je länger er gewartet hätte, desto größer wäre die Konkurrenz von Leidensgenossen gewesen.

Als sich im Herbst 1942 die Gerüchte über die massenhafte Ermordung von Juden »im Osten« verdichteten, die immer häufiger von Soldaten auf Heimaturlaub kolportiert wurden, nahm die Zahl der Berliner Jüdinnen und Juden erheblich zu, die sich der Deportation durch Flucht in den Untergrund entzogen. Aber wer sich für die Illegalität entschied, musste über finanzielle Mittel verfügen und über eine gesundheitliche Konstitution, die das Leben im Verborgenen und den quälenden Hunger ertrug – einkaufen konnte man nicht, Lebensmittelmarken hatte man nicht, es blieb nur der Schwarzmarkt, sofern man über das dafür nötige Geld noch verfügte. Und man brauchte Mut, sich dem Schicksal entgegenzustellen, das die Nazis für Juden vorgesehen hatten.

Jacob muss gleich klar gewesen sein, dass sein Name auf der Liste einer der nächsten Deportationen einem Todesurteil gleichkam. Und er mutet an wie einer, der sich den Spruch der »Bremer Stadtmusikanten« zu eigen gemacht hatte: Etwas Besseres als den Tod finden wir allemal. Und doch traf er mit dem Untertauchen eine dramatische Entscheidung von großer Tragweite, denn sie bedeutete ständige Abhängigkeit von anderen, was jemandem wie ihm bestimmt nicht leichtgefallen sein dürfte. Überdies wusste zu diesem Zeitpunkt niemand, wie lange das Regime an der Macht bleiben würde, es stand insgesamt also nicht allzu gut um die Überlebenschancen. Und ohne Verbindungen zu Nichtjuden war ein solches Untertauchen überhaupt nicht möglich.

Bratkartoffeln im Versteck

»Ich gab ihm, was ich entbehren konnte«, sagte Martha Pausch, eine frühere Klientin Jacobs, in ihrer eidesstattlichen Erklärung später gegenüber dem Entschädigungsamt. Sie beherbergte ihn dreizehn Monate lang, vom 20. August 1942 bis zum 23. November 1943. Die gehörlose Olga Walter, bei der Jacob etwas später unterkam, berichtete, sie habe Jacob einmal in der Küche gesehen, als er sich Bratkartoffeln machte – »ohne Fett«, bemerkte sie voller Mitgefühl. Es rührte mich sehr, als ich davon las und diese Szene vor Augen hatte: Jacob und sein Heimweh nach einem Leben, in dem es einst Bratkartoffeln gegeben hatte, vermutlich mit Butter, das Lieblingsgericht so vieler Männer seiner Generation; und die Beobachtung von Olga Walter zeigt, dass sie verstand, worum es dabei ging, sonst hätte sie das vor der Entschädigungsbehörde nicht zu Protokoll gegeben.

Martha Pausch lebte in Berlin-Wilmersdorf, in der damals so genannten Walter-Fischer-Straße 6, die nach dem Krieg umbenannt wurde in Fechnerstraße. Tagsüber konnte Jacob die Wohnung nicht verlassen, auch nicht bei Bombenangriffen in den nahegelegenen Luftschutzkeller flüchten, da die Portiersfrau, so Martha Pausch, ausgesprochen »nazistisch orientiert« war – häufiger fungierten die Hauswarte größerer Mietshäuser als Blockwarte, die alles überwachten.

Im November 1943 wurde Martha Pauschs Wohnung durch Bombeneinschläge zerstört und Jacob dabei verwundet. Für einige Tage kam er bei seinem Anwaltskollegen Max Naumann in dessen Wochenendhaus am Mellensee im südlich von Berlin gelegenen Teil von Brandenburg unter. Dort konnte oder wollte er nicht bleiben und fand für die nächsten Monate, von Mitte Dezember 1943 bis Anfang März 1944, Unterschlupf im Keller der Villa eines weiteren ehemaligen Klienten, des Chemikers Walter Roese, in Erkner, Kurze Straße 1, bis auch dieses Haus im Bombenhagel zerstört wurde.

Zeitweilig musste Jacob Zuflucht in leeren Kellern suchen – wovon mag er an solchen Tagen gelebt haben? Er wird oft gehungert haben. Der Hunger war nicht die einzige Qual: Wie hielt er das Warten, das Misstrauen, die Kälte, die Einsamkeit, die Angst vor Entdeckung aus? Dachte er jemals ans Aufgeben?

Er war nur auf sich gestellt, hatte keine Familienmitglieder bei sich, die einander Mut zusprechen konnten, keine Gruppe, die die Härten eines solchen Lebens auf mehrere Schultern verteilt hätte.

Jüdische Greifer

Jacobs Adressen wechseln danach immer schneller. Bis zum Februar 1945 findet er Aufnahme bei Olga Walter in der Schulstraße 27, bei Erwin Sauerbier in der Nähe seiner Kanzlei in der Weddinger Müllerstraße, dann in der Reinickendorfer Straße 38 bei Margot Swiderski, einer Freundin von Olga Walter, bis von der Gestapo angeheuerte »jüdische Greifer« ihn am 1. April 1945 enttarnten. Jacob wurde verhaftet. Dass er ausgerechnet in der Schulstraße zeitweise Unterschlupf fand, nur wenige Häuser entfernt von dem Sammellager, von dem aus die letzten Transporte nach Auschwitz und Theresienstadt abgingen, war äußerst riskant gewesen. Aber ein Untergetauchter wie Jacob konnte sich seine Verstecke nicht aussuchen.

Am 22. April 1945 wird er zu seiner eigenen Verwunderung plötzlich aus der Haft entlassen. Er selbst führt das in seinem Lebenslauf darauf zurück, dass die Rote Armee bereits in Berlin war, einen Tag vor seiner Entlassung hatten sowjetische Truppen die Stadtgrenze überschritten und am 25. April den Ring um Berlin geschlossen. Und Jacob hatte sich bereits, eindrucksvoll bezeugt von dem Polizeimeister Karl Kühnel, »antifaschistische« Meriten erworben.

Er hielt sich in der Zeit seiner Illegalität nicht immer versteckt. Nachdem er sich falsche Papiere hatte beschaffen können, machte er unter dem Namen »Kurt Koch, von Beruf Buchhalter« wieder »antifaschistische Propaganda« in den Kneipen des »roten Wedding«, er habe sich auch schon vor seinem Untertauchen »propagandistisch als Redner gegen die Hitler-Regierung betätigt«, gibt er in seinem Lebenslauf vor der Entschädigungsbehörde an. Ob ihm das bei den Beamten dieser Behörde wirklich zum Vorteil gereichte, mag dahingestellt sein.

Im Wedding waren seine Kanzlei und seine Wohnung, in diesem Bezirk kannte er sich aus. Er rief zu Sabotageakten in Rüstungsfabriken auf, zu verzögerten Arbeitsabläufen, Beschädigungen der

Maschinen, fehlerhaften Produkten – das bescheinigte ihm der Polizeimeister Karl Kühnel, der Jacob im Oktober 1943 in einer Kneipe kennen- und schätzen gelernt hatte, in seiner eidesstattlichen Erklärung vom 1. September 1945. Er habe Jacob für seinen Mut bewundert, für seine rhetorische Gewandtheit und für »die Entbehrungen, die er sich hinsichtlich des Essens auferlegte«, gab Kühnel zu Protokoll.

Vielleicht hatte Jacob es einfach nicht mehr ausgehalten, unsichtbar zu bleiben, oder er rechnete mit dem baldigen Ende des längst verlorenen Krieges. Und dennoch: Mit den falschen Papieren brachte er sich und andere in höchste Gefahr. Der Mann, der für die Verteilung von Lebensmittelkarten im Haus von Olga Walter zuständig war, wunderte sich, dass er keine Karten für den inzwischen unter den Mietern bekannten »Kurt Koch« hatte. Es gab von Seiten der Bewohner, so Olga Walter, ohnehin bereits Mutmaßungen, Jacob alias Kurt Koch sei ein untergetauchter Jude. Er musste ihre Wohnung verlassen, blieb aber im Wedding und zog weiterhin in seinen »antifaschistischen Kampf«.

Monate nach Kriegsende, ab dem 20.11.1945, ist Jacob wieder ordnungsgemäß polizeilich in seiner alten Wohnung in der Weddinger Müllerstraße 52 gemeldet, vielleicht war sie unzerstört geblieben oder zumindest bewohnbar. Ich kann mir nicht vorstellen, dass sie angesichts der Knappheit von Wohnraum und vielen im Krieg Ausgebombten leer gestanden hat. Wer mag dort gewohnt haben, als eines Tages der Eigentümer vor der Tür stand? Jacob dürfte bei seinem Einzug auf polizeiliche Unterstützung gezählt haben, vielleicht von Karl Kühnel, der schon wieder im Polizeidienst war.

Jacobs Kampf um Entschädigung

Aus den Akten geht hervor, dass er einen ersten Versuch, Entschädigung für sein geraubtes Vermögen einzufordern, offensichtlich bereits 1945 unternahm: für die Grundstücke Berchtesgadener

Straße 37 in Berlin-Schöneberg und Jagowstraße 47 in Tiergarten/Moabit. Dort besaß er ganz in der Nähe der damals größten Berliner Synagoge in der Levetzowstraße, die als Sammellager vor dem »Abtransport« diente, ein weiteres Haus. Ferner wollte er für etliche Wertpapiere, zwei Lebensversicherungen, diverse Kunstwertgegenstände, Bilder, Bronzestatuen, die Einrichtung einer Fünfeinhalb-Zimmer-Wohnung entschädigt werden und für die ihm entstandenen Verluste aufgrund der entzogenen Berufszulassung. Im Dezember 1945 wurde ihm mitgeteilt, er möge sein »Ersuchen« später noch einmal wiederholen, da »Rückfragen erforderlich« seien. Mehrere Personen, die ihm in der Illegalität geholfen hatten – Martha Pausch, Olga Walter, der Anwalt Max Naumann, der Klient Walter Roese und der Polizeimeister Karl Kühnel – gaben eidesstattliche Erklärungen ab.

Im März des darauffolgenden Jahres begehrt Jacob Auskunft, wann seine Entschädigungsansprüche »zur Erledigung kommen«, wer denn nun sein Ansprechpartner sei und bei wem er vorsprechen müsse. Im April 1952, nach sieben Jahren Abwartens, bittet er mit Verweis auf sein hohes Alter – er ist inzwischen 62 Jahre alt – noch einmal um »Beschleunigung des Verfahrens«, man spürt seine wachsende Ungeduld, und trotzdem bleibt er höflich. Telefonisch wird ihm mitgeteilt, dass »eine Bevorzugung zur Zeit nicht möglich ist«. Es dürfte Jacob schwergefallen sein, die Fassung zu wahren.

Auch seine Versuche, bei der Aachener & Münchner Lebensversicherungs- und Aktiengesellschaft seine beiden vom Deutschen Reich konfiszierten Lebensversicherungen einzuklagen, laufen vorerst ins Leere, obwohl Jacob sogar noch die Bescheinigung über den Rückkaufwert vorlegen konnte, die ihm der damals zuständige Abteilungsleiter Walter Zezulka »mit deutschem Gruß« im Juni 1938 ausgestellt hatte. Die Versicherung beruft sich darauf, dass in Potsdam, an ihrem damaligen Firmensitz, jetzt leider die sowjetische Militärregierung das Sagen habe, bedauerlicherweise könnten deshalb die nötigen Unterlagen nicht mehr beschafft und deswegen auch nicht überprüft werden, ob die Versicherungen wirklich an das Deutsche Reich übergegangen oder doch an Siegfried Kurt Jacob ausgezahlt worden seien.

Ähnlich argumentiert die Firma Hess, die zwei sogenannte »Lifts«, Container mit den Möbeln aus der Jacob'schen Wohnung, verpackt und anlässlich von Edith Jacobs Flucht nach England angeblich in Holland gelagert hatte – sie sehe sich außerstande, die Sachen wieder zu beschaffen, versäumt es aber nicht, tadelnd darauf hinzuweisen, dass Lagerkosten angefallen seien, die weder Edith noch Siegfried Kurt Jacob je beglichen hätten. Die Firma muss gewusst haben, dass die Möbel längst wieder nach Deutschland transportiert worden waren, um dort zur Loyalitätssicherung der über die schlechte Qualität von Ostmöbeln murrenden »Volksgenossen« versteigert zu werden.

Im Februar 1954 erhält Jacob, wiederum telefonisch, hinhaltenden Bescheid, dass eine »weitere Befriedigung erst nach Aufruf gemäß § 78 BGB« erfolgen könne. Auch Jacobs Bitte um einen noch ausstehenden Betrag von 765 DM zur Begleichung eines »Hauszinsabgeltungsdarlehens« (vermutlich auf eins der beiden Grundstücke, für die er Entschädigung beansprucht) wird nicht entsprochen – obwohl er zu dem Zeitpunkt über keinerlei Geldquellen verfügt (Jacob: »Vermögen 30.1.1933: 190 000 RM, 1.5.1945: Null«) und bereits schwer krank ist. Sowohl die Haft als auch das Leben im Untergrund hatte ihm so stark zugesetzt, dass er seine Klienten oftmals nur liegend in seiner Kanzlei empfangen konnte.

Seine Eigenwilligkeit und sein Selbstbewusstsein hatten allerdings nicht gelitten. Im April 1948 tagte ein Ehrengericht der Jüdischen Gemeinde, das schwere Bedenken gegen seine Zulassung als Anwalt erhob. Denn Jacob hatte im Rechtsstreit gegen eine verfolgte Jüdin einen Nationalsozialisten verteidigt. Für ihn schloss das eine anwaltliche Betätigung nicht aus, die Obwalter der Gemeinde sahen das anders. Aber Jacob wollte sich von niemandem mehr Vorschriften machen lassen. Sein Kampf gegen autoritäre Bevormundung und Gewalt hatte ihn schon so viel Lebenskraft gekostet.

Das »Dritte Reich« hatte ihm alles, was er besaß, genommen. Für Edith musste er die Reichsfluchtsteuer entrichten, darüber hinaus für die mit Edith ausreisenden Möbel den nochmaligen Anschaffungspreis an das Deutsche Reich abführen, die obligatorischen Devisenkäufe tätigen, sowohl die Ausreise aus dem Deutschen Reich als auch die Einreise nach Großbritannien wird einiges gekostet haben; ferner wird man ihn gemäß der am 12. November 1938 von Hermann Göring erlassenen »Verordnung über die Sühneleistung der Juden deutscher Staatsangehörigkeit« mit einem Viertel seines Vermögens an der Beseitigung der Schäden beteiligt haben, die in der Pogromnacht vom 9. November 1938 angerichtet wurden.

Das Entschädigungsverfahren zog sich hin. Schließlich erhielt Jacob beide Grundstücke, die ihm gehörten, wieder zugesprochen. Der Sohn verkaufte die Berchtesgadener Straße 37. Es sollte dann noch einmal lange dauern, bis endlich – als Ausgleich für den verlustreichen Zwangsverkauf – die noch ausstehende Entschädigungssumme von 64 250 DM bewilligt und schließlich im Juni 1955 angewiesen wurde. Da war Siegfried Kurt Jacob bereits seit einem Jahr tot. Er starb am 20. Juni 1954 im Jüdischen Krankenhaus im Wedding, an »schwerer Herzmuskelschwäche«, notierte das Krankenhaus auf seiner Sterbeurkunde.

Gestorben an gebrochenem Herzen, schreibe ich. Siegfried Kurt Jacob hatte so mutig gegen das Aufgeben, gegen die Kapitulation vor der nazistischen Gewalt gekämpft. Erst als er in Sicherheit war, als er sich Gefühle – Kummer, Wut und Empörung – wieder erlauben konnte, riss der Muskel seines Herzens. Der zähe Kampf um Entschädigung für das Unrecht, das ihm angetan worden war, hat sicherlich dazu beigetragen.

Alleinerbe des Vermögens war sein Sohn Howard Stephen Grant Jacob, der im englischen Kenton, Middlesex lebte, er starb 1984.

*

»Wo bist du, Yaya?«
Mein Enkel ruft an.
»In Berlin, Ilias. An meinem Schreibtisch.«
»Ich will dich seeehn!«
»Okay, ich skype dich an.«
Ich mag eigentlich nicht gern skypen, aber der Dreijährige gehört der Generation an, die ohne Bild nicht gern telefoniert. Für mich hingegen ist seine feste helle Kinderstimme das Wichtigste. Sie verdrängt für eine kleine Zeit die dunklen Stimmen der Toten.
»Was machst du?«
»Ich schreibe an meinem Buch. Und gerade habe ich an Hanns-Stephan Günther gedacht.«
»Den kenn ich nicht.«
»Ihm gehörte mal das Haus, in dem Apa und ich wohnen.«
»Ist er in Berlin?«
»Nein, er lebte lange in England. Das ist da, wo Azriel zu Hause ist, dein Cousin. Aber dort hieß er nicht mehr Hanns-Stephan Günther, sondern Howard Stephen Grant.«
»Ist das Englisch?«
»Hmh.«
»Ich kann auch Englisch. Im Flugzeug sagt der Pilot immer *Reddie for lenning*.«
»Wow, Ilias, wo hast du das denn her?«
»Alistair hat mir das gesagt. Der ist Pilot. Aber der hat gar keinen Helm auf, wenn er das Flugzeug fliegt! Mama wird sauer, wenn ich beim Rollern keinen Helm aufhabe.«
»Ist Alistair der Mann, der in der Wohnung über euch wohnt?«

»Ja, mit Kristin und Liam und Eva. Ich muss jetzt tschüs sagen, Yaya. Tonton Math hat Geburtstag.«

»Schade, Ilias, das war zu kurz. Ich bin ein bisschen traurig, dass du schon wieder weggehst.«

»Ich komm ja bald wieder, Yaya. Bestimmt.«

Rosenbaums Vermächtnis

Viele Überlebende der nationalsozialistischen Verfolgung oder ihre Verwandten bekamen die abwehrende und hinhaltende Wiedergutmachungspolitik der frühen Bundesrepublik zu spüren, als sie um Entschädigung für die finanziellen Raubzüge kämpften, die sie oder Mitglieder ihrer Familie erlitten hatten. Auch Bertha Jähner, die langjährige Haushälterin von Alfred Rosenbaum, blieb von solchen Erfahrungen nicht verschont. Der Arzt hatte sie als Alleinerbin seines Vermögens eingesetzt, und um das kämpfte sie im Entschädigungsamt.

Am 27. August 1942 war Alfred Rosenbaum nach Theresienstadt verschleppt worden – in der nationalsozialistischen Werbeterminologie ein »Kulturlager«. Dieser Propaganda wird Alfred Rosenbaum keine Sekunde lang aufgesessen sein, das zeigt seine Testamentsänderung vor seiner Deportation.

Wochen vor seiner Einteilung erklärte Alfred Rosenbaum, der ledig und kinderlos war, sein bisheriges Testament für nichtig und setzte ein notariell beglaubigtes neues Testament zugunsten seiner Haushälterin auf, die seit dreißig Jahren für ihn arbeitete. Bertha Jähner wohnte bei ihm in der Berchtesgadener Straße und bekam ein Monatssalär von 140 Mark. Sie sollte Rosenbaums noch verbliebenes Vermögen von 35 000 Reichsmark erben, die als Wertpapiere bei der Disconto-Gesellschaft am Magdeburger Platz lagen. Rosenbaum wird es, wie seiner Mitbewohnerin Martha Cohen, darum gegangen sein, alles zu tun, damit sein Vermögen nicht seinen Mördern in die Hände fiel.

Sein Testament wurde 1950 eröffnet, gleich danach stellte Bertha Jähner, vertreten durch den nach dem Krieg wieder in seine beruflichen Rechte eingesetzten Anwalt Siegfried Kurt Jacob, einen Antrag auf Wiedergutmachung der von Rosenbaum durch die

Verfolgung erlittenen Schäden. Der Antrag wurde im Oktober 1951 abgelehnt, Bertha Jähner sei schließlich »weder Witwe noch Lebensgefährtin« des Geschädigten. Ihre Erbberechtigung wurde generell verneint, da sie nicht »Erbin der ersten Ordnung« sei. Bertha Jähner, die nur von einer kleinen Invalidenrente lebte, drohte, leer auszugehen.

Im Zuge des Entschädigungsantrags wurden alle von der »Oberfinanzkasse des ehemaligen Oberfinanzpräsidenten Berlin-Brandenburg beschlagnahmten und vereinnahmten« Vermögenswerte Alfred Rosenbaums aufgelistet: 1067,06 RM auf einem Konto bei der Deutschen Bank, 600 RM auf einem weiteren Konto der Deutschen Bank, 32 157,30 RM beim Reichsfinanzministerium und 28,16 RM »Restkaution«, die die GASAG, der Berliner Energieversorger, Rosenbaum noch schuldete.

Bertha Jähner klagte gegen die Ablehnung ihres Antrags, das Landgericht gab ihr im Oktober 1955 recht und verpflichtete das Entschädigungsamt zur Anerkennung ihres Anspruchs. Es sieht so aus, als sei dennoch nicht gezahlt worden. Stattdessen gibt es ein Schreiben der Sondervermögensstelle des Berliner Finanzsenats, das ankündigt, Bertha Jähner »in Erfüllung rückerstattungspflichtiger Geldverbindlichkeiten des Deutschen Reiches« ein »zinsloses Darlehen« in Höhe des Rosenbaumschen Vermögens anzubieten, und um »Prüfung« bittet, ob ein solches Angebot »einschlägigen Rechtsvorschriften« des Entschädigungsamtes zuwiderlaufe. Ob das Angebot dann tatsächlich gemacht wurde, kann man der Akte leider nicht entnehmen, vermutlich nicht, denn die juristische Auseinandersetzung geht über Jahre hinweg weiter. Vielleicht wurde immer noch geprüft, ob es nicht doch »Erben der ersten Ordnung« gab, zumindest war das ein willkommener Grund, eine Entscheidung auch weiterhin zu vertagen und Bertha Jähners Ansprüche mit aufschiebender Wirkung zu verneinen.

1964 teilte Jähners Anwalt Max Proskauer, der den Rechtsstreit mit der Behörde von seinem Anwaltskollegen Siegfried Kurt Jacob übernommen hatte, dem Entschädigungsamt resigniert mit, dass er »in der Sache nicht weiter tätig sein kann«, da die »Erbrechtslage vollkommen ungeklärt ist«. Vielleicht sah Bertha Jähner, die zu diesem Zeitpunkt schon 83 Jahre alt war, sofern sie überhaupt noch lebte, sich nicht mehr imstande, gegen die Hinhaltepolitik der Behörde zu kämpfen.

Wiedergutmachung

Der Weg aus dem Getto, die Bemühung, durch Assimilation in dieser Gesellschaft anzukommen, hatte sich auch für die jüdischen Bewohner des Hauses Berchtesgadener Straße 37 als furchtbare Illusion erwiesen. Alles vergeblich. Er werde es nicht vergessen, hatte der Komponist Arnold Schönberg geschrieben, dass »ich kein Deutscher, kein Europäer, sondern dass ich Jude bin.« Am Ende ihres Lebens waren Alfred Rosenbaum, Martha Cohen, James Brandus, Hermann Katz und alle anderen doch wieder nur »die Juden«. Entrechtet, vertrieben, enteignet, ermordet.

Die Antwort der Juden auf diese Erfahrung war 1948 die Gründung des Staates Israel. Sein erster Ministerpräsident, David Ben-Gurion, forderte Reparationszahlungen von Deutschland, er bat die Alliierten, für Israel die Verhandlungen zu übernehmen. Zu unvorstellbar schien es ihm, mit Vertretern eines Landes an einem Tisch zu sitzen, dessen Bürger noch wenige Jahre zuvor Mörder von Millionen Jüdinnen und Juden gewesen waren. Die Alliierten lehnten ab. Auch innerhalb Israels waren Verhandlungen mit den Deutschen hoch umstritten. »Hat man je davon gehört«, so wetterte das spätere israelische Staatsoberhaupt Menachem Begin, »dass die Ermordeten den Mörder um Entschädigung bitten?«

Aber es kam zu Verhandlungen, allen Widerständen zum Trotz. Konrad Adenauer brach das Schweigen zwischen beiden Ländern und entschuldigte sich für die »unsagbaren Verbrechen«, die »im Namen des deutschen Volkes« begangen worden waren. 1951 gab es ein erstes Treffen, es verlief frostig: Den Mitgliedern der israelischen Delegation war jede vertrauliche Geste mit den Deutschen verboten, selbst ein Handschlag wurde vermieden. Nur die professionelle Kommunikation war erlaubt, und zwar ausschließlich auf Englisch, obwohl nahezu alle israelischen Teilnehmer die deutsche

Sprache fließend beherrschten. Schweigend wurde das Dokument von dem deutschen Bundeskanzler, dem israelischen Außenminister und dem Präsidenten der Jewish Claims Conference als Vertreter der wichtigsten jüdischen Organisationen am Schluss unterzeichnet.

Im September 1952 wurde in Luxemburg ein Wiedergutmachungsabkommen beschlossen, mit dem die Bundesrepublik sich zur Entschädigung in Höhe von drei Milliarden D-Mark verpflichtete.

Walter Janka und die »Gruppe Mexiko«

Die Deutsche Demokratische Republik weigerte sich, moralische Mitverantwortung für die nationalsozialistischen Verbrechen zu übernehmen und sich diesem Abkommen anzuschließen. Sie sah sich nicht als Rechtsnachfolgerin des »Dritten Reiches«, sondern als »antifaschistischer Staat« sei sie von Wiedergutmachungsleistungen entbunden. Nicht alle in der DDR teilten diese Meinung. Zu welchen politischen Konflikten und Strafaktionen gegen Andersmeinende das führte, erzählte mir Walter Janka, der ehemalige Leiter des Aufbau Verlages, als wir nach der Wende an seinen Memoiren »Spuren eines Lebens« arbeiteten.

Seine Erinnerungen, die 1991 erschienen, trugen ihm eine kuriose Klage seines Erzfeindes, des einst mächtigen Ministers für Staatssicherheit Erich Mielke, ein. Da saß Mielke schon in der Haftanstalt Moabit, aber wenn es gegen Janka ging, schienen alle Lebensgeister des über Achtzigjährigen zu erwachen. Janka und Mielke, beide Mitglieder der Kommunistischen Partei, waren im Laufe ihres Lebens immer wieder aneinandergeraten – im Spanischen Bürgerkrieg, in der frühen DDR und selbst noch nach dem Fall der Mauer.

Janka kannte ich seit 1988, durch die Arbeit an seinem Manuskript »Schwierigkeiten mit der Wahrheit«, das er lange in seinem Garten in Kleinmachnow vergraben und dann über Vertrauenspersonen in den Westen geschickt hatte. Im Mai 1989, wenige Monate vor der Wende, wurde es im Rowohlt Verlag veröffentlicht. Janka erzählte darin von seiner »verschärften Einzelhaft« in Bautzen, zu der er 1956 verurteilt worden war. Mielke hatte dafür gesorgt.

Die Frage der Wiedergutmachung, die die Bundesrepublik 1953 zumindest gesetzlich beantwortete, hätte in der DDR fast zu einem Schauprozess gegen Paul Merker geführt, dessen Sekretär Janka war. Die Nationalsozialisten hatten den Kommunisten Walter Janka ins Konzentrationslager gesteckt, ihm die deutsche Staatsbürgerschaft aberkannt und ihn zur Emigration gezwungen. Nach dem verlorenen Kampf in Spanien gegen Franco und seine faschistischen Anhänger war Janka ins mexikanische Exil geflohen. Dort arbeitete er mit Anna Seghers und Paul Merker zusammen. Merker, nach seiner Rückkehr in die Deutsche Demokratische Republik Mitglied des Politbüros (und Walter Janka sein Sekretär), geriet wegen »zionistischer Positionen« in Verruf. Die »Gruppe Mexiko« forderte – im Gegensatz zur »Gruppe Ulbricht«, die in Moskau die Jahre der Verfolgung überlebt hatte – Entschädigungszahlungen für die jüdischen Opfer und Rückgabe arisierten Eigentums. »Kapitalistisch-zionistische Tendenzen« warf man Merker vor, er wurde aus der SED ausgeschlossen. Und dann auch noch gezwungen, einige Jahre später im Prozess seinen einstigen Sekretär und Freund Walter Janka zu belasten. Der wurde wegen »konterrevolutionärer« Umtriebe zu fünf Jahren Haft verurteilt, kam aber vor Ablauf der Haftzeit frei, auch dank der wiederholten Interventionen von Marcel Reich-Ranicki.

Entschädigungsverfahren

Ich mag den Ausdruck »Wiedergutmachung« nicht – wie soll *wieder gut gemacht* werden können, was den Verfolgten von den Deutschen angetan worden ist? Aber ich bewundere Konrad Adenauers politische Weitsicht, ein entsprechendes Abkommen mit Israel für unumgänglich zu erachten, wollte die Bundesrepublik je wieder ein akzeptierter Partner auf der politischen Bühne sein.

Seine Wähler sahen das anders. Niemand wollte über die Juden reden, niemand an das, was ihnen angetan worden war, erinnert werden. Die Bundesrepublik war zu der Zeit noch weit davon entfernt, sich mit den Verbrechen der nationalsozialistischen Zeit auseinanderzusetzen. Die Entschädigungsverfahren dauerten fast immer viele Jahre. Der Nachweis, worauf man berechtigt Anspruch erheben konnte, war sicherlich nicht einfach, die Überprüfung auch nicht. Aber es wurde auch jeder bürokratisch zu rechtfertigende Zeitaufschub genutzt, um immer wieder neue Papiere als Beleg einzufordern. Die Behördenmitarbeiter schrieben beispielsweise Bertha Sternsons in den USA lebenden Sohn Henry an, er möge doch bitte eine Sterbeurkunde seiner Mutter aus Auschwitz beibringen. Selbst bei überlebenden jüdischen Verfolgten, wie zum Beispiel Siegfried Kurt Jacob, inzwischen in fortgeschrittenem Alter und überdies schwerkrank und – wie die meisten – gar nicht mehr im Besitz eigener Papiere über die zu entschädigenden Besitztümer, ließ man keine Nachsicht walten.

Es dürfte jene, die alles verloren hatten, viel innere Kraft gekostet haben, die oft provozierenden Begegnungen mit solchen Beamten auszuhalten, wenn diese misstrauisch anzweifelten, ob Hedwig Steiner und Ludwig Seldis wirklich die Judenvermögensabgabe gezahlt hatten oder Siegfried Kurt Jacobs Bitte um Beschleunigung seines Entschädigungsverfahrens in ihrer tadelnden Antwort behandelten, als habe er sich mit seinem Verweis auf seinen schlechten gesundheitlichen Zustand eine unbillige Bevorzugung erschleichen wollen.

Die im Entschädigungsamt arbeitenden Beamten taten sich schwer, sich von ihrer vormaligen politischen und sprachlichen Sozialisation zu lösen. Ihr Vokabular und ihr Umgang mit den einstigen Opfern waren unverkennbar durch die NS-Zeit geprägt. Verwunderlich war das nicht: An den Schreibtischen saßen oft ebenjene Beamte, die schon die Ausraubung der Juden mit ihrer Expertise befeuert hatten – woher andere nehmen, die sich auskannten? »Man schüttet kein dreckiges Wasser weg, solange man kein reines hat«, so Konrad Adenauer in seiner unverfrorenen rheinischen Direktheit.

Die meisten Bundesdeutschen haben sich an dem »dreckigen Wasser« ohnehin nicht sonderlich gestört. Nahezu die Hälfte, so eine Umfrage des Allenbach-Instituts im Sommer 1952, hielt die Wiedergutmachung für »überflüssig«: die einen, weil ihnen die materielle Entschädigung zu teuer war, die anderen, weil sie sich vorrangig selbst als »Opfer« des Krieges oder der Jahre danach sahen. Zu Ersteren gehörte die Mehrheit der Bundesdeutschen, die Bewohner des Dorfes in der Uckermark, die mein Mann und ich Anfang der 1990er Jahre kennenlernten, zu Letzteren. Sie fanden die Jahre der Kollektivierung der Landwirtschaft schmerzvoller als alles andere.

Die Balken von Ravensbrück

Es wirkte harmonischer, aufgeräumter als manch anderes Dorf, durch das wir damals kamen. Blühende Rotdornbäume entlang der gepflasterten Dorfstraße, sonnengelbe Rudbeckien in den Vorgärten, eine wehrhafte Feldsteinkirche mit hölzernem Glockenturm. Links und rechts davon schlichte graue »Siedlerhäuser«, erkennbar Nachkriegsware, als es keine Ziegel und keine Balken gab, wohl aber viele Flüchtlinge aus dem »Warthegau«, die wider alle Vernunft auf baldige Rückkehr in die Heimat hofften. Ins Auge fielen zwei etwas zurück von der Straße liegende Häuser, die merkwürdig unproportioniert wirkten, als wäre dort etwas eingepasst worden, was sich nicht hatte fügen wollen. Baumaterial war knapp gewesen in jenen Jahren, besonders in der von den Sowjets geplünderten einstigen Besatzungszone.

Auf einem Heimatabend Mitte der 1990er Jahre, auf dem es um die Geschichte des Dorfes ging, kam die Sprache auf die vielen

Flüchtlinge, die hier nach dem Krieg in die ohnehin beengten Häuser eingewiesen worden waren – ein Reizthema, auch nach Jahrzehnten noch. Um die großen Fragen von Schuld und Vertreibung ging es dabei nicht, anderes erzürnte die Uckermärker. Von Landwirtschaft verstanden die meisten Ankömmlinge nichts, und den Boden zu bearbeiten hielten sie für Zeitverschwendung. Sie wollten ja nicht bleiben. Das ärgerte die Dorfbewohner mächtig. Und so gab es viel Streit, oft auch handgreifliche Auseinandersetzungen.

Um zumindest die durch die Wohnsituation provozierten Aggressionen zu entschärfen, gaben die Sowjets 1947 grünes Licht zur Demontage der Baracken von Ravensbrück, dem größten deutschen Frauen-Konzentrationslager, das sich nicht weit entfernt von dem Dorf befand. Auf dem Heimatabend erzählten die Dorfbewohner von den stabilen Fenstern und den Balken, an die ihre Familien auf diese Weise gekommen waren, sie seien einfach von viel besserer Qualität gewesen als das, was im Arbeiter- und Bauernstaat ansonsten zu kriegen war. Noch heute habe er Teile eines Ravensbrücker Schornsteins in seinem Garten stehen, berichtete ein Teilnehmer, er verwende die Steine zur Umrandung einer Blumenrabatte.

Mir, der Zuhörerin, stockte der Atem, ich glaubte, keine Luft mehr zu kriegen. Aber ich sollte dazulernen.

Ein Jahr später führte eine junge Studentin zwei überlebende Frauen des Lagers durch das Dorf und zeigte ihnen die beiden merkwürdigen Häuser. Die Studentin wollte wissen, was die beiden Frauen, die so quälende Jahre in diesem KZ zugebracht hatten, davon hielten, dass hier Material von den Baracken aus Ravensbrück verwendet worden war. Sie freuten sich, sagten sie, dass jetzt andere Menschen in diesen Räumen glücklichere Tage erlebten, dass die Wände nicht mehr wie bei ihnen schwarz, sondern in hellen Farben gestrichen waren, dass hier Hochzeiten gefeiert und Kinder geboren wurden. Dass gelebt statt auf den Tod gewartet wurde.

Die Teilnehmer des Heimatabends fanden, man dürfe sich von der Vergangenheit nicht lange aufhalten lassen. Zumal, meinten sie, die größeren Schrecken erst nach dem »Dritten Reich« auf sie zugekommen seien, als sie ihre Kühe und Pferde im Zuge der verordneten Kollektivierung der Landwirtschaft abgeben mussten – »da haben wir geweint«.

Dass das Mitleid mit den Tieren größer ist als das mit Menschen ist mir aus meinen Jahren in der schleswig-holsteinischen Marsch bekannt, das Landleben ist unsentimental und robust.

»Isso«, sagt mein Enkel, wenn ihm keine einleuchtende Erklärung für eine Nachfrage einfällt.

Verschwunden

Die Berchtesgadener Straße ist nicht sehr lang und wird etwa in der Mitte von der sechsspurigen Grunewaldstraße durchschnitten. In unserer Hälfte gab es mindestens drei Judenhäuser, vielleicht mehr – die Nr. 35, dann die Nr. 2/3 direkt uns gegenüber und unsere 37, in die »zwangsentmietete« Berliner Jüdinnen und Juden eingewiesen wurden. Bisher ist noch nicht systematisch erforscht, wie viele solcher »Judenhäuser« es in ganz Berlin gab, mit wem und wie lange die Zwangseingewiesenen dort untergebracht waren und wessen Wohnung nach welchen Kriterien zur Räumung bestimmt wurde.

Aus dem Haus Nummer 2/3 wurden mehr als zwanzig Jüdinnen und Juden deportiert, zwei Häuser von uns entfernt, in der Nummer 35, waren es mehr als dreißig, schräg gegenüber, aus der Nummer 4, verschwanden jüdische Familien ebenso wie aus der Nummer 7 und aus der 38. Auch aus den um die Ecke liegenden Rosenheimer, Bamberger, Barbarossa, Martin-Luther, Meraner, Salzburger, Landshuter Straßen »verschwanden« Tausende.

Das Haus in der Berchtesgadener Straße 37 steht noch, anders als viele der in diesem Text erwähnten vormaligen Adressen jüdischer Bewohner im Bayerischen Viertel. Ich bin alle Straßen abgegangen, in denen sie einst zu Hause gewesen sind – die Erfurter Straße, in der das Ehepaar Brandus nach seinem Umzug von Magdeburg nach Berlin wohnte, die Meraner Straße, in der Oskar und Ida Wolle sowie die Brandus-Söhne Werner und Max zu Hause waren, die Hewald- (Hertha Glücksmann), die Motz- (Hermann und Klara Bratt), die Salzburger (Else Herzfeld), die Landshuter (Alice Klein, Gerda und Fritz Kayser), Münchner (Ehepaare Kallmann und Rechnitz), Bamberger (Max Markus), die Steinacher (Ernst Brandus), die Luitpoldstraße (Martha Cohen und Martin

Brandus), die Seesener Straße in Wilmersdorf (Bertha Sternson und Clara Marcus), und andere – nahezu nirgendwo steht noch eins der vielen Häuser, in denen die in unser Haus Zwangseingewiesenen vorher eine Wohnung hatten, die sie auf Geheiß des Generalbauinspektors Albert Speer räumen mussten. Auch ihr einstiges Zuhause ist verschwunden.

Da, wo James und Elsbeth Brandus in der Erfurter Straße 2 sich einmieteten, als sie von Magdeburg nach Berlin zogen, gähnt mir heute nur noch ein riesiger leerer Platz entgegen, auf dem die Mitarbeiter des Deutschlandradios ihre Autos parken.

Das große Eckhaus in der Meraner Straße 38, in dem die Brandus-Söhne Werner und Max wohnten, gibt es noch, es steht unter Denkmalschutz, der es vermutlich vor dem Abrisswahn der Nachkriegszeit gerettet hat. In der Münchner Straße 14, wo Kurt und Betty Rechnitz eine elegant ausgestattete Wohnung besaßen, zeigt sich jetzt einer dieser seelenlosen, funktionalen Neubauten der frühen 1960er Jahre – »moderne« Haustür, gelber Anstrich. Abschreckend auch die Fassade des mutmaßlich in den frühen 1960er Jahren entstandenen Neubaus in der Landshuter Straße 4, die Adresse, von der Alice Suransky-Klein und Gerda und Fritz Kayser abgeholt wurden: grauer Anstrich, büroähnliche Fenster und in dem Treppenflurbereich ein Mosaik aus kleinen Kacheln, wie man sie als Duschauskleidung kennt. Clara Marcus und Bertha Sternson hatten mit ihren Ehemännern in der Charlottenburger Seesener Straße 71 gewohnt, dort wurde kürzlich ein Seniorenwohnheim fertiggestellt, Standardausstattung weiße Fassade, bodentiefe Fenster, französischer Balkon. Aufgewachsen war Clara Marcus bei uns um die Ecke, in der Bamberger Straße 25, heute befindet sich an dieser Stelle ein Kinderspielplatz, ebenso da, wo einst das Haus in der Salzburger Straße stand, in dem Else Herzfeld bis zur Zwangsräumung lebte. Spielplätze bleiben meist, in Berlin sind sie für Bauherren tabu.

Das Wohnhaus von Oskar und Ida Wolle in der Meraner Straße 6 ist noch da, aber es wurde »kastriert« – der Putz des Altbaus ist offensichtlich in den Nachkriegsjahren abgeschlagen worden, wie von so vielen Berliner Häusern. Hoffte man, damit auch die Vergangenheit abschlagen und entsorgen zu können?

Welche der ehemals von Jüdinnen und Juden bewohnten Häuser durch Bombenangriffe zerstört wurden, welche der Baupolitik der Nachkriegszeit zum Opfer fielen, dürfte angesichts der unvorstellbaren Trümmerberge, die der Fotograf Herwarth Staudt und seine Frau Rut von 1949 bis 1957 im Auftrag des Baulenkungsamts Tempelhof-Schöneberg in ihren eindrucksvollen Fotosammlungen festgehalten haben, kaum auszumachen sein. Staudts Fotos sollten noch intakte Wohnhäuser ausmachen, zeigen aber unendlich viele Straßen im Bayerischen Viertel als ruinöse Schutthaufen, aus denen Gebäudeteile einzelner Häuser wie schwarze Skelette emporragen. Auch die uns gegenüberlegende Straßenseite, heute gesäumt von den schnell errichteten Sozialbauten der 1950er Jahre, wurde von Bombenabwürfen komplett pulverisiert. Mehr als sechzig Prozent des Schöneberger Wohnungsbestandes waren irreparabel zerstört.

Die »Trümmerfrauen« machten sich an die schwere körperliche Aufgabe, aus den Schuttbergen noch Baumaterial zu retten, ihre Männer waren gefallen, kriegsversehrt oder in Gefangenschaft.

Meine Schützlinge

»Meine Schützlinge«, gegen diese Formulierung lassen sich Bedenken anmelden, das ist mir bewusst. Aber ich empfinde so für sie. Kannte ich anfänglich kaum mehr als ihre Namen, so verbanden diese sich nach und nach durch das, was ich herausfand, mit Erzählungen, Weniges nur und bei den meisten überwiegend aus Erfahrungen bestehend, die sie in der Zeit des Terrors erlebt hatten. Und trotzdem stellte sich dabei eine innere Verbundenheit mit ihnen ein, mit der ich gar nicht gerechnet hatte und auf die ich anfangs auch nicht vorbereitet war.

Meine Schützlinge waren immer bei mir, und nachdem ich mehr über sie wusste, sah ich nicht mehr Herrn K. das Fenster im zweiten Stock des Seitenflügels öffnen, sondern ich glaubte, Oskar Mendelsohn hinuntergucken zu sehen. Dabei war es immer noch der freundliche Herr K., der hinausschaute.

Manchmal fällt der Fahrstuhl im Haus aus. Und dann schießt mir sofort die Frage durch den Kopf, wie die achtzigjährige Martha Cohen es über die Treppen in den vierten Stock geschafft haben mochte. Ich sah alles an dem Haus, in dem ich wohne, mit anderen Augen, gebrochen durch *ihren* Blick.

Aber trotz dieser intensiven Nähe blieb Trennendes: Ich kann mir nicht vorstellen, was sich in ihrem Innenleben abspielte, als aus ihrem Dasein ein anhaltender Alptraum, ein nicht abebbender Schrecken wurde. Und ich vermute, die meisten von ihnen wussten, dass er erst mit dem Tod ein Ende finden würde. Es war in diesem Haus – in dem ich täglich ein und aus gehe, dem Hausmeister einen schönen Urlaub wünsche, mich bei Nachbarn für die Entgegennahme eines Pakets bedanke –, in dem sie die grausamen Vorstufen ihrer Ermordung erlebten.

Die »Gnade meiner späten Geburt« hat mir das Glück beschert, nie einem Bombenalarm ausgesetzt gewesen zu sein, keinen Hunger erlitten, keine existentiellen Ängste ausgestanden zu haben. Die Sirenen, die ich als Sechs- oder Siebenjährige hörte, waren der samstägliche Probealarm des Katastrophenschutzes oder der Feuerwehr. Und dann hatten meine Geschwister und ich auch noch eine »gute Hege«, um es hunsrückisch mit dem Filmemacher Edgar Reitz zu sagen. Wir konnten im Garten oder im Wald toben, winzige Frösche in den Wiesengräben in leeren Marmeladengläsern einfangen, abends Räuber und Putz und auf der Straße Kippel-Kappel spielen – wovor sollten wir Angst haben? Wie weit entfernt waren wir mit diesen gänzlich unheldischen Kindheits- und Jugendjahren von dem, was Hanns-Stephan Günther Jacob oder Lilly und Gerald Steiner erlebt haben müssen.

Wahrscheinlich haben auch sie sich auf dem Bayerischen Platz mit Freunden getroffen, Verstecken oder Murmeln gespielt, sich geprügelt oder Maikäfer eingesammelt, als ihr Leben noch unbeschwert war. Wahrscheinlich haben sie manchmal mit ihren Eltern im schmalen Laden der Buchhandlung von Benedict Lachmann in der Grunewaldstraße gestanden, vor deren Eingangstür mein Enkel gern in der dort aufgestellten Schale mit Pixi-Büchern wühlt. Ich hatte es bei dieser Recherche mit Toten, mit Ermordeten und längst Verstorbenen zu tun, die keine Antwort mehr geben konnten auf meine Fragen.

Aber sie wurden trotzdem für mich sehr lebendig. Wenn ich die große silberne Suppenkelle mit den eingravierten ineinander verschlungenen Buchstaben ES ihres Mädchennamens putze, Reste ihrer einstigen Aussteuer, die meine Großmutter über die »schlechte Zeit« gerettet hatte, taucht vor mir das Bild von Klara Seldis Silberbesteck in dem Lederkoffer auf, das doch ihr ganzer Stolz war. Meine Mutter hatte eine *Singer*-Nähmaschine wie Edith Jacob, darauf wurden früher Kleider und Röcke für ihre Töchter genäht, elektrisch versenkbar war sie allerdings nicht. Unser Sofa im Wohnzimmer ist samtig-blau wie das von Betty Rechnitz, unbequem und unsolide gebaut, aber schön groß. Und immer wieder die Frage: Wo sind die Sachen jetzt, die einst Martha oder Betty oder Hedwig oder Edith gehörten? In welchem Haushalt befindet sich Klaras Besteck? Wer hat Idas Pelzmantel getragen, wer Ediths Nähmaschine genutzt?

Verstreut in alle Welt

Die Vertriebenen wie Hanns-Stephan Günther, sein Onkel Ludwig Heinrich, seine Großmutter Klara Seldis wurden in alle Welt verstreut – Heymann Herzfeld nach Argentinien, Sara Ihlenfelds Schwester Lina nach Kapstadt, Lilly Steiner nach Palästina, Simon Siegfried Sternson nach Shanghai, Kurt Leopold Seldis nach Quito, Ecuador, Hermann Lewin nach Teheran. Sie alle konnten sich ihr neues Zuhause nicht aussuchen. Sie mussten nehmen, was sie bekommen konnten, froh sein, wenn sie aufgenommen wurden von einem Land, dessen Sprache sie nicht sprachen, dessen Kultur, Sitten, Alltagsleben ihnen fremd waren und das sie oft als Unerwünschte ansah oder ihnen mit Gleichgültigkeit begegnete.

Niemand wollte sie haben. Mehr Jüdinnen und Juden als zuvor sahen die Auswanderung nach Palästina deshalb als alternativlos an. Lange hatten sie geglaubt, nach Europa und eben »nicht in den Orient« zu gehören, aber der Traum, dazugehören zu können, wenn man sich anstrengte, anpasste, aufstieg, war ausgeträumt. Sie wussten, sie waren auf sich allein gestellt, sie mussten sich selbst ihren eigenen sicheren Hafen bauen – wo anders als in Palästina?

Großbritannien aber, vom Krieg zermürbt, ausgelaugt und finanziell ruiniert, blockierte weiterhin die Einwanderung in sein Mandatsgebiet und lehnte auch die Bitte des amerikanischen Präsidenten Truman um Aufnahme von 100 000 Flüchtlingen ab. Bis 1949 internierte Großbritannien Holocaust-Überlebende auf Zypern, heute schiebt das Land Flüchtlinge ins ostafrikanische Ruanda ab.

Wer von den jüdischen Flüchtlingen die Rückkehr in die Heimat wagte oder dort im Versteck überlebt hatte, sah sich oft erneut mit Hass, Zynismus und Brutalität konfrontiert. Andere hatten sich inzwischen die Besitztümer der Vertriebenen unter den Nagel gerissen, andere wohnten in ihren Häusern, andere schliefen in ihren Betten und dachten gar nicht daran, das Feld freiwillig zu räumen. Wohin auch in diesem verwüsteten und demoralisierten Europa?

Auch fehlte vielen die Kraft zu einem Neuanfang, die Mutlosigkeit, die Kurt Baron zu lähmen schien, war kein Einzelfall. Selbst das Leben der wenigen Davongekommenen unter meinen Schützlingen war durch die Jahre der Verfolgung, der Flucht, des Untertauchens, der gewaltsamen Trennung von Familie, Freunden, Verwandten so zerborsten, so beschädigt worden, dass eine »Heimkehr« zu einer stabilen »Normalität« nicht mehr möglich war. Siegfried Kurt Jacob wurde wenige Jahre nach dem Krieg herzkrank, Sidney Sternson litt zeitlebens an Rheumatismus und Stirnhöhlenkatarrh, Klara Bratt an Kiefervereiterungen, Howard Stephan Grant Jacob offensichtlich an Depressionen, Kurt Baron wurde 1951 ein Pflegefall. Niemand von ihnen konnte aus den Splittern des gewaltätig zertrümmerten Daseins wieder ein Ganzes machen, das Körper und Seele ein Zuhause bot. Ein Zurück gab es nicht mehr, die Gegenwart war oft unwirtlich, und die Zukunft blieb so zerbrechlich.

Zonen-Pakete und Baracken

Meinem Vater war es wichtig, dass seine Kinder lernten, anderen abzugeben, was die nicht hatten. Auch wenn es schwerfiel. Unter Tränen gab ich so meine Puppe »Ponyhütchen« her, die mit Kleidungsstücken und anderen Sachen in einem großen Paket Weihnachten 1956 verschickt wurde. Der von den Sowjets niedergewalzte »Volksaufstand« in Ungarn interessierte meinen Vater brennend, er kaufte spontan einen großen Fernsehapparat, den ersten in der Nachbarschaft. Der Aufstand wurde niedergeschlagen, mehr als 200 000 Ungarn flohen, irgendein Flüchtlingsmädchen wird »Ponyhütchen« an sich gedrückt haben.

Seinen Töchtern gab mein Vater einige Zeit später die Anschriften von verschiedenen Familien aus der »Ostzone«, so sagte damals nicht nur die Bild-Zeitung. Einmal im Monat musste jede von uns aus den Lebensmitteln unseres Geschäftslagers zwei Sieben-Kilo-Pakete packen. Kaffee, Tee, Schokolade, Nüsse, Kekse, Zucker, Seife und anderes mehr. Dazu mussten wir den Familien einen längeren Brief schreiben, der das Paket ankündigte. Die beiden, die ich zu versorgen hatte, wohnten in Wildau bei Königswusterhausen und in Schulzendorf bei Berlin. Bei ersteren verbrachte ich den legendären vierwöchigen Aufenthalt, bei dem mich jeden Morgen ein großes Glas Buttermilch anstarrte.

Ich war vierzehn, das Grau, das gelbliche Licht der Straßenlampen, die ständig erwartungsvoll auf mich gerichteten Augen bedrückten mich. Es war alles eng, ich teilte mir das Ehebett mit der Mutter des Hauses, über uns hing ein röhrender Hirsch. Aber sie versuchte, mir alles zu bieten, was Ostberlin damals an Attraktivitäten aufzuweisen hatte, und führte mich in mein erstes Brecht'sches Theaterstück, »Mutter Courage« mit Helene Weigel am Schiffbauerdamm. Ich war beeindruckt. Trotzdem: Ich zählte die Tage meiner Heimreise. Aber ich hatte gesehen und begriffen: Es gibt ein ganz anderes Leben als das mir bekannte wohltemperierte.

Es war nicht das einzige Lehrstück, das mir unvergesslich blieb.

In meinem Heimatort gab es ein »Barackenlager«. Am Waldrand, inmitten von Tannen und Farnen. Dort wohnten Flüchtlinge, die mit den großen Trecks aus Ostpreußen und anderen Ostgebieten gekommen waren. Jeder schleswig-holsteinische Ort musste von den mehr als 1,3 Millionen Vertriebenen, die in dieses Bundesland kamen, etliche aufnehmen, mein Herkunftsort überwand die Zehntausender-Marke und wurde zu einer Stadt.

Mit den Baracken-Kindern wollte niemand zu tun haben. Ihr Ruf war so schlecht wie der von den »Zigeunern«, die man mit dicken Teppichen über der Schulter durch die Straßen ziehen sah. Die Neuankömmlinge sprachen komisch, rochen ein bisschen und hatten angeblich alle Läuse. Das Stigma wurden sie lange nicht los.

Morgens auf meinem Schulweg, den ich manchmal an der Hand meines Vaters bis zu seinem »Kontor« zurücklegte, verfolgte mich oft ein damals vielleicht sechsjähriges Mädchen mit langen blonden Zöpfen, barfuß, etwas ungewaschen, mit einem abgeschabten Lederranzen auf dem Rücken. Ich war ein Jahr älter und versuchte mit beschleunigtem Schritt, den ständigen Bitten des Mädchens zu entkommen, mich doch zur Schule begleiten zu dürfen. Irgendwann war mir die Kleine so lästig, dass ich sie beschimpfte und bedrohte, wenn sie nicht »endlich abhaute«. Aber sie ließ sich nicht abschrecken.

Als mein Vater eines Tages Zeuge dieser vergeblichen Werbung und meiner rüden Abwehr wurde, zwang er mich, stehenzubleiben und mich umzudrehen. Ich musste das Mädchen, nach dessen Namen er freundlich fragte (Margrit), an die schmutzige Hand nehmen und ihm sagen, dass ich mit ihm zur Schule gehen würde, vier Wochen lang. Morgens sollte ich Margrit aus dem Lager abholen. Kein Heulen half. Mein Vater konnte es nicht leiden, wenn man sich »etwas Besseres« dünkte.

Fortan stiefelte ich jeden Morgen zum Waldrand, klopfte an die rotbraun gestrichene Holztür und verteidigte Margrit in der Schule gegen jegliche Attacke. Irgendwann ging ich auch nachmittags zu ihr. Freiwillig. Ihre Mutter backte einfach den besten Streuselkuchen.

Kopfbilder

Ein Foto der jüdischen Bewohner unseres Hauses habe ich nur von Martha Cohen gesehen, von Siegfried Kurt Jacob und ein kaum erkennbares Passfoto von Valerie Marcus auf dem Einreiseantrag für die USA, ferner ein winziges Bild von Hermann Bratt, als er versuchte, nach Brasilien zu kommen, und sehr spät ein Foto von Kurt Baron – von allen anderen musste ich mir selbst ein Bild machen.

Ich sehe immer wieder Siegfried Kurt Jacob am Herd stehen und sich Bratkartoffeln machen; ich sehe Betty Rechnitz weinend aus der Wohnung in der Münchner Straße ausziehen, Halt fand sie jetzt vermutlich nur noch bei dem angeblich ungeliebten Ehemann; ich sehe die Familie Brandus zusammenkommen, um das Kaddisch für Franz Nathan zu sprechen.

Am häufigsten geistert der zwölfjährige Hanns-Stephan Günther Jacob beim Abschied auf dem Bahnhof durch meine Tagträume, der Vater saß noch im Gefängnis, seine Mutter Edith war vielleicht schon fort – wer brachte ihn zum Zug? Klara, seine Großmutter? Auf dem Bahnsteig durften die Eltern und Verwandten ohnehin nicht mehr an der Seite der Kinder sein – die jüdischen Begleitpersonen fürchteten die tränenreichen Abschiede, das Sich-nicht-trennen-Wollen, auch wenn kaum einer gedacht haben wird, dass dies ein Abschied für immer sein könnte. Hanns-Stephan Günthers Ankunft in London, Liverpool Street Station: Für ihn hat sich keine Pflegefamilie gefunden, er steht als einer der Letzten auf dem Bahnsteig, er kommt ins Heim – wie verloren muss sich ein solches Kind gefühlt haben, dazu ohne Kontaktmöglichkeiten zu den Eltern? Wer hat den Jungen umarmt? Wer hat ihn abends zugedeckt? Ihm bei dem schwierigen Einstieg in ein anderes Leben geholfen?

Diese Fragen hätte ich gern auch einem anderen gestellt, dem ich zufällig im April 2022 in einem Biergarten am Themse-Arm beggegnete, in den deutsche Freunde von uns, mein Mann und ich eines Nachmittags nach einem Marsch durch die Oxforder *meadows* einkehrten. Es war nichts los in dem Pub, außer uns saß dort nur ein älterer Herr mit seiner erwachsenen Tochter am Nachbartisch in der Sonne. Wir bestellten Wasser und *ice cream* und plänkelten so vor uns hin. Die beiden von nebenan schickten zuweilen freundlich-neugierige Blicke herüber, dann verschwand die Tochter in die Innenräume des Lokals, um zu bezahlen.

Plötzlich sprach uns der Herr vom Nachbartisch an – auf Deutsch. Woher wir kämen? Aus Berlin? Daher sei er auch vor mehr als achtzig Jahren gekommen. Mit einem der Kindertransporte nach England gebracht worden. Dann versank er minutenlang in Schweigen – als stiegen Bilder vor seinem inneren Auge auf. Keiner wagte, ihn zu stören.

Ich erinnere nicht mehr genau, was er zu seiner Ankunft auf dieser fremden Insel sagte, es waren auch höchstens noch zwei Sätze, er musste nach den Wörtern suchen. Als seine Tochter mit der Quittung zurückkam, glaubte sie, ihren Ohren nicht trauen zu dürfen. Sie höre ihren Vater zum ersten Mal Deutsch sprechen, sagte sie.

Ich war so gefangen in den Bildern meines Kopfkinos, dass ich nicht fähig war, schnell eine Frage anzubringen, die unverhoffte Chance festzuhalten. Ich verpasste sie. Vielleicht war das gut so. Der alte Herr wirkte plötzlich sehr müde, möglicherweise wollte er auch schnell wieder Abstand zwischen sich und uns legen. Er verabschiedete sich abrupt, er müsse sich jetzt hinlegen: »I have to get some sleep.«

Familiengeschichten

Möbel erzählen Geschichten. Familiengeschichten. Am Fenster zum Balkon, vor dem Martha Cohen an den Nachträgen zu ihrem Testament gearbeitet hat, steht der Gründerzeit-Schreibtisch, den ich fast genau gleich in Václav Havels Fotoalben gesehen habe – die verbindenden Fäden der Bürgerlichkeit über alle Grenzen Europas hinweg wurden erst durch den faschistischen und stalinistischen Terror zerschnitten. Meinen »Sekretär« habe ich von meiner Großmutter geerbt. Wenn ich sie in ihrem kleinen Holzhaus mit den Pfirsichbäumen im Garten hoch über dem Bodensee besuchte, sah ich sie fast immer schon morgens daran Briefe schreiben, lesen und dabei Musik hören. Für mich als Kind war das ein ungewohnter Anblick, ich erlebte meine Mutter immer nur geschäftig durch die Gegend eilend. Und wenn sie doch mal saß, dann ging es um ein ernstes Gespräch mit meinem Vater über »Geschäftliches«, die Schiebetür zum Wohnzimmer wurde geschlossen, und uns Kindern war es strengstens untersagt, die beiden zu stören.

Meine Großmutter erhob sich nur aus ihrem Schreibtischsessel, wenn sie mit ihrem Schäferhund Petzi – später war es Adonis, der Cockerspaniel – losmusste. Dann kleidete sie sich sorgfältig, zog die Augenbrauen nach, schminkte sich die Lippen und lackierte sich die Fingernägel. Hermann Bratt hätte sie sicherlich »eine gepflegte Frau« genannt. Geschäftliches lag ihr eher fern. Stattdessen hielt sie eisern an guten Manieren fest (»Hände auf den Tisch!«, »Sitz gerade!«, »Man fragt, bevor man sich nimmt!«), an dem, was »sich gehört«. Nie war der Frühstückstisch ohne Buttermesser, die gebügelten Servietten wurden in silbernen Ringen verwahrt und Gläser nach dem Abwasch mit einem besonders dünnen Geschirrtuch poliert. Jeder Gegenstand in ihrem Haus, der ganze chinesische und japanische Nippes, den mein Großvater von seinen Schiffsfahrten mitgebracht, die vielen Bilder, die er gemalt hatte, alles wurde täglich abgestaubt. Ich mochte diese bürgerliche Sorgfalt; bei uns zu Hause, wo es so viele Kinder, immer Lärm, Chaos und Unübersichtlichkeit und nicht enden wollende Arbeit für meine Mutter gab, dominierte Praktisches, Ramabecher und Resopal.

Heldenglanz

Meine Großmutter stand mir nahe, sie wirkte selbstbewusst, ich hielt sie für moderner als meine Mutter. Aber auch für standesbewusster: Sie ließ sich nur mit »Frau Admiral Fischer« anreden. Das fand ich als Jugendliche ziemlich peinlich, bei uns in Schleswig-Holstein machte man so was nicht – »Angeberei« hätte man dazu gesagt. Von ihrer Verehrung für »unseren geliebten Führer« wusste ich nichts. Nie hat sie über die Zeit des »Dritten Reiches« geredet. Und ich, zu jung noch und zu unbelesen, habe nicht gefragt.

Mein Großvater hat ihren Schreibtisch entworfen und bauen lassen, im Ensemble mit einer Glasvitrine, zwei Sesseln, Stühlen, einem Tisch und einer Chaiselongue, die vor Jahrzehnten als durchgesessen und zerschlissen ausgemustert worden war. Von ihm hätte man eine solche Betätigung als begabter Designer eher nicht erwartet, er war ein überzeugter Militär, aber er hatte daneben eine ausgeprägte ästhetische Neigung. Er entwarf Möbel, wunderbare Gartenpavillons, bleiverglaste Fenster mit Familienmotiven, und er malte Bilder, zeitweilig lebten er und seine Frau von deren Verkauf.

Stärker als von seinen musischen Interessen aber wurde der Konteradmiral a. D., der 1919 aus der einstigen Kriegsmarine entlassen worden war, von seinem militärischen Denken beherrscht. Bedingungsloser Gehorsam war sein Credo, öffentlich wie privat, gepaart mit deutschnationalen Überzeugungen. Er glaubte immer noch an »den ganz großen Kampf meines Volkes«, mit dem »1000-jährige Geschichte gewandelt u. gemacht wird«, als die Kriegswende sich schon immer deutlicher abzeichnete.

Die Gästebücher meiner Großmutter, die sie all die Jahre führte, erzählen nichts von der Welt draußen, nichts von Juden, von Gestapo, von Eroberungen und Gefangenen. Sie quellen auf jeder Seite über von Dankbarkeitsbezeugungen »für die gemütlichen Stunden«, die man zusammen verbracht habe, oft in holpernden Reimen getextet: »Wenn ich mein Ross besteige / dann denk ich gern an Euch! / habt Dank für all die Freude / durch die ihr macht mich reich«, schreibt der SS-Offizier Sascha, der sich lange – glücklicherweise aussichtslos – Hoffnung auf meine Mutter gemacht hatte. Das Jahr 1942, als die jüdischen Bewohner der Berchtesgadener Straße 37 alle deportiert wurden, scheint ein fröhliches Jahr im Haus am Bodensee gewesen zu sein, man feierte die eigene Siegesgewissheit.

Nach Stalingrad änderte sich der Ton: Meine Großmutter begrüßte das Jahr 1943 mit dem Wunsch nach Frieden, mit diesem Stoßseufzer schreibt sie sich auf den folgenden Seiten immer wieder selbst ein.

Im März 1944 war ihr jüngster Sohn tot. Mit siebzehn hatte mein Onkel sich als »Kriegsfreiwilliger« gemeldet und im Schnellgang zum Jagdflieger ausbilden lassen, sich »in 134 Feindflügen bewährt« und täglich bis zu drei Angriffe geflogen – immer wieder überfällt mich die Frage, könnte es womöglich sein Flugzeug gewesen sein, aus dem die für Edith Jacob tödliche Bombe fiel?

Einen »Jungen wie ihn« hatte sein Vater sich immer gewünscht. Als erfolgreichster Flieger seiner Staffel hatte sein Sohn zahlreiche Auszeichnungen erhalten, als Letztes den von Hermann Göring gestifteten »Ehrenpokal der Luftwaffe«. Die von seinen Eltern aufgesetzte Traueranzeige zum Tod des Fliegers strotzte von den sprachlichen Schwurbeleien des falschen Heroismus: »Der tiefe Schmerz seiner Lieben muss zurücktreten vor der stolzen Erinnerung seines allzeit frohen Einsatzes für Führer und Reich«. Seine Eltern waren ihm dankbar – er habe »der Familie den Glanz des Helden geschenkt«.

Geschäftsbilanz

»Heroisches« Geschwafel war meinem Vater fremd, er interessierte sich mehr für sein BMW-Motorrad, fürs Tanzen und für schöne Frauen – bis er meine Mutter kennenlernte, sie heiratete und Kinder hatte, dann waren die Familie und »das Geschäft«, der von seinem Vater übernommene Lebensmittelgroßhandel, das Wichtigste für ihn.

Mehr als zwei Monate vor der Kriegseröffnung gegen Polen erhielt er die Einberufung und musste sich in einer Hamburger Kaserne einfinden. Alle ahnten, worum es ging, auch wenn die offizielle Sprachregelung selbst am Tag des Abmarsches noch das Wort »Übung« vorschrieb. Mein Vater informierte seine Frau postalisch von einem »A…« »Richtung Osten«. Damit wusste sie Bescheid.

In den nahezu täglichen Briefen, die er 1939 bis zum Februar 1943 an seine Frau schrieb, manchmal mehr als zwanzig Seiten lang, schimpfte er unverhohlen auf den »verdammten Krieg«, der Männer wie ihn von »wichtigeren Aufgaben«, der Fürsorge für die Familie und dem Aufbau einer wirtschaftlichen Existenz, abhalte. Auch fürchtete er die Verrohung durch Kriegserfahrungen: »Wir werden fürs Zivilleben verdorben!« Dass Briefe von der Front der Zensur unterlagen, kümmerte ihn nicht.

Meiner Mutter hatte er gleich zu Beginn seiner Einberufung empfohlen, sich im Geschäft »unentbehrlich« zu machen, damit sie, die jetzt noch kaufmännisch völlig unerfahren war, »in späteren Zeiten alles beherrscht«. Die Sorge, ob er lebend und gesund aus diesem Krieg nach Hause käme, scheint auch ihn umgetrieben zu haben. Täglich erteilte er seiner Frau Instruktionen – einen Trecker zu beschaffen, nachdem die Lastwagen der Firma eingezogen worden waren, tausend Liter Most im Lager zu bunkern, »energisch Druck« zu machen, um an die nötige Ware zu kommen. Sie musste ihm Kalkulationen, Umsätze und Bilanzen zur Überprüfung schicken, sie waren sein Vakzin gegen die Grauen des Krieges, sein

Anker, sein Strohhalm: Es würde eine Zeit danach geben, ein Morgen, darauf wollte er sich konzentrieren, um in diesem »Scheißkrieg« nicht unterzugehen. Ein Pazifist war er mitnichten, aber ein Held wollte er auch nicht sein, eine militärische Karriere interessierte ihn nicht – nur das Überleben und der nächste Heimaturlaub. Er hatte es nicht gern, wenn andere ihm Befehle erteilen konnten, und den Krieg empfand er als unsinnige Zeitverschwendung.

Mehr als ein Jahr lang hörte meine Mutter nichts von ihm, bis er Anfang März 1944, lebensgefährlich abgemagert und schwerkrank, in einem litauischen Lazarett auftauchte und fünf Monate später nach Schleswig-Holstein verlegt wurde. Im Februar 1945 wurde er aus dem Wehrdienst entlassen, er erhielt einen Ausweis als Schwerbeschädigter. Der heftige Nierenschaden, den er im russischen Frost erlitten hatte, rettete ihn vor dem Tod an der Front, Jahre später kostete er ihn das Leben.

Wo war er zuletzt gewesen? Sicherlich in Russland, aber wo dort? Die letzten Fotos, die er nach Hause geschickt hatte, waren keine launigen Kameradschaftsbilder aus dem fröhlichen Soldatenleben, sondern Bilder verbrannter Erde, schwarzer Baumstümpfe, in Asche gelegter Dörfer, an denen seine Kompanie vorbeizog. Was hatte er gesehen? Was getan? Fast fünf Jahre lang hatte er an dem Kriegsgeschehen teilnehmen müssen – es scheint mir eine illusionäre Vorstellung, dass man durch diese Welt der Zerstörung und des Mordens wie ein unschuldiger Parzival hat wandern können. Aber wie fast alle Männer, die für den Führer und das Reich in den Krieg ziehen mussten, sprach er nicht über die ihm verhasste Zeit. Aber er hatte Alpträume, dann brabbelte er in die Schwärze der Nacht hinein, manchmal schrie er. Er kam nie los von ihnen, auch nicht von den brüllenden Kopfschmerzen, die ihn immer wieder heimsuchten.

Was hatte er erlebt? Fragen konnte ich ihm nicht stellen. Er starb früh, da war ich noch ein Kind.

Lebewohl, Martha

Von einer unter all jenen, über die ich hier berichtet habe, muss ich mich besonders verabschieden: von Martha Cohen. Spät erst habe ich entdeckt, dass sie ihre letzte Lebenszeit in der Wohnung verbrachte, die seit Jahren mein Heim ist. Der Eichenbaum, der, umarmt von einer gelben Kletterrose, vor unserem Haus die Straße säumt und bald unseren Balkon erreicht haben wird, den hat es zu ihrer Zeit noch nicht gegeben.

Aber Martha wird aus demselben Fenster geschaut haben, aus dem auch ich blicke, wenn ich an meinem Schreibtisch sitze und von dem Text aufschaue, an dem ich schreibe; das Fischgrät-Parkett in den vorderen Zimmern ist alt, vielleicht hat es schon unter ihren Füßen so geknarzt wie heute. Einen Flügel wie sie habe ich nicht, aber ein Klavier, auf dem mein Mann viel zu selten spielt.

Ich hätte es früher ahnen können, dass es Martha war, die hier, in dieser Wohnung, gewohnt hatte, es gab Zeichen, die ich nicht zu deuten gewusst habe. Warum wäre ich sonst so sorgsam um den ihr gewidmeten Stolperstein herumgetänzelt? Ich habe solche Gebote des Innehaltens, des Nachdenkens nicht erkannt.

Ich sage dir adieu, Martha, ein Grab, zu dem ich Blumen, vielleicht auch einen Klappstuhl bringen und mit dir weiterhin im Gespräch bleiben könnte, gibt es für dich nicht. Deine Asche wurde von der Eger fortgespült. Aber es gibt die Musik, sie hat dich immer begleitet. Für dich lege ich jetzt Gustav Mahlers »Zweite Symphonie« auf, die »Auferstehungssymphonie«, du wirst sie kennen, auch ihren finalen Satz »Sterben werd' ich, um zu leben! Auferstehen, ja auferstehen wirst du.«

*

»Non, non, non, non, Yaya! Nicht diiieee Musik! Die macht sooo viel Lärm! Sooo viel Lärm!«, beschwert sich mein Enkel aus dem Wohnzimmer und hält sich mit seinen Fäusten die Ohren zu.
»Aber ich verabschiede mich damit von Martha, Ilias.«
»Ist das die Frau in dem schwarzen Kleid?«
»Ja die!«
»Was ist verabschieden?«
»Wenn man Adieu sagt zu jemandem, den man nicht wiedersieht.«
»Macht die Frau keine Musik mehr?«
»Nein.«
»Warum?«
»Sie ist tot.«
»Fini? Wie Papus?«
»Ja, Ilias, ihr Leben ist fini, wie das von Orestis.«
»Dann sag ich auch Adieu zu ihr.«
»Okay.«
»Können wir dann endlich Kelle schpielen, Yaya??«
»Ich bin gleich fertig, Ilias. Kannst du noch fünf Minuten warten? Geht das?«
Schweigen.
»Hmhm. Ich glaub, das geht.«

Dank

Ohne das ständige Insistieren von *Wolfgang Bauernfeind* hätte ich diesen Text vermutlich nicht veröffentlicht. Er ließ mich einfach nicht davonkommen. Dafür danke ich ihm. Post mortem. Denn bevor ich ihm das fertige Buch in die Hand drücken konnte, ist er von uns gegangen.

Nina Sillem, meine Agentin, stand ihm zur Seite, ohne das zu wissen. Ich bin ganz sicher nicht die Einzige, die sehr gern mit ihr arbeitet, ihre inhaltliche Anteilnahme, ihre Rückmeldungen schätzt wie auch ihre persönliche Zugewandtheit.

Dank auch an meinen Verleger *Gunnar Cynybulk*, der mich mit einer kompositorischen Intervention überfiel, die ich anfänglich gar nicht annehmen wollte, aber sie erwies sich entgegen meinen Bedenken als ausgesprochen fruchtbar.

Mein Mann *Eduard Heußen* war der erste und wichtigste Zuhörer meiner recherchierten Geschichten. Seine Kommentare, Einwendungen und Ergänzungen waren immer eine Bereicherung. Erste Ermutigung habe ich von *Ulfa von den Steinen* und von meiner sizilianischen Schwägerin *Elvira Lima* erfahren, die beide die Erstleserinnen einer viel früheren, erheblich kürzeren Textfassung waren.

Post mortem danke ich *Freimut Duve*, dem Einzigen, den ich jemals als Lehrer akzeptieren konnte. Was er gefördert und ermutigt hat, lässt sich nicht angemessen in Worte fassen – Professionalität, Gestaltungswille, Humor, Unerschrockenheit, Empathie für jene, die in Bedrängnis sind. Er guckte mir beim Schreiben ständig über die Schulter.

Post mortem möchte ich dir, *Sebastian*, danken für die Zeit, die du meiner Familie geschenkt hast – viele der hier beschriebenen Erlebnisse, Erfahrungen, Reisen waren mir möglich, weil unsere Kinder bei dir damals in bester Obhut waren.

Durch alle »meine« *Flüchtlinge* habe ich Demut erlernt. Und Dankbarkeit für mein »postheroisches« Leben.

Die Dialoge mit meinem Enkel *Ilias*, der mit zwei Sprachen aufwächst, sind authentisch. Ihm verdanke ich die Momente, in denen ich mich von den klammen Schatten der Vergangenheit befreien und in die alles hinwegfegende vitale Gegenwart zurückfinden konnte.

Quellen

Gemessen an der leeren Weite, vor der ich mich anfänglich bei meinen Recherchen wähnte, taten sich doch überraschende Funde auf – in den Entschädigungsakten, im Grundbuchamt, im Berliner Landesarchiv und bei den Vermögenserklärungen, die im Brandenburgischen Landeshauptarchiv aufbewahrt werden. Die Mitarbeiter und Mitarbeiterinnen in Archiven, so meine Erfahrung, sind meist ausgesprochen hilfsbereite Zeitgenossen, deren Engagement ich einiges verdanke. Bei der Auflistung von Büchern und Essays, die hilfreich waren, habe ich mich hier auf eine Auswahl beschränkt.

Online-Datenbanken

Unverzichtbar für die Recherche waren die *Arolsen Archives* mit ihrem weltweit umfassendsten Archiv zu den Opfern und Überlebenden des Nationalsozialismus. Dort findet man manchmal auch eine AJDC-Karte des American Jewish Joint Distribution Committee, auf denen die Personalien von Berliner Juden und Jüdinnen, zuweilen sogar Angaben zu Ehepartnern, Eltern oder Kindern stehen. Auch Dokumente aus den Häftlingsunterlagen der Konzentrationslager, aus den Displaced Person Camps oder aus diversen Suchanfragen lassen sich dort auftun. Den Schriftwechsel zwischen der »falschen« Edith Jakob und der in Genf sitzende International Refugee Organization fand ich dort im digitalen Archiv (UNHCR Genf, Documents IDs 81018429, 81018430, 81018431); ebenso den »Questionnaire«, mit dem die Zukunftserwartungen und -pläne von Hermann Bratt nach dem Krieg in einem DP-Camp erfragt wurden (3,2,1,2, CM/1, Document ID: 80328254).

Ferner gibt es die Datenbank von *Yad Vashem*, in der man die Namen von Millionen Opfern der Shoa findet, in Einzelfällen ein »Testimonial« ihrer Nachfahren.

In der digitalisierten Datenbank des Gettos *Theresienstadt* sind die erhalten gebliebenen Sterbeurkunden einzelner Opfer zugänglich. Hilfreich war mir in manchen Fällen auch die *Personenkartei der Reichsvereinigung der Juden in Deutschland*, besonders die Kartei für Auswanderer, aber auch die für Verstorbene.

Zu den Kindertransporten lassen sich einzelne Dokumente in der Online-Datenbank der britischen *National Archives* finden – ebenfalls zu der umstrittenen Politik Churchills, auch vor den Nazis geflüchtete Jüdinnen und Juden ab Kriegsbeginn als »enemy aliens« zu internieren.

Eine digitale Schatztruhe ist das *Berliner Adressbuch* 1799–1970, auch die beiden Ausgaben des *Jüdischen Adressbuches* von 1929/1930 und 1931/1932 und in Einzelfällen auch das *Berliner Telefonbuch* 1908–1953 waren hilfreich bei der Suche nach Spuren.

Die wichtigste Quelle für meine Recherche waren die *Akten des Entschädigungsamtes* in Berlin. Die Behörde ist zuständig für das Bundesgesetz zur Entschädigung für Opfer der nationalsozialistischen Verfolgung. In Einzelfällen ebenfalls aufschlussreich waren die Akten des *Landesarchivs Berlin*. Und unverzichtbar die Lektüre der Vermögenserklärungen der Deportierten im *Brandenburgischen Landeshauptarchiv*.

Im *Grundbuchamt* entdeckte ich in der Akte unseres Hauses den Namen des Architekten Alfons Anker und die Auflassungsvormerkung mit dem Anspruch auf Eigentumsübertragung für das Haus in der Berchtesgadener Straße 37 von Jenny von Bering, geb. Hauckwitz.

Das auf Seite 103 f. abgedruckte Zitat von Bruno Cassirer habe ich der Seite https://trab-halloffame.de/Hall-of-Fame/Personen/2010/Bruno-Cassirer entnommen.

Einzeltexte

Zu Martha Cohen gibt es auf der einschlägigen Webseite der Berliner Stolpersteine einen Text von Dr. Anne Meckel »auf der Grundlage wesentlicher Vorarbeiten von Hannelore Emmerich«.

Auf Marthas Testaments-Nachträge bin ich aufmerksam geworden durch einen Aufsatz von Helmut Holzhey *Das Testament von Martha Cohen. Ein bewegendes Dokument aus Zeiten der Verfolgung*, in: Kalonymos, Heft 3/2015.

Auch zu James und Elsbeth Brandus gibt es unter dem Titel *Wir erinnern an Ehepaar Dr. James Brandus* einen Text, der für das Archiv der Synagogengemeinde zu Magdeburg erstellt wurde.

Michael Köhn: *Berufsverbot, Emigration und Verfolgung Berliner Zahnärzte nach 1933*, in: Deutsche Zahnärztliche Zeitschrift 2013.

Berlin-Schöneberg, Bayerisches Viertel

In der direkten Sichtachse unserer Wohnung ragt der Turm der Evangelischen Kirche zum Heilsbronnen auf. Auf der Suche nach Dokumenten, die mir erzählen könnten, wie sich die Kirche in der NS-Zeit verhalten hat, stieß ich auf das 1947 erschienene autobiografische Buch *Lichter im Dunkel* von Max Krakauer (1947/2012), der mit seiner Frau Ines, beide Juden, von einem Helferkreis von mehr als siebzig Personen versteckt wurde. Zu dem Kreis der Pfarrer, von denen bekannt war, dass sie willens waren, untergetauchte Jüdinnen und Juden zu verstecken, gehörte auch der an der Kirche zum Heilsbronnen tätige Pfarrer Theodor Burckhardt.

Über die Geschichte des Bayerischen Viertels in Berlin-Schöneberg hat Gudrun Blankenburg mehrere Bücher geschrieben. »Leben in einem Geschichtsbuch« hat sie ihr informatives Buch über *Das Bayerische Viertel in Berlin Schöneberg* im Untertitel treffend genannt (Berlin 2016); zusammen mit Irene von Götz hat sie auch *Das zerstörte Schöneberg. Ruinenfotos von Herwarth Staudt*, Berlin 2015, herausgebracht. Interessante Beiträge finden sich auch in dem von

Christiane Fritsch-Weith herausgegebenen Band *Buchladen Bayrischer Platz. Klein, aber voller Köstlichkeiten*, Berlin 2015.

Zum Gedenken an den Holocaust erschien 1995 der zweibändige Katalog *Orte des Erinnerns*, hrsg. vom Kunstamt Schöneberg, Schöneberg Museum in Zusammenarbeit mit der Gedenkstätte Haus der Wannsee-Konferenz, Berlin 1995; die Namen der Deportierten finden sich in Band 2.

Die von Renata Stih und Frieder Schnock an die Laternenmasten des Bayerischen Viertels montierten Schilder mit den zahllosen antisemitischen Verordnungen und Verboten lösten in den Anfangsjahren immer wieder Irritationen aus. Bewohner des Viertels riefen empört im Rathaus Schöneberg an: Hier würden »Rechtsradikale« antisemitische Schilder aufhängen.

Im Rathaus Schöneberg gibt es die sehenswerte Dauerausstellung *Wir waren Nachbarn*. Die Wände des Willy-Brandt-Saals sind mit Karteikarten tapeziert, auf denen handschriftlich die Namen von mehr als 6000 aus Berlin-Schöneberg deportierten Jüdinnen und Juden festgehalten sind. 170 biografische Alben dokumentieren Einzelschicksale, unter ihnen manche, die schon damals bekannte Persönlichkeiten waren, wie die Schriftstellerin und Nobelpreisträgerin Nelly Sachs, die Mitglieder der Comedian Harmonists oder der Fotograf Helmut Newton, der vor seiner Vertreibung Helmut Neustädter hieß.

Wer wissen möchte, welche bekannten Personen um den Bayerischen Platz herum wohnten, findet einige Beispiele in dem Band von Günter Karl Bose *Stadtpark Schöneberg*, Berlin 2022.

Autobiografische Texte/Tagebücher

Immer noch ausgesprochen lesenswert: Ruth Andreas-Friedrich: *Der Schattenmann. Tagebuchaufzeichnungen 1938–1945*, Frankfurt 1947/zweite Auflage 1983, ebenso Ursula von Kardoff: *Berliner Aufzeichnungen. Aus den Jahren 1942–1945*, erw. Neuausgabe München

1981; oder auch, wenngleich »verklatschter«: *Die Berliner Tagebücher der Marie »Missie« Wassiltschikow 1940–1945*, Berlin 1987, und die hier mehrfach zitierte einstige Ullstein-Kolumnistin Bella Fromm: *Als Hitler mir die Hand küsste*, Berlin 1993, sowie Gertrud Kolmar: *Briefe*. Herausgegeben von Johanna Woltmann, Göttingen 2014.

Speer und die »Entjudung« des Wohnungsbestandes

Albert Speer: *Erinnerungen*, Berlin 1969. Eine wichtige Lektüre, um die Anstöße zur »Entjudung« des Berliner Wohnungsbestandes zu erkennen, war die 2011 erschienene Dissertation von Susanne Willems: *Der entsiedelte Jude*, die von der Autorin 2018 überarbeitet worden ist; sie zeigt die Verantwortung des »Generalbauinspektors für die Reichshauptstadt« und späteren Rüstungsministers Albert Speer für die Deportationen der Berliner Jüdinnen und Juden. Allzu lange war es Speer nach dem Krieg gelungen, sich als unpolitischer und einzig anständiger Nationalsozialist unter lauter verbrecherischen Sadisten zu verkaufen. Joachim Fest, Leiter des Feuilletons der FAZ, und der Verleger Wolf Jobst Siedler haben ihm bei der Legendenbildung hilfreich zur Seite gestanden.

Matthias Schmidt: *Albert Speer: Das Ende eines Mythos. Aufdeckung einer Geschichtsfälschung*, München 1982.

Joachim Fest: *Speer. Eine Biografie*, Frankfurt 2005.

Magnus Brechtken: *Albert Speer Eine deutsche Karriere*, München 2017.

Gitta Sereny: *Albert Speer. Das Ringen mit der Wahrheit und das deutsche Trauma*, München 1997.

»Entjudungsgewinne«

Bahnbrechend zu dem Thema »Entjudungsgewinne« war die 1998 erschienene, von Wolfgang Dreßen herausgegebene und kommentierte Dokumentation *Betrifft: »Aktion 3«*. Die Dokumente wurden in einer Ausstellung des Stadtmuseums Düsseldorf gezeigt.

Die Studie von Martin Friedenberger: *Fiskalische Ausplünderung. Die Berliner Steuer- und Finanzverwaltung und die jüdische Bevölkerung 1933–1945*, Berlin 2008, zeigt das minutiöse Vorgehen des staatlich organisierten Raubzugs und die Beteiligung so vieler verschiedener gesellschaftlicher Gruppen und Einzelpersonen an der »Bereicherungskette«.

Zu dem Thema ebenfalls empfehlenswert: Christiane Kuller: *Finanzverwaltung und Judenverfolgung. Antisemitische Fiskalpolitik und Verwaltungspraxis im nationalsozialistischen Deutschland*, in: zeitenblicke 3, München 2004, Nr. 2.

Götz Aly: *Hitlers Volksstaat*, Frankfurt 2005.

Eindrucksvolle Fotos aus Lörrach von der Schnäppchenjagd »arischer« Bürger auf Hinterlassenschaften deportierter Juden finden sich in dem von Andreas Nachama und Klaus Hesse herausgegebenen Band *Vor aller Augen. Die Deportation der Juden und die Versteigerung ihres Eigentums*, Berlin 2011.

Alltagsleben

Den Alltag der Entrechteten an vielen Beispielen veranschaulicht Marion Kaplan: *Der Mut zum Überleben. Jüdische Frauen und ihre Familien in Nazideutschland*, Berlin 2001. Ebenfalls herausgegeben von Marion Kaplan: *Geschichte des jüdischen Alltags in Deutschland. Vom 17. Jahrhundert bis 1945*, München 2003.

Deutsch-jüdische Geschichte Bd. 4, hrsg. von Avraham Barkai, Paul Mendes-Flohr und Steven M. Lowenstein, München 2000.

Maxim Leo: *Wo wir zu Hause sind. Die Geschichte meiner verschwundenen Familie*, Köln 2019. Ein sehr bewegendes Buch. Leo erzählt auch von den harten entbehrungsreichen Jahren, die jene Mitglieder seiner Familie durchstehen mussten, die nach Palästina, nach »Eretz Israel« geflüchtet waren.

Ulrich Alexander Broschwitz: *Der Reisende*, Stuttgart 2018, ein 1938 nach den Novemberpogromen geschriebener Roman, der viel über die klaustrophobische Bedrängnis erzählt, in die die jüdischen Mitbürger bei dem vergeblichen Versuch zu fliehen gerieten.

Berlin

Mehrere Beiträge aus dem Sammelband *Berlin 1933–1945*, hrsg. von M. Wildt und C. Kreutzmüller, München 2012, schilderten mir die politische Szenerie im Berlin dieser Jahre.

Gernot Jochheim: *Frauenprotest in der Rosenstraße*, Berlin 1993.

Zur Ausstellung 1936 zu Ehren des ein Jahr zuvor verstorbenen Max Liebermann der vom Centrum Judaicum herausgegebene Band *Was vom Leben übrig bleibt, sind Bilder und Geschichten. Max Liebermann zum 150. Geburtstag. Rekonstruktion der Gedächtnisausstellung des Berliner Jüdischen Museums von 1936*, Berlin 1997, darin besonders der Beitrag von Hermann Simon.

Deportation, Flucht, Leben im Exil

Wichtig waren auch die Beiträge in dem von Birthe Kundrus und Beate Meyer herausgegebenen Sammelband *Die Deportation der Juden aus Deutschland. Pläne – Praxis – Reaktionen 1938–1945*, Göttingen 2004.

Susanne Heim/Beate Meyer/Francis R. Nicosia: *»Wer bleibt, opfert seine Jahre, vielleicht sein Leben«. Deutsche Juden 1938–1941*, Göttingen 2010.

Darüber hinaus habe ich zahlreiche monografische Studien, Beiträge und Bücher zu Rate gezogen – zu den Auswanderungen, den Sammellagern, dem Jüdischen Krankenhaus im Berliner Wedding: Daniel Silver: *Überleben in der Hölle. Das Berliner Jüdische Krankenhaus im »Dritten Reich«*, Berlin 2006; zum Leben in der Illegalität, zum Getto Theresienstadt, zu dem Getto Litzmannstadt: *Berliner Juden im Getto Litzmannstadt 1941–1944. Ein Gedenkbuch*. Bearbeitet von Ingo Loose, Stiftung Topographie des Terrors, Berlin 2009; ferner Gertrude Schneider: *Reise in den Tod. Deutsche Juden in Riga 1941–1944;* die Autorin kam als Dreizehnjährige mit

Eltern und Schwester aus Wien nach Riga und überlebte Getto und Konzentrationslager. Heute ist sie Professorin für Geschichte in den USA; Thomas Toivi Blatt: *Nur die Schatten bleiben. Der Aufstand im Vernichtungslager Sobibór*, Berlin 2. Auflage 2002.

Zu den Kindertransporten: *Die Kindertransporte 1938/39. Rettung und Integration,* hg. v. W. Benz und anderen, Frankfurt a. M. 2003; zu den Mentalitäten und dem Verhalten der nichtjüdischen Bevölkerung: Frank Bajohr, Dieter Pohl: *Massenmord und schlechtes Gewissen. Die deutsche Bevölkerung, die NS-Führung und der Holocaust,* Frankfurt a. M. 2014; oder dem neuen Dasein in der Fremde eines südamerikanischen Landes: Leo Spitzer: *Hotel Bolivia,* Wien 2003, ebenfalls León Bieber: *Jüdisches Leben in Bolivien. Die Einwanderungswelle 1938–1940,* Berlin 2012, zu den Umständen, Schwierigkeiten und Erfolgen ihrer Integration und über die Reaktion der indigenen Mehrheitsgesellschaft auf die Neuankömmlinge.

Auch in dem von der Stiftung Jüdisches Museum Berlin und der Stiftung Haus der Geschichte der Bundesrepublik Deutschland herausgegebenen Sammelband *Heimat Exil. Emigration der deutschen Juden nach 1933,* Frankfurt 2006, finden sich aufschlussreiche Geschichten jüdischer Flüchtlinge in der Diaspora, zum Exil in Shanghai, in dem Simon Siegmund Sternson acht Jahre lang lebte, und der Einwanderung von »domestic servants« nach Großbritannien, die Edith Jacob ermöglichte, ihren Sohn wiederzusehen.

Zur Eröffnung des Jüdischen Museums in Berlin erschien der Band: *Zwei Jahrtausende deutsch-jüdische Geschichte,* hrsg. vom Jüdischen Museum Berlin, Berlin o. J.

Andreas Kossert: *Flucht. Eine Menschheitsgeschichte,* München 2020. Der Autor schildert die weltweite Migration in geschichtlichen Zusammenhängen wie in Einzelschicksalen und die existenziellen Erfahrungen, die mit Flucht und Vertreibung einhergehen. Ein fulminantes Buch.

Anette Vogt, Hans Sarkowicz (Hrsg.): *Vertreibung des Geistes*, München 2022. Zwei CDs mit Interviews von Menschen, die Deutschland nicht freiwillig verlassen hatten, sondern vor der mörderischen Politik der Nazis geflohen waren. Die Interviews basieren auf einer 46-teiligen Sendereihe, die Radio Bremen 1959/1960 unter dem Titel »Auszug des Geistes« ausgestrahlt hatte.

Arendt, Hannah: *Wir Flüchtlinge*, New York 1943.

Navid Kermani: *Einbruch der Wirklichkeit. Auf dem Flüchtlingstreck durch Europa*, München 2016.

Ulrich Herbert: *Wer waren die Nationalsozialisten?* München 2021, darin besonders: *Der Weg zur Ermordung der europäischen Juden*, S. 203 ff.

Michael Wildt: *Zerborstene Zeit. Deutsche Geschichte 1918–1945*, München 2022, besonders das Kapitel »Schicksalsjahr 1938«.

Über die »historischen Jahre« der »Schicksalsgemeinschaft« auf dem Berghof berichtet Heike B. Görtemaker: *Hitlers Hofstaat. Der innere Kreis im Dritten Reich und danach*, München 2019. Der »Führer« scharte einen loyalen Kreis, eine verschworene Gemeinschaft um sich, verbunden durch den von allen geteilten Antisemitismus. Albert Speer und seine Frau gehörten dazu.

Bücher, Lesen, Wissen

Olga Tokarczuk: *Übungen im Fremdsein. Essays und Reden*, Zürich 2021.

Warum lesen. Mindestens 24 Gründe, hrsg. von Katharina Raabe und Frank Wegner, Berlin 2020.

Richard Ovenden: *Bedrohte Bücher. Eine Geschichte der Zerstörung und Bewahrung des Wissens*, Frankfurt 2021. Der Leiter der wunderschönen und berühmten Bodleian Library in Oxford erzählt von der dreitausendjährigen Geschichte der Angriffe auf die Bücher; ihr Verlust gefährdet unsere Zivilisation.

Volker Weidermann: *Das Buch der verbrannten Bücher*, München 2009.

Dževad Karahsan: *Tagebuch einer Übersiedlung, Berlin 2021;* eine frühere Fassung dieses Buches erschien bereits 1993. Der bosnische Autor beschreibt in unvergesslichen Szenen und Reflexionen die Belagerung von Sarajewo.

Deutschland nach dem Krieg

Ein informativer und unterhaltsamer Überblick über die Ereignisse und Mentalitäten im Nachkriegsdeutschland – von der »Stunde Null« bis zum Wirtschaftswunder: Harald Jähner: *Wolfszeit*, Hamburg, 5. Auflage 2021.

»Wiedergutmachung«

Über die Jahre andauernden schwierigen Auseinandersetzungen mit Regierungen, Versicherungen, Banken und Unternehmen über Entschädigungsleistungen für Zwangsarbeit und Enteignung – nicht nur in Deutschland, auch in Österreich, der Schweiz und Frankreich – habe ich einiges durch das Buch *Unvollkommene Gerechtigkeit* von Stuart Eizenstat erfahren, dem von Präsident Clinton 1995 ernannten Sonderbeauftragten für die Entschädigungsverhandlungen. Die amerikanische Besatzungsmacht hatte nach dem Krieg den Anspruch der Jüdinnen und Juden auf Entschädigung durchgesetzt, Zustimmung fand das auf deutscher Seite nicht. Im Kabinett, in der Regierungskoalition, in der Presse und bei Ämtern wie Behörden gab es erhebliche Widerstände gegen eine entsprechende gesetzliche Regelung von solchen Ansprüchen. Bundeskanzler Konrad Adenauer aber setzte sich über alle diese Widerstände hinweg.

Antisemitische Verordnungen

Wenn es um die umfassende Enteignung und Vertreibung der Juden ging, waren die Nationalsozialisten erfinderisch: Von den zahllosen antisemitischen Verordnungen wird hier nur eine Auswahl wiedergegeben.

1.4.1933 Kosten für die Behandlung bei einem jüdischen Arzt werden von der Städtischen Krankenversicherungsanstalt Berlin nicht mehr erstattet.

1.4.1933 Sämtliche Berliner Bezirksämter sind angewiesen, jüdische Lehrkräfte sofort zu beurlauben.

7.4.1933 Juden dürfen kein Rechtsanwaltsbüro eröffnen.

11.4.1933 Alle Beamten mit mindestens einem jüdischen Großelternteil werden aus dem Staatsdienst entlassen.

22.4.1933 Jüdische Ärzte dürfen nicht mehr im Krankenhaus tätig sein.

25.4.1933 Juden werden aus Sport- und Turnvereinen ausgeschlossen.

4.5.1933 Alle jüdischen Arbeiter und Angestellte bei Behörden werden entlassen.

9.7.1933 Juden werden aus dem Großdeutschen Schachverband ausgeschlossen.

16.8.1933 Juden werden aus Gesangsvereinen ausgeschlossen.

22.8.1933 Badeverbot für Juden im Strandbad Wannsee

1.10.1933 Aufnahmeverbot für Juden im Deutschen Automobilclub

5.2.1934 Jüdische Medizinstudenten werden nicht mehr zur Staatsprüfung zugelassen.

8.12.1934 Jüdische Apotheker werden nicht mehr zur Prüfung zugelassen.

6.9.1935 Jüdische Zeitungen dürfen nicht mehr in Geschäften oder an Kiosken verkauft werden.
14.11.1935 Juden verlieren das Wahlrecht.
März 1935 Jüdischen Schriftstellern wird jede schriftstellerische oder literarische Tätigkeit in Deutschland untersagt.
1935 Kunst- und Antiquitätenhändler müssen innerhalb von vier Wochen ihr Geschäft auflösen.
31.3.1935 Berufsverbot für jüdische Musiker
30.9.1935 Sämtliche Juden im Sinne des Reichsbürgergesetzes, die noch Richter und Staatsanwälte sind, werden sofort bis auf weiteres beurlaubt.
21.12.1935 Jüdische Notare, Ärzte, Professoren und Lehrer dürfen nicht mehr im Staatsdienst tätig sein.
15.10.1936 Jüdische Lehrer dürfen keinen Privatunterricht mehr erteilen.
26.1.1937 Juden dürfen keine Viehhändler mehr sein.
5.2.1937 Juden dürfen keine Jäger mehr sein.
15.4.1937 Promotionsverbot für Juden
11.7.1938 Juden dürfen sich nicht an Kurorten aufhalten.
25.7.1938 Jüdische Ärzte erhalten Berufsverbot.
1938 Arischen und nichtarischen Kindern wird das Spielen miteinander untersagt.
1.1.1938 Juden können nicht Mitglieder des Deutschen Roten Kreuzes sein.
22.3.1938 Juden können keine Kleingärtner sein.
26.4.1938 Juden müssen ihre Vermögensverhältnisse offenlegen, um »den Einsatz des Vermögens im Interesse der deutschen Wirtschaft sicherzustellen«.
25.7.1938 Jüdische Ärzte erhalten Berufsverbot.
27.7.1938 Straßen, die Namen jüdischer Personen tragen, werden umbenannt.

Antisemitische Verordnungen

17.8.1938 Juden müssen ab 1. Januar 1939 einen weiteren Vornamen annehmen, und zwar männliche Personen den Vornamen Israel, weibliche Personen den Vornamen Sara.

5.10.1938 Die Reisepässe deutscher Juden werden ungültig. Auslandspässe erhalten ihre Gültigkeit zurück, nachdem sie mit einem »J« versehen worden waren.

12.11.1938 Juden dürfen keine Kinos, keine Konzerte und keine Theater mehr besuchen.

12.11.1938 Juden dürfen keinen selbständigen Handwerksbetrieb oder Einzelhandelsunternehmen führen, auch keinen Versandhandel.

15.11.1938 Juden ist der Besuch deutscher Schulen nicht gestattet. Sie dürfen nur jüdische Schulen besuchen.

19.11.1938 Juden sind im Falle der Hilfsbedürftigkeit auf die Hilfe der jüdischen freien Wohlfahrtspflege zu verweisen.

29.11.1938 Juden dürfen keine Brieftauben halten.

3.12.1938 Juden dürfen Badeanstalten und Schwimmbäder nicht mehr betreten.

3.12.1938 Juden dürfen bestimmte Bereiche der Stadt Berlin nicht mehr betreten.

3.12.1938 Die Führerscheine und Kraftwagenzulassungsbescheinigungen der Juden werden für ungültig erklärt und ihre Ablieferung angeordnet.

6.12.1938 Jüdische Studenten werden von Hochschulen und Universitäten ausgeschlossen.

Dezember 1938 Jüdische Verlage sind aufzulösen.

17.1.1939 Berufsverbot für jüdische Zahnärzte, Tierärzte, Apotheker, Zahntechniker, Heilpraktiker und Krankenpfleger

28.1.1939 Juden ist es verboten, auf Märkten zu verkaufen.

24.3.1939 Juden müssen die Synagogenruinen beseitigen.

30.4.1939 Juden können zwangsweise in sogenannte »Judenhäuser« eingewiesen werden.

1.9.1939 Juden müssen ihre Rundfunkgeräte abliefern.
12.9.1939 Juden dürfen nur in besonderen Geschäften einkaufen.
25.9.1939 Es ist Juden verboten, ihre Wohnungen nach 8 Uhr abends (im Sommer ab 9 Uhr) zu verlassen.
Dezember 1939 An Juden werden keine Kleiderkarten mehr ausgegeben.
4.7.1940 Juden dürfen Lebensmittel nur nachmittags von 4–5 Uhr einkaufen.
29.7.1940 Telefonanschlüsse von Juden werden gekündigt.
4.3.1941 Alle Juden können zu Zwangsarbeit verpflichtet werden.
26.6.1941 An Juden wird keine Seife und Rasierseife mehr ausgegeben oder verkauft.
2.8.1941 Juden dürfen keine Leihbüchereien mehr nutzen.
1.9.1941 Ab 15.9.41 ist es Juden, die das sechste Lebensjahr vollendet haben, verboten, sich in der Öffentlichkeit ohne einen Judenstern zu zeigen.
1.9.1941 Juden ist es verboten, Orden, Ehrenzeichen oder sonstige Abzeichen zu tragen.
13.9.1941 Juden dürfen keine öffentlichen Verkehrsmittel mehr benutzen.
18.9.1941 Juden brauchen zum Verlassen ihres Wohnorts einen polizeilichen Erlaubnisschein.
4.11.1941 Juden, die nicht in volkswirtschaftlich wichtigen Betrieben beschäftigt sind, werden in den nächsten Monaten in die Ostgebiete abgeschoben. Das Vermögen der abzuschiebenden Juden wird zugunsten des Deutschen Reichs eingezogen.
13.11.1941 Sämtliche in jüdischem Privatbesitz befindliche Schreibmaschinen, Rechenmaschinen, Vervielfältigungsapparate, Fahrräder, Photoapparate und Ferngläser sind zu erfassen und abzuliefern.

Antisemitische Verordnungen

21.12.1941 Juden dürfen keine öffentlichen Fernsprecher mehr nutzen.
Januar 1942 Juden, die Pelze besitzen, müssen diese abliefern.
14.2.1942 Kuchen werden an Juden nicht mehr verkauft.
17.2.1942 Juden sind von der Belieferung von Zeitungen, Zeitschriften, Gesetz- und Verordnungsblättern durch die Post, durch Verlage oder Straßenhändler ausgeschlossen.
13.3.1942 Juden werden angewiesen, ihre Wohnungen mit einem schwarzen Judenstern an der Eingangstür zu kennzeichnen.
24.4.1942 Juden dürfen öffentliche Verkehrsmittel nicht mehr benutzen.
20.6.1942 Jüdischen Kindern ist jeglicher Schulbesuch verboten.
22.6.1942 Juden erhalten keine Eier mehr.
10.7.1942 Juden erhalten keine Frischmilch mehr.
10.7.1942 Geld- und Geschenksendungen jeder Art und jeder Form an Deportierte sind verboten.
18.9.1942 Lebensmittelrationen für jüdische Kinder werden gekürzt.
18.9.1942 Die Versorgung von Juden mit Fleisch, Fleischprodukten und anderen zugeteilten Lebensmitteln wird eingestellt.
9.10.1942 Juden dürfen keine Bücher mehr kaufen.
Anfang November 1942 Alle im Reich gelegenen Konzentrationslager sind judenfrei zu machen, und sämtliche Juden sind nach Auschwitz und Lublin zu deportieren.
15.5.1943 Juden dürfen keine Haustiere halten.
20.6.1943 Schließung aller jüdischen Schulen
9.10.1943 Juden dürfen keine Bücher mehr kaufen.
16.2.1945 »Wenn der Abtransport von Akten, deren Gegenstand antijüdische Tätigkeiten sind, nicht möglich ist, sind sie zu vernichten, damit sie nicht dem Feind in die Hände fallen.«

In memoriam

Jüdische Bewohner in der Berchtesgadener Straße 37

Kurt Baron, Handelsvertreter für Textilien, »Volljude« und seine Frau Martha, protestantisch, leben in einer »privilegierten Mischehe«. Kurt bewahrt das vor der Deportation, sie wird »aus Rücksicht auf die arische Hälfte zurückgestellt«. Er muss von 1939 bis zum 30. April 1945 in verschiedenen Firmen als Bauarbeiter Zwangsarbeit leisten. Er überlebt, ist aber ab 1951 ein Pflegefall. Dass seine Erkrankung und sein Tod »verfolgungsbedingt« sind, wird vom Entschädigungsamt nicht anerkannt.

Jakob und Helena Berger, Kaufmann und »Geschäftsfrau«, beide deportiert ins Warschauer Getto, ermordet im Vernichtungslager Treblinka.

Dr. James Brandus, Rechtsanwalt und Notar, »Justizrat«, stellvertretender Vorsitzender der Jüdischen Gemeinde in Magdeburg, zieht mit seiner Frau Elsbeth 1937 nach Berlin, Erfurter Straße 2, bis sie in die Berchtesgadener Straße 37 eingewiesen und in der Wohnung von Hertha Glücksmann untergebracht werden; ihre Söhne Werner und Max, beide als Anwälte mit Berufsverbot belegt wie auch ihr Vater, fliehen 1937 in die USA; James und Elsbeth werden am 25. September 1942 nach Theresienstadt deportiert, zusammen mit Elsbeths Schwester Nanny Nathan; Nannys Sohn Franz und sein Onkel Ernst entkommen nach England. Franz Nathan wird als »enemy alien« auf der »Arandora Star« nach Kanada geschickt, er kommt dabei am 2. Juli 1940 ums Leben, als das Schiff von einem deutschen Torpedo getroffen wird. Elsbeths Bruder Martin Brandus, Verlagsbuchhändler, wird 1933 aus dem Börsenverein des deutschen

Buchhandels ausgeschlossen, dann aus der Reichsschriftumskammer, er muss seine Firma zwangsverkaufen, wird mit seiner Frau Eva am 5. September 1942 verschleppt und vermutlich im Getto Riga ermordet.

Hermann Bratt, Kürschner, wird 1938 aus Deutschland ausgewiesen (»Polen-Aktion«) und kommt für Monate ins polnische Flüchtlingslager Zbąszyń; er flieht nach der Besetzung Warschaus nach Italien, ebenso seine Frau Klara Bratt; beide werden im *campo di concentramento* in Ferramonti interniert; 1944 wird ihre Ehe geschieden; beide heiraten erneut; Hermann Bratt wandert 1947 nach Brasilien aus, Klara in die USA.

Martha Cohen, Pianistin, verwitwet, bekommt zwei »Untermieterinnen« zugewiesen, Clara Marcus und Bertha Sternson. Martha ändert das gemeinsam mit ihrem Mann aufgesetzte Testament durch zahlreiche Nachträge, um zu verhindern, dass ihr Vermögen den Nationalsozialisten in die Hände fällt. Vergeblich. Am 1. September 1942 wird sie nach Theresienstadt deportiert.

Hertha Glücksmann, deportiert am 28. März 1942 nach Trawniki, überlebt die Verfolgung ebenso wie ihre Mutter Charlotte, deren zweiter Ehemann David Dagobert Michelsohn 1939 in der berüchtigten Neuruppiner Nervenheilanstalt stirbt. Hertha Glücksmann stirbt 1950 in Australien, ihre Mutter Charlotte hat wahrscheinlich Suizid begangen.

Alice Heinrichsdorff wird am 29. November 1942 nach Auschwitz verschleppt; ihre Cousine Recha Rebecca Frankenstein gehört zu den »Häftlingen«, die Heinrich Himmler im Januar 1945 aus Theresienstadt in die Schweiz ausreisen lässt, um sie als »Verhandlungsmasse« mit den Alliierten zu nutzen.

Else Herzfeld, wohnhaft Salzburger Straße 14, dann in die Berchtesgadener Straße 37 eingewiesen, kommt bei ihrer Schwester Hedwig Steiner unter, sie wird am 9. Dezember 1942 nach Auschwitz deportiert; ihr Ehemann Heymann Herzfeld flüchtet im Januar 1941 nach Argentinien zu seiner Tochter Käte.

Sara Ihlenfeld, zwangseinquartiert bei Kurt und Martha Baron, wird zusammen mit Hertha Glücksmann am 28. März 1942 nach Trawniki deportiert.

Siegfried Kurt Jacob, Notar und Rechtsanwalt, Eigentümer des Hauses Berchtesgadener Straße 37, wird 1938 wegen nicht vollständiger Vermögensangaben (»Vermögenshinterziehung«) verhaftet; seine Frau Edith, geb. Seldis, entkommt 1939 dank der »Dienstbotenkrise« nach England, wird dort 1942 bei einem deutschen Bombenangriff getötet; Sohn Hanns-Stephan Günther Jacob (später Howard Stephen Grant) wird als Zwölfjähriger mit dem Kindertransport in Sicherheit gebracht, wächst bei seiner britischen Pflegemutter auf; Siegfried Kurt Jacob überlebt in der Illegalität in Berlin, agitiert unter falschem Namen in Kriegszeiten gegen das NS-Regime, wird 1945 nach der Denunziation durch jüdische »Greifer« erneut verhaftet, kommt aber frei und wird als Anwalt und Notar wieder zugelassen. 1954 stirbt er im Jüdischen Krankenhaus im Wedding. Nur für einen kleinen Teil des ihm geraubten Vermögens hat er noch zu Lebzeiten die gesetzlich vorgeschriebene Wiedergutmachung erhalten.

Edith Jacobs Mutter Klara Seldis, bis zur Räumung wohnhaft Martin-Luther-Straße 44, erhält wenige Tage vor dem Ausreiseverbot für Juden ihre Ausreiseerlaubnis nach Ecuador, wohin schon ihr Sohn Kurt Leopold geflüchtet ist, der später in die USA emigriert. Sein Bruder Ludwig Heinrich (in England Leslie Henri), Geschäftsführer der Firma Max Seldis, wird nach dem Novemberpogrom 1938 ins

Konzentrationslager verschleppt und dann, nach »Arisierung« der Firma, zur Ausreise gezwungen. Er leistet in England Militärdienst, ist danach arbeitslos.

Moritz Kallmann, Kaufmann, deportiert am 3. März 1943 nach Auschwitz, seine Frau Martha, »Geschäftsinhaberin«, einen Tag später; bis 1937 waren die beiden Mieter in der Berchtesgadener Straße 37, dann ziehen sie nach Lankwitz, werden aber bald darauf in ein Haus in Berlin-Mitte zwangseingewiesen.

Hermann Katz, Dentist, deportiert am 22. Juli 1942 nach Theresienstadt. Seine Frau und sein Sohn haben schon Jahre vorher Selbstmord begangen.

Levy Louis David Kayser stirbt 1937, Emmy Kayser 1940; ihre Kinder Gerda und Fritz Kayser, beide Zwangsarbeiter, werden am 1. und 2. März 1943 nach heftigen Luftangriffen der Alliierten aus der Landshuter Straße 4 nach Auschwitz deportiert.

Hermann Salomon Hirsch Kriss, deportiert am 13. Juni 1942 nach Sobibór, dann nach Majdanek, schließlich auf den Todesmarsch nach Theresienstadt geschickt.

Johanna und Max Lewin emigrieren 1941 über Lissabon nach New York und dann weiter nach Chicago zu ihrer Tochter Erna; Ernas Schwester Else entkommt nach Palästina, ihr Bruder Hermann nach Teheran. Die Familie kann sich retten, wird aber auseinandergerissen. Johanna Lewin und ihre Kinder kämpfen nach Kriegsende um die Rückerstattung ihres Hauses in der Spener Straße.

Clara Marcus, Korrespondentin, vorher mit Ehemann Eduard wohnhaft in der Bamberger Straße 25, danach in Wilmersdorf, dann »Untermieterin« von Martha Cohen in der Berchtesgadener Straße 37; sie wird am 10. August 1942 nach Treblinka deportiert, ihr Sohn Heinz (später Henry) entkommt in die USA.

Max Markus wird bei der »Sonderaktion gegen Juden am 27./28. Mai 1942« verhaftet und kommt ins KZ Sachsenhausen, »Station Z«: am nächsten Tag wird er erschossen – eine »Vergeltungsaktion« für das Attentat der kommunistisch-jüdischen Widerstandsgruppe um Herbert Baum auf die Propaganda-Ausstellung »Sowjetparadies« von Joseph Goebbels, die die zivilisatorische Rückständigkeit der Sowjetunion zeigen soll.

Oskar Mendelsohn, Handelsvertreter, seit Jahren Mieter in der Berchtesgadener Straße 37, deportiert am 4. November 1942 nach Theresienstadt; 1939 stirbt seine Frau Erna an »Herzschwäche«.

Betty und Kurt Rechnitz müssen ihre Wohnung in der Münchner Straße 14 räumen; Betty unternimmt einen Selbstmordversuch. Das Ehepaar wird am 13. Juni 1942 nach Sobibór deportiert. Tochter Alice flieht mit Mann und Schwiegermutter nach Holland, dort Geburt von zwei Töchtern; alle werden in Sobibór ermordet; Julie Machnitzki, geb. Lewin, Mutter von Betty Rechnitz, kommt am 17. März 1943 nach Theresienstadt, Bettys Schwester Edith Salomon taucht mit Mann und Tochter rechtzeitig unter und wandert 1946 in die USA aus.

Alfred Rosenbaum, Arzt, »Geh. Sanitätsrat«, ledig und kinderlos, vorher wohnhaft in der Dörnbergstraße 6, mietet im April 1939 eine Fünf-Zimmer-Wohnung in der Berchtesgadener Straße 37. Er ändert vor seiner Deportation am 27. August 1942 nach Theresienstadt sein Testament und setzt seine langjährige Haushälterin Bertha Jähner als Alleinerbin ein. Die Entschädigungsbehörde weigert sich,

Bertha Jähner als Erbin anzuerkennen, sie sei »weder Witwe noch Lebensgefährtin« des Erblassers. Im Klageverfahren bekommt sie Recht, aber gezahlt wird offensichtlich trotzdem nicht.

Hedwig Steiner, Modistin, mit Kindern Lilly und Gerald Mieterin in der Berchtesgadener Straße 37; Schwester von Else Herzfeld; 1930 Selbstmord von Hedwigs Ehemann Kurt Steiner, Börsenmakler; Hedwig schickt ihre Kinder rechtzeitig ins Ausland (Gerald nach England, Lilly nach Haifa), sie selbst wird am 13. Januar 1942 nach Riga deportiert, erst ins Getto, dann ins KZ; 1944 kommt sie ins Lager Stutthof und wird nach Auflösung des Lagers auf den Todesmarsch geschickt. Ihre Kinder führen jahrelange Auseinandersetzungen mit der Entschädigungsbehörde über den amtlich gesetzten Todeszeitpunkt von Hedwig, der die Höhe der Entschädigung bestimmt.

Martha Steinitz, »Untermieterin« von Alfred Rosenbaum, begeht vermutlich nach Erhalt ihres Deportationstermins am 19. August 1942 mit Schlaftabletten Selbstmord.

Bertha Sternson, »Lageristin«, »Untermieterin« von Martha Cohen, als letzte jüdische Bewohnerin der Berchtesgadener Straße 37 am 14. Dezember 1942 nach Auschwitz deportiert; ihr Mann Simon Siegmund (später Sidney), Prokurist, dann stellvertretender Geschäftsführer einer großen Zigarettenfabrik, entkommt nach Shanghai, darf erst sieben Jahre später in die USA auswandern; Sohn Heinz (später Henry) flüchtet 1939 in die USA.

Paula Pauline Suransky wird am 11. September 1942 nach Theresienstadt verschleppt; Joseph Suransky, amerikanischer Staatsbürger, aus dem Polizeigefängnis am 25. Januar 1942 nach Riga deportiert; ihre gemeinsame Tochter Alice Klein, Zwangsarbeiterin bis zur

»Fabrik«-Aktion im Februar 1943, wird am 12. März 1943 nach Auschwitz deportiert; ihr Mann Martin Klein, in Belgien verhaftet, wird aus Frankreich nach Deutschland ausgeliefert und am 17. August 1942 nach Auschwitz deportiert.

Ida Wolle, Verkäuferin, einquartiert bei Hertha Glücksmann, musste ihre eigene Wohnung in der Meraner Straße 6 räumen, am 24. August 1942 wird sie nach Theresienstadt verschleppt; ihr Ehemann Oskar Wolle stirbt 1940 an »Herzschwäche«.

Personenregister

A
Adenauer, Konrad 232, 234, 236
Adorno, Theodor W. 112
Anker, Alfons 64-65, 261
Arendt, Hannah 49, 159, 180, 268

B
Baeck, Leo 181, 183, 218
Baron, Kurt 16, 18, 45, 48, 56, 88-91, 94, 97, 99, 205, 209, 245, 248, 276, 278 Martha 88-91, 94, 276, 278
Baum, Herbert 200, 279
Beethoven, Ludwig van 39, 155
Berger, Helena 18, 23, 46, 55, 111, 137-140, 276, Jakob 18, 23, 46, 55, 137-140, 171, 276
Bering, Jenny von (geb. Hauckwitz) 15, 177, 198, 261
Best, Werner 127
Blatt, Thomas »Toivi« 184-185, 187, 267
Blumenthal, Michael 151
Brack, Hermann (Hausverwaltung) 41, 46, 75, 194
Bradt, Frieda 33, 92
Brandt, Willy 22, 87, 263
Brandus, Elsbeth 18, 23, 46, 50, 56, 94, 96, 102-103, 108-113, 163, 176, 195, 239-240, 248, 262, 276, Ernst 50, 102, 106, 108, 239, 276, Eva 50, 113, 277, James 18, 23, 45-46, 50, 56, 94, 96, 102-103, 108-113, 163, 176, 232, 239-240, 248, 262, 276, Marianne 110, 159, Martin 50-51, 102, 113-115, 239 276, Max Rudolf 44, 50, 102-103, 108-112, 157, 163, 195, 239-240, 248, 276, Werner Gustav 44, 50 102-103, 108-112, 157, 159, 195, 239-240, 248, 276
Bratt, Hermann 16, 18, 45, 49-50, 53-54, 88-89, 94, 98, 122, 126-137, 159, 177, 199, 239, 248, 250, 277, Klara (geb. Fleckmann; in 2. Ehe Gans) 18, 49, 53-54, 84, 88, 94, 98, 126-128, 130-137, 159, 177, 199, 239, 244-245, 277, Salomon 128, 130, Siegfried 132 Syma 128, 130
Brecht, Bertolt 103, 173
Brunner, Alois 211-212
Burckhardt, Theodor 262

C
Cassirer, Bruno 103-104, 111-112
Castro, Fidel 170-171
Chopin, Frédéric 38
Churchill, Winston 26, 106-107, 261
Cohen, Hermann 30-33, 35-42, 50, 156 Martha 14-16, 18, 23, 26-31, 33, 35-42, 45, 48, 56, 62, 66-68, 74-75, 88-94, 156, 176, 178, 193-194, 209, 220-221, 224, 229, 232, 239, 242, 244, 247, 250, 255-262, 277, 280
Cohen, Myer 47-48
Concha, Gastelú 169

D
Dietrich, Marlene 87
Diner, Dan 156
Drawert, Kurt 77

E
Eichmann, Adolf 76, 149, 211
Einstein, Albert 22, 115
Ernaux, Annie 118

F
Fest, Joachim 264
Fleckmann, Alfred 50, 135-136

Foster, Norman 143
Franco, Francisco 234
Frank, Hans 185
Frankenstein, Recha Rebecca 212–213, 277, Julius 212
Freud, Sigmund 115
Freund, Gisèle 22
Frick, Wilhelm 204
Fromm, Bella 60, 81, 92, 113, 131, 149, 164, 264
Fromm, Erich 22

G

Gansz, Liesl 148
Gerechter, Marta 195
Glicenstein, Henryk 31, 36
Glücksmann, Charlotte 18, 55, 94, 96–97, 277, Grete 97, Hertha 18, 23, 48, 55–56, 89, 94, 96–97, 111, 138, 176, 239, 276–278, 282, Hugo 97
Goebbels, Joseph 38, 63, 76, 79–80, 85, 92, 129, 200–201, 280
Goldschmidt, Iwan 199
Goldstein, Moritz 155
Gottlieb (Familie) 209
Göring, Hermann 205, 226, 252
Grynszpan, Herschel 129, 163
Guevara, Ernesto »Che« 170–171

H

Haberland, Georg 62–63
Hauff, Wilhelm 118
Havel, Václav 120–121, 250
Heidegger, Martin 143
Heinrichsdorff, Alice 18, 23, 94, 211–212, 277, Anna (geb. Cohn) 212, Simon 212
Hellgrewe, Rudolf 53
Henderson, Neville 163
Hentschel, Fritz (Firma) 40, 75
Herzfeld, Charlotte 94, 149, Else 18, 23, 46, 57, 94, 147–150, 156, 158, 163, 211, 239–240, 278, 281,

Heymann 18, 49, 94, 146–150, 163, 244, 278, Joseph 147
Heydrich, Reinhard 76, 84–85, 127, 157
Hindenburg, Paul von 109–110
Himmler, Heinrich 82, 112, 157, 167, 184–186, 212, 276
Hitler, Adolf 30, 76, 80–81, 84–85, 101, 106, 109–110, 157, 169, 201, 207–208, 211, 268

I

Ihlenfeld, Lina 244, Sara 18, 23, 56, 89, 94, 96, 244, 278

J

Jacob, Edith 15–16, 18, 45, 47–49, 53, 55, 88, 93, 169, 177, 193, 197–198, 215–217, 225–226, 243–244, 252, 278, Hanns-Stephan Günther (Howard Stephen Grant) 18, 49, 53, 55, 88, 93, 100, 157, 163-4, 169, 181, 215–219, 226–227, 243–245, 248, 260, 278, Siegfried Kurt (»Kurt Koch«) 4, 13–15, 18, 28, 45, 47–50, 53, 55, 64–65, 79–80, 88, 93, 100, 177, 182, 198–199, 214, 219–227, 229, 235, 245, 247–248, 278
Jähner, Bertha 178, 229–231, 280–281
Janka, Walter 233–234
Jakob, Edith 45, 158, 171, 267
Jacobsohn, Alma 147

K

Kaléko, Mascha 172
Kallmann, Martha 18, 88, 177, 209, 239, 279 Moritz 18, 45, 88, 177, 209, 239, 279
Kandinsky, Wassily 38
Katz, Hermann 18, 23, 50–51, 94, 232, 279; Ehefrau 50, 279, Rudolf 50, 109

Kayser, Emmy 19, 88, 94, 203, 205, 279, Fritz 88, 94, 203, 205, 209, 240, 279, Gerda Johanna Luise 88, 94, 203, 205, 209, 240, 279, Levy Louis David 19, 45, 88, 94, 179, 203, 205, 279
Keller, Werner 77
Kertész, Imre 184
Kierkegaard, Sören 77
Kesselring, Albert 119
Klarsfeld, Beate und Serge 210
Klein, Alice 54-55, 203-205, 208-210, 240, 280-281, Martin 54-55, 205, 210, 282
Klemperer, Victor 13, 35, 114, 147, 155
Koch, Kurt s. Jacob, Siegfried Kurt
Kolmar, Gertrud 27, 37, 63, 94, 209, 264, Hilde 63, 94
Kosta, Tomáš 120
Kozower, Philipp 182, 219
Krakauer, Max und Ines 262
Kriss, Hermann Salomon Hirsch 19, 46, 94, 184, 186, 279
Kronenberg, Gertrud 202
Kühnel, Karl 222-224, 263
Kuntze, Hans 195

L

Lachmann, Benedict 243
Levi, Primo 16, 105
Lewandowski, Alfred 31, 35-36, Ella 36, Georg 36, Lazarus (Louis) 27, 31, 33, 38
Lewin, Adolph 189-190, Else 49, 88, 157, 279, Erna 49, 88, 157, 179, 279-280, Hermann 49, 88, 157, 244, 279, Johanna 19, 49, 88, 199, 203, 279, Max 19, 45, 49, 88, 203, 221, 279
Leyser, Gabrielle Rebecca 186, 188-189, Judith Lea 186, 188-189, Lothar 187-189
Leyser-Schwarz, Gertrud 187

Liebermann, Max 30, 266
Loewi, Jechiel 134
Luckhardt, Hans und Wassili 64

M

Machnitzky, Ernst-Georg 189
Machnitzky-Lewin, Julie 189, 280
Mahler, Gustav 38, 255
Mann, Thomas 87
Marcus, Clara 19-20, 22-23, 26, 37-38, 44, 56-62, 66, 68, 74-75, 93, 158, 163, 240, 277, 279, Eduard 44-45, 58-59, 279, George 57, Heinz (Henry) 57, 59, 157, 163, 279, Valerie 57-59, 248
Marcuse, Erica s. Sherover-Marcuse, Herbert 143-145, 200, 268, 280
Markus, Max 19, 23, 46, 94, 174, 200-203, 239, 279
Meir, Golda 168
Merker, Paul 234
Mendelsohn, Erna 88, 95, 179, 280, Oskar 19, 23, 45, 88, 95-96, 156, 176, 242, 280
Mendelsohn-Bartholdy 38
Mengele, Josef 149
Michelsohn, Dagobert David 97, 277
Mielke, Erich 233-234
Mitscherlich, Alexander 77
Mozart 38
Mühsam, Heinrich 172
Mussolini, Benito 131
Musy, Jean-Marie 212

N

Nathan, Franz 106-108, 248, 276, Nanny 102, 106, 108, 113, 276
Naumann, Max 221, 224
Neumann, Gerhard 50, 69
Newton (Neustädter), Helmut 263

P

Pasternak, Boris 32

Pausch, Martha 220-221, 224
Petsjerski, Alexander 185
Proskauer, Max 231

R
Rath, Ernst vom 129, 163
Rathenau, Emil und Margarete 147
Rathenau, Walther 155
Rechnitz, Alice Birgitta 53, 186-188, Betty 16, 19, 23, 49, 52-54, 93, 184-187, 189-191, 196, 239, 240, 244, 248, 280, Ernst (Ernesto) 189, 191-192 Kurt 19, 23, 49, 53-54, 93, 184-187, 196, 239-240, 280 Walter 189, 192
Redlich, Alice 96, Ella 95-96, Georg 95-96, Heinz 96
Reich-Ranicki, Marcel 128-130, 137, 139-142, 202, 234, Teofila 139-140
Reinebeck, Otto 149
Reitz, Edgar 243
Riegner, Heinrich 37
Roese, Walter 221, 224
Roosevelt, Franklin 168
Rosenbaum, Alfred 19, 23, 46, 92-93, 156, 176-178, 229-230, 232, 280-281
Rosenberg, Alfred 115
Rosenberger, Max 80
Rosenthal, Johanna 153
Rothschild, Henry 59
Rust, Bernhard 23-25

S
Sachs, Nelly 263
Salomon, Brigitte 189, 196, Edith Esther 52, 93, 189, 191-192, 280, Hermann 189
Sauer, Hermann und Margarete 199
Sauerbier, Erwin 222
Saunders, Doug 173
Schaefer, Alfred 194
Schnock, Frieder 23, 263
Schönberg, Arnold 38, 232
Schumann, Robert 75
Schrobsdorff, Angelika 103
Seeckt, Hans von 119
Seghers, Anna 234
Seldis, Friedel 159, 169-180, Irma 159, Klara (geb. Labus) 18, 45, 48-49, 53, 94, 157, 159, 162-163, 167-168, 171-175, 243-244, 248, 278, Kurt Leopold 53, 157, 159, 167, 169, 172, 174-175, 241, 278, Ludwig Heinrich (Heinz, später Leslie Henri 157-158, 174-175, 216, 235, 244, 278
Sherover-Marcuse, Erica 144
Siedler, Wolf Jobst 264
Simion, Frieda s. Bradt, Fritz 33, 92, Louise 33, 92
Speer, Albert 14, 76, 78, 81-86, 91-92, 240, 264, 268, Margarete 85
Spira, Jack 131
Spitz, Otto 50, 69
Staudt, Herwarth und Rut 241
Steiner, Gerald 19, 52, 88, 94, 147, 150-154, 157, 163, 243, 281, Hedwig 19, 23, 45, 47, 52, 88, 94, 150-154, 180, 211, 235, 244, 278, 281, Kurt 55, 146-147, 281, Lilly 19, 52, 88, 98, 147, 150-154, 157, 163, 243-244, 281
Steinitz, Martha 19, 177-178, 281
Stern, Carola 142
Sternson, Bertha 19, 23, 37-38, 49, 57-58, 62, 66-69, 72, 74-75, 93, 150, 156, 158, 163, 178, 194, 198, 235, 240, 277, 281, Heinz Friedrich Siegfried (Henry) 38, 57-59, 68-69, 71-72, 96, 157, 281, Marion 68-69 Simon Siegmund (Sidney) 19, 37-38, 49-50, 54, 66-74, 163, 244, 267, 281
Stih, Renata 23, 263
Strakosch (Familie) 58
Strauß, Josef 87

Personenregister

Suransky, Joseph 54, 203–205, 281,
    Paula Pauline 19, 23, 94, 203–205,
    280–281
Swiderski, Margot 222

T
Terzic, Edwina 104–106, Fikreta 164,
    166, Safed 104–106, 164,
    Sandy 104, 106, Selma 164–166,
    Senat 164–166, Vedad 104, 106
Tokarczuk, Olga 16
Treitschke, Heinrich von 32
Truffaud, François 117
Truman, Harry S. 244

U
Ulrich, F. (Hauswart) 65

V
Vaculík, Ludvík 121

W
Wagner, Gerhard 51
Walter, Olga 220–224
Weigel, Helene 246
Wiebach, Marie 37, 66, 74–75, 194
Wilcke, Andreas 22
Wilder, Billy 22
Wolf, Ezkiel und Ray 58–59
Wolle, Ida 19, 23, 26, 46, 94, 96,
    111, 176, 179–180, 239, 241, 282,
    Lina 180, 244, Oskar 179, 239,
    282

Z
Zander, Pauline 102, 113, 156,
    Walter 102, 108
Zezulka, Walter 224
Zweig, Claudia 202
Zweig, Stefan 103